# 미래의
# 귀환

이 도서의 국립중앙도서관 출판예정도서목록(CIP)은 서지정보유통지원시스템 홈페이지(http://seoji.nl.go.kr)와
국가자료종합목록 구축시스템(http://kolis-net.nl.go.kr)에서 이용하실 수 있습니다.
CIP제어번호: CIP2020050448(양장), CIP2020050447(반양장)

코로나19와 4차 산업혁명 대전환

# 미래의 귀환

엮은이
김소영 · 김기배 · 임문정 · 백단비

지은이
이상엽 · 김정호 · 김경민 · 류왕식 · 김범준 · 김학민 · 김대륜 · 서중해 · 주원
김문조 · 오계택 · 이원홍 · 박가열 · 김경일 · 류태호 · 김범수 · 임철일 · 배상훈
임련 · 양희태 · 김승현 · 강준모 · 신각수 · 최병일 · 홍윤철 · 김태균

한울
아카데미

차 례

...

...

...

편집의 글

# 팬데믹과 대안적 상상

**김소영** | KAIST 한국4차산업혁명정책센터장 및 과학기술정책대학원 교수

당연했던 것이 불가능해지고 불가능했던 것이 일상이 되었다. 코로나가 가져온 변화이다. 한편에서는 꿈쩍 않던 규제와 관성이 깨져 놀라운 혁신의 유토피아를 기대하고, 다른 한편에서는 사람들의 따뜻한 접촉과 유대가 비대면 기술로 대체되는 디스토피아를 우려한다.

여전히 현재진행형인 코로나 위기에 대한 전 지구적 성찰은 날이 저물어야 날아오르는 미네르바의 부엉이처럼 아직 이를지 모른다. 그럼에도 새벽을 알리는 갈리아의 수탉처럼 어느새 미래가 도래했음을 알리는 징후도 만만치 않다.

순식간에 전 지구를 강타한 코로나19는 전후 세계가 처음으로 겪는 글로벌 팬데믹이다. 양차대전 이후 서구는 유례없는 물질적 풍요와 정치적 안정을 이루었다. 반면 지구상에 훨씬 더 많은 인구와 지역을 포괄하는 제3세계는 19세기와 별반 다름없는 삶이 이어져 왔다. 1980년대 후반 냉

전 체제의 붕괴와 1990년대 세계화로 다국적 기업과 국제무역협정을 중심으로 글로벌 생산소비 체제가 형성되면서 선진국과 개도국을 불문하고 정치, 경제, 사회, 문화 등 거의 모든 영역에서 글로벌 연계는 가속화되었다.

일례로 티셔츠 한 장이 지구를 돌아 일생을 마감하는 과정은 전형적인 글로벌 가치사슬을 보여준다. 『티셔츠 경제학The Travels of a T-Shirt in the Global Economy』(Rivoli, 2005)은 텍사스 면화가 중국 봉제공장의 천이 되어 태평양을 건너 플로리다에서 날염을 거쳐 완제품으로 탈바꿈하고 대서양을 건너 탄자니아의 헌옷 시장에서 팔리는 과정을 추적한다. 단순 제조업만이 아니라 스마트폰, 바이오 신약 등 복잡한 공정의 제품 역시 글로벌 분업 구조로 생산·유통·소비되어 왔다.

코로나19의 경제적 충격은 바로 이 글로벌 분업 구조를 붕괴시키고 있다. 비록 2008년 금융위기 이후 글로벌 가치사슬 성장이 정체되기 시작했지만, 이번처럼 한순간에 공장이 멈춰서고 소비 역시 급격히 증발하면서 경제가 마비되는 상황은 일찍이 경험하지 못했다.

한편 인더스트리 4.0으로 대표되는 제조 지능화와 함께 인공지능, 빅데이터, 블록체인, 사물인터넷, 자율주행 등 4차 산업혁명 총아 기술에 기반한 혁신적 서비스의 발전은 코로나19 이전부터 경제 전반의 디지털 전환을 추동하고 있었지만, 코로나19로 인한 비대면 소비의 폭발적 확산으로 제2의 알파고 충격을 만들어내고 있다.

1,596,842,024. 2020년 4월 1일 코로나19로 인해 가장 많은 나라에서 전국 규모의 휴교령이 내려졌을 때 타격을 입은 학생들 숫자이다. 유네스코UNESCO에서 2월 초 집계를 시작할 때 중국 단 한 곳에서 99만 명이 휴교 사태를 맞았지만 두 달 만에 193개국에서 1억 6000명이 같은 처지가 되었다.

19세기 중반 우편 통신으로 시작된 원격교육이 갑작스레 온라인 교육으로 전환되면서 백 년 동안 근대 교육의 틀을 크게 벗어나지 못한 공교육에서도 일찍이 경험하지 못한 변화가 일고 있다. '콘텐츠'로서의 교육의 효율성은 온라인 환경에서 극대화되는 반면, '상황'으로서의 교육의 실종에 대한 근심도 깊어간다.

이 외에도 광범위한 영역에서 의료, 관광, 오락, 예술, 스포츠 등 온갖 활동이 비대면으로 전환되면서 먹고 놀고 일하고 쉬는 방식이 변화하고 있다. 이러한 전방위적 변화의 쓰나미는 개인과 조직, 지역, 국가가 맺는 관계에서도 그간의 통념과 규율, 기대를 넘어선 새로운 모습을 만들어내고 있다.

과연 백신의 개발로 일상으로 돌아갈 수 있을 것인가? 원자폭탄 개발로 제2차 세계대전 종식을 이끌어낸 것처럼 미국은 제2의 맨해튼 프로젝트로 코로나와의 전쟁을 종식할 백신 개발 작전을 가동하고 있으나, 전후 세계 패권국으로 국제 질서라는 글로벌 공공재를 제공했던 리더십이 무색하게 백신 쟁탈전을 벌이고 있다. 코로나 이후 국제사회의 뉴노멀이 암울함과 동시에 글로벌 거버넌스 혁신이 요구되는 이유이다.

나폴리의 콜레라 유행 연구로 유명한 예일대 의료사학자 프랭크 스노든Frank Snowden 교수는 그간 연구를 집대성해 코로나19 발발 직전 『전염병과 사회Epidemics and Society』를 출간했다. 공교롭게도 이 연구차 50년 만에 다시 이탈리아를 방문하던 중에 코로나에 걸렸다가 완치되었다. 연구와 개인의 경험에서 우러난 그의 통찰은 전염병은 교류와 번영의 산물인 동시에 해당 사회의 가장 취약한 고리를 드러낸다는 것이다(Snoden, 2019).

코로나 이후 복귀할 일상은 우리가 개인, 사회, 국가로서 익숙한 과거가 아니라는 것이 점점 분명해지고 있다. 전대미문의 위기 속에 우리의 과거에서 끈질기게 맹아를 트고 있던 공생공락共生共樂의 미래로의 전격적인 귀환을 위해 어떻게 우리의 가장 취약한 고리를 끊어낼 것인가? 이 책은 경제, 의료, 교육, 노동, 기술, 국제 협력 등 각자의 영역에서 코로나19의 도전과 새로운 미래에 대한 대안적 상상을 품어온 전문가들의 목소리로 그 답을 모색해 본다.

국제보건기구WHO가 코로나19를 팬데믹으로 선언한 바로 그날, 엮은이들(김소영·김기배·임문정·백단비)이 속한 KAIST에서 총장 주재의 긴급회의가 열렸다. 연초만 해도 코로나19는 보건의료계 위기로 곧 타개될 듯했고, 학교 역시 KAIST의 전문성인 과학기술과는 크게 상관없는 이슈로 관망 자세였다. 그러나 팬데믹이 선언된 그날 180도 방향 전환을 했다.

엮은이들이 일하는 '한국4차산업혁명정책센터'는 KAIST 글로벌전략연구소와 함께 "코로나와 글로벌 협력방안"(4월), "포스트 코로나 시대 비대면 교육의 전망"(6월), "포스트 코로나, 포스트 휴먼: 의료·바이오 혁명"(9월) 등 온라인 국제포럼을 통해 국내외 전문가들의 통찰을 공유하는 작업을 진행해 왔다.

이 책 역시 그 연장선상에서 코로나 위기 속에 엮은이들이 조우한 인연을 바탕으로 엄선한 저자들이 흔쾌히 글을 보내주어 탄생했다. 이 글에서 가장 감사를 드릴 분들이다. 매번 포럼에서 과학기술 혁신으로 글로벌 팬데믹 위기의 돌파구를 마련하자고 당부하신 신성철 총장님, 책을 열고 맺는 글을 보내주신 이상엽 KAIST 연구원장님, 글로벌전략연구소 김정호 소장님께 특별히 감사드린다. 그리고 같은 센터의 나현대 박사님, 코넬리우스 칼렌지 박사님, 이아라 선생님의 도움이 없었으면 우리는 출판 작업에 전념하지 못했을 것이다. 늘 멋진 팀워크를 만들어주어 고맙다.

지금 이 순간에도 생명이냐 생계냐life or livelihood라는 선택에 내몰리는 상황을 끊어내기 위해 묵묵히 헌신하고 있는 이들과 언제 끝날지 모르는 이 상황을 견뎌내고 있는 수많은 이들에게 이 책을 바친다.

**참고문헌**

Rivoli, P. 2005. *The Travels of a T-Shirt in the Global Economy: An Economist Examines the Markets, Power, and Politics of the World Trade.* Hoboken, NJ: Wiley. (김명철 역. 『티셔츠 경제학』. 서울: 다산북스)

Snowden, F.M. 2019. *Epidemics and Society: From the Black Death to the Present.* New Haven: Yale University Press.

# 머 리 말

# 코로나19가 야기한 4차 산업혁명의 가속화

이상엽 | KAIST 연구원장 및 생명화학공학과 특훈교수

전 세계적으로 4차 산업혁명에 대해 우리나라 국민만큼 잘 알고 있는 국민은 없다고 생각한다. 4차 산업혁명이라는 키워드가 전 세계에 공식적으로 등장한 것은 2016년 1월 말 스위스의 한적한 스키 휴양지 다보스에서 개최된 세계경제포럼World Economic Forum의 연례총회(다보스 포럼)를 통해서였다. 실제로 이 '4차 산업혁명'이라는 큰 트렌드trend 단어가 탄생하는 데에는 카이스트도 일부 관련되어 있다. 2015년 9월 7일 세계경제포럼의 창시자인 클라우스 슈밥Klaus Schwab 회장은 '미래를 내다보는 뛰어난 통찰력과 탁월한 리더십으로 세계경제 발전에 헌신하고 국제분쟁 해결에 이바지한' 공로를 인정받아 카이스트에서 명예 이학박사 학위를 받았다. 명예박사 학위 수여 후 교직원과 학생들을 대상으로 슈밥 회장이 연설한 내용의 주제가 "인류 사회에 미치는 파괴적 혁신의 영향력"이었는데, 이 연설 내용이 바로 4차 산업혁명의 핵심 내용이었던 것이다. 슈밥 회장의 수락

**그림 0-1** 클라우스 슈밥 회장(오른쪽)이 카이스트에서 명예박사 학위를 수여받은 뒤 열린 필자(왼쪽)와의 4차 산업혁명 대담회 (2015년)

자료: KAIST 제공.

연설 후 가진 학생, 교수들과의 대화는 그 어느 때보다 뜨거운 열기를 느낄 수 있었다.

그 후 10월 25~27일 아랍에미리트의 아부다비에서 개최된 글로벌 어젠다 서밋Summit on the Global Agenda 2015에서 4차 산업혁명에 관한 세션이 열렸다. 에스토니아 대통령, IBM의 최고혁신부사장, 카네기멜런대 기술전략과 영향 담당 부학장, 애리조나주립대 위기관리연구소장과 필자가 함께한 이 4차 산업혁명 세션에서는 디지털 기술과 물리-생물 관련 기술들이 어떻게 융합되며, 데이터 기반 사회로의 변화가 오고 있으며, 앞으로는 데이터가 현재의 원유oil에 해당할 것이며, 앞으로 기술을 이용하는 사람과 그렇지 못한 사람들의 기술 격차가 더욱 커질 것이고, 비즈니스 전반이 급격한 탈바꿈을 할 것이라는 등의 많은 토론이 있었다.

아부다비에서의 4차 산업혁명 세션이 매우 뜨거운 반응을 얻은 다음,

세계경제포럼은 2016년 1월 20~23일 개최한 다보스 포럼의 주제를 '4차 산업혁명 정복하기'로 정했다. 전 세계인이 경악했던 2015년 11월 파리 테러가 다보스 포럼 직전에 발생하여 한때 다보스 포럼의 주제가 '글로벌 위기와 안보' 관련 내용으로 바뀌는 것이 아닌가 하는 예측이 있었지만, 4차 산업혁명이 워낙 중요하여 그대로 그 주제로 개최했다는 말도 있었다. 슈밥 회장은 카이스트에서 강연했던 내용을 포함한, 통찰력이 돋보이는 『클라우스 슈밥의 제4차 산업혁명The Fourth Industrial Revolution』이라는 책을 발간하여 전 세계에 4차 산업혁명 시대의 도래를 알렸다.

4차 산업혁명은 여러 방식으로 표현할 수가 있지만, 그중 하나를 들자면 디지털-물리적-생물학적 와해성 기술disruptive technology들(〈표 0-1〉)이 경계 없이 융합되어, 우리가 살고, 일하고, 노는 거의 모든 면에서 변혁을 가져오는 것으로 말할 수 있다. 즉, 유전체 편집genome editing, 신소재, 휴머노이드 로봇humanoid robot, 인공지능, 디지털 보안, 빅데이터, 분산제조distributed manufacturing와 적층제조additive manufacturing, 에너지그리드energy grid 등의 파괴적 기술들이 융합되어 생물공장, 핀테크fintech, 고성능 로봇advanced robot, 자율주행, 사물인터넷internet of things, 서비스인터넷internet of service 등이 탄생하고 기존 산업과 생활방식을 획기적으로 바꾸는 것이다. 공유경제sharing economy, 스마트홈, 개인별 맞춤형 생산, 의료 데이터와 유전체 등 개인정보가 결합된 획기적 헬스케어 시스템 등 산업과 사회 시스템의 변화가 하나씩 우리 곁으로 다가오고 있다. 또한 이러한 기술들의 빠른 침투로 소외되는 계층이 출현하고 그로 인한 사회·경제적인 양극화divide가 커지는 문제 등도 4차 산업혁명 시대에 우리가 깊이 생각하고 준비해야 할 것들이다.

2020년 초 전 세계를 강타한 코로나19는 그렇지 않아도 정신이 없을 정

**표 0-1** 4차 산업혁명의 핵심적 와해성 기술들

| 와해성 기술 | 관련 산업을 새롭게 재편하고 시장 대부분을 점유할 파괴력을 가진 혁신적인 기술 |
|---|---|
| 유전체 편집 | 생명체를 구성하는 유전물질들의 총체인 유전체를 다양한 분자생물학적 도구를 이용하여 조작하여 원하는 유전자를 더하고 빼고 변형시킬 수 있는 기술 |
| 휴머노이드 로봇 | 사람의 모습을 가지고 사람처럼 운동하는 로봇으로서, 아직은 갈 길이 멀지만 사람과 모든 면에서 유사한 기능을 할 수 있는 로봇 |
| 분산제조 | 하나의 대규모 공장에서 제품들을 생산하는 대신, 공간적으로 떨어져 있는 생산 기지들을 네트워크로 연결하여 시공간 제약을 없애고 탈중앙 방식으로 제조하는 것 |
| 적층제조 | 어떤 물건을 만들 때 보통은 큰 재료를 자르고 깎아내며 만드는 것이 일반적인 방법이었던 것에 반하여, 3D 프린팅과 같이 재료를 한 층 한 층 쌓아가며 만드는 것 |
| 에너지그리드 | 다수의 에너지 생산자로부터 다수의 소비자까지를 연결한 네트워크 |
| 핀테크 | 금융과 기술의 합성어로서, 이동통신, 빅데이터, 인공지능 등의 정보통신 기술을 금융 시스템에 융합한 기술 |
| 사물인터넷 | 사물들에 센서와 통신 기능을 탑재하고 유무선 인터넷으로 연결하여 사람이 원하는 대로 혹은 사물 자율적으로 기능 및 작업 조종이 가능한 기술 |
| 서비스인터넷 | 정보통신 기반의 다양한 서비스 비즈니스 네트워크 |

자료: 저자 작성.

도로 빠르게 다가오던 4차 산업혁명을 더욱 가속화하고 있다. 경제 상황을 대변하는 전 세계 주식시장을 보면 코로나19로 인해 한 달 정도 만에 30~40% 정도 시총이 줄었다가 그 후 네다섯 달 만에 원상 복귀하는 형태를 보여주었다. 하지만 기업들 하나하나씩을 보면 특이한 사항이 보인다. 아마존, 구글(알파벳), 마이크로소프트, 애플, 엔비디아 등은 주가가 빠질 때는 상대적으로 적게 빠지고, 그 후 회복 시에는 급속히 회복되어 코로나19 이전의 주가마저도 뚫고 올라갔다. 반면 정유사나 항공사와 같이 전통적인

**그림 0-2** 아마존, 애플, 마이크로소프트, 엑손모빌, 보잉사의 2020년 1~8월 주가 변동률 (%)

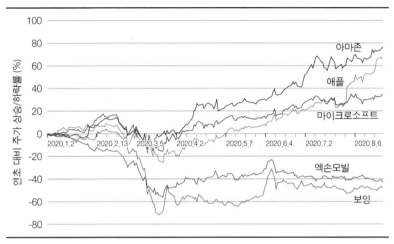

자료: yahoo! finance의 historical data(2020)를 토대로 저자 작성.

기업들은 빠질 때는 두 배의 속도로 빠지고, 회복 시는 탄력이 좋지 못했다.

코로나19가 비대면을 뜻하는 '언택트untact', 온라인으로 만난다는 '온택트ontact'라는 신조어들을 탄생시키면서 비대면 활동의 증가로 온라인으로 쇼핑하는 아마존, 클라우드 기반의 비즈니스를 영위하는 마이크로소프트와 애플, 인공지능 관련 그래픽칩을 생산하는 엔비디아 등이 급격히 떠오른 세계 최고의 기업들이 되었다. 온라인 회의가 많아짐에 따라 줌ZOOM 회의가 늘면서 우리 모두가 주머ZOOMER가 되어가고 있다는 농담도 생겼으며, 단지 온라인 회의를 중개해 주는 줌비디오커뮤니케이션사는 시가총액이 2020년 10월 한때 150조 원을 넘기도 했다. 또한 아직 그렇게 많이 팔리지도 않았는데 전기자동차의 선두주자 테슬라의 시가총액은 2020년 8월 25일 기준 450조 원으로, 같은 날 현대차의 시가총액인 350조 원보다 컸다. 심지어 당시 애플 시가총액은 2500조 원 정도로, 우리나라 코스피에 상장된 모든 회사의 시가총액을 더한 것보다도 컸다. 가히 엄청난 변화라고 하겠다.

코로나19는 4차 산업혁명의 총아로 불리던 회사들에도 변화를 가져왔다. 공유경제가 화두로 떠오르며 신데렐라처럼 등장했던 공유차량 서비스 회사인 우버, 세계에서 가장 큰 호텔체인인 힐튼보다도 기업가치가 커졌던 에어비앤비 등이 코로나19로 인해 기피하게 되면서 가치가 쪼그라들었다. 또 한 가지 생각해 볼 것은 우버의 차량공유 서비스는 매출이 크게 준 반면, 우버의 음식배달 서비스인 우버이츠는 매출이 크게 올랐다는 것이다. 참으로 역동적인 변화라 아니할 수 없다. 전통적인 기업들은 자동차 회사의 경우만 봐도 매장에 오지를 않으니 신차를 소개할 방법도 마땅치가 않다. 그래서 유튜브를 포함한 다양한 온라인 매체를 이용하여 가상세계에서 신차 발표를 하기도 한다. 여행과 외출이 줄어드니 항공사와 정유사도 힘들다. 사업의 패러다임 자체를 근본적으로 바꿔야 할 판이다.

코로나19가 가속화할 4차 산업혁명이 영향을 미치는 곳은 앞에 언급한 비즈니스 분야뿐이 아니다. 교육 분야를 예로 보자. 이미 등교를 안 하고 온라인 교육이 확대되고 있는데 더욱 실감 난 학습을 돕기 위하여 가상현실과 증강현실이 적용될 것으로 예상된다. 선생님과 학생 모두 변화된 환경에서 보다 나은 교육과 학습을 위한 큰 노력이 필요하다. 하지만 온라인 비대면 교육만으로는 안 된다. 새로운 것을 발견하고 만들기 위한 연구를 위해서는 실제 실험을 하고 교수와의 대면 토론도 필수적이므로 대면과 비대면 교육의 장점들만을 살린 하이브리드택트hybridtact[1] 형태의 교육으로

---

1  필자가 만든 말로, 서로 다른 요소나 특성들이 융합되어 부가가치가 높아진 제품이나 방식을 가리키는 하이브리드(hybrid)와 접촉(contact)을 조합한 단어이다.

자리 잡을 것이다.

우리가 사는 방식에도 큰 변화가 예상된다. 재택근무가 늘어나고 외출을 줄이면서 집에 머무는 시간이 크게 늘어나고 있다. 이로 인해 화면이 큰 TV 매출이 늘고, 온라인 게임 회사들의 매출이 늘었으며, 집의 소파와 가구들을 더 편하고 좋은 것으로 바꾸는 현상들이 나타났다. 가족과 함께 시간을 갖고 휴식을 취하는 공간이었던 집이 이제는 일도 하고, 놀고, 사는 공간으로 바뀌는 것이다. 이 모든 것을 보다 효율적이고 편하게 하기 위해 집의 구조를 포함하여 사물인터넷으로 연결된 스마트홈으로의 변화 등 집이라는 곳 또한 빠른 변화가 일어날 것으로 예상한다.

코로나19는 4차 산업혁명을 가속화하고 있다. 2016년 4차 산업혁명이라는 말이 등장할 당시 2025년이 되면 우리가 일하는 총시간의 52%를 컴퓨터와 기계, 로봇이 대체할 것이고, 우리가 공부하고 습득한 지식과 기술의 가치는 5년마다 50%씩 가치가 떨어진다고 예상되어 큰 쇼크를 주었는데, 이마저도 코로나19로 인해 가속화되고 있으니 걱정이다. 하지만 이럴수록 미래 새로운 일자리가 요구하는 혁신성과 시스템적 사고, 신지식과 신기술 습득 능력, 복잡한 문제 해결, 분석적 사고 등을 갖추어 빠르게 변화하는 세상에서 적응진화력을 갖추어야 하겠다. 미래 통찰력을 가진 경제학자인 제러미 리프킨Jeremy Rifkin은 현 변화의 파고를 4차 산업혁명으로 부르지 않고 3차 산업혁명의 연장이라고 말해왔다. 내 생각에는 흑사병 대유행으로 인해 중세 시대가 끝나고 르네상스 시대가 도래했듯이, 코로나19로 인해 3차 산업혁명 시대는 끝나고 본격적인 4차 산업혁명 시대가 도래한 것이 맞다. 이렇게 변화change가 아닌 변혁transformation의 시대의 초입에서 후손들이 행복하고 풍요롭고 자랑스러운 대한민국에서 살아갈 수 있도록 다 함께 힘을 합쳐 노력해야겠다.

2019년 12월 31일 중국 우한의 신종 코로나바이러스 질환(코로나19)이 최초 보고된 이후, 이 전염병은 한 달 만에 한국과 일본, 미국, 이탈리아 등 전 세계에 확산되었다. 그 결과 2020년 10월, 4000만 명 이상이 이 바이러스에 감염되었고 100만 명 이상이 안타깝게도 유명을 달리했다. 유례없는 전염병의 대유행으로 사태가 심각해지자 많은 국가가 국민의 이동을 제한하고 사회적 거리 두기를 권고했으며, 심한 경우 국가 간 이동까지 통제했다. 이러한 노력을 1년 동안 들인데도 불구하고 아직 코로나19의 확산을 완전히 억제하지 못하고 있다.

19세기 이후 영국과 프랑스를 필두로 각국 정부가 수립한 방역체계는 코로나19 앞에서 고전하고 있다. 그 방역체계는 독감과 홍역 등의 각종 전염병을 효과적으로 통제하고 천연두를 박멸한 경험이 있지만, 코로나19는 의료진의 노고를 무색하게 만든다. 제1부에서는 전 세계를 위협하는 코로나19의 정체가 무엇인지, 코로나19의 특성에 따른 방역체계의 고전 이유는 무엇인지, 앞으로 이 신종 바이러스에 어떻게 대응할 수 있는지 등을 분자생물학 및 통계학 관점에서 밝힌다.

제1장은 김경민 아주대학교 의과대학 미생물학교실 교수의 "새로운 코로나바이러스의 출현"이라는 제목의 논의로 시작한다. 김경민 교수는 1996년에 코로나바이러스에 관한 연구로 박사 학위를 받은 후에 1999년부터 아주대학교 의과대학에 재직하면서 B형 간염, 독감 등 다양한 바이러스의 분자생물학적 특징을 연구했으며, 최근에는 한국분자세포생물학회 유튜브 채널에서 코로나바이러스 특강을 했다. 이러한 의료 경험과 연구 결과를 토대로 1장에서는 빠른 변이를 코로나19 방역의 주요 난제로 지목하고, 이에 대한 예의주시가 필요함을 강조한다.

제2장의 류왕식 연세대학교 생화학과 교수는 B형 간염 바이러스의 분자생물학적 기전을 연구해 왔고, 한국파스퇴르연구소의 소장을 겸임하면서 감염병 진단법, 예방법, 치료제 개발에 매진하고 있다. 그는 2장에서 다년간의 생화학 및 제약 분야의 연구 개발 현장에서 얻은 통찰력을 통해 "코로나19를 막기 위한 제약 연구개발 현황과 전망"을 소개한다. 장기간 연구개발과 임상시험이 필요한 기존의 백신 및 치료제 개발 플랫폼은 빠르고 광범위하게 확산하는 코로나에 대처하기에 버거울 수 있으므로, 기존에 개발된 약물을 코로나19에 적용하는 방식으로 치료제 개발에 접근하고, 유전자 백신 또는 전달체 백신의 혁신적 기법을 도입하는 것이 효과적일 수 있음을 제시한다.

마지막으로 제3장을 쓴 김범준 성균관대학교 물리학과 교수는 복잡계 네트워크의 구조와 행태를 통계물리적으로 분석하며 물리적 관점을 다양한 사회현상에 적용하는 학자이다. 나아가 그 연구 결과를 물리학 저명 학술지에 게재하는 동시에, 『세상물정의 물리학』과 같은 도서를 집필하고 YTN Science 〈팝콘 사과나무〉 등의 방송에 출연하여 복잡한 현상을 단순하게 바라볼 수 있는 시각을 대중에게 소개하고 있다. 3장에서는 통계물리학자의 시각으로 왜 이렇게 코로나바이러스가 우려를 자아내고 있는지를 기존의 바이러스와 다른 지속적인 확산 형태를 통해 설명한다.

제1장

# 새로운 코로나바이러스의 출현

김경민 | 아주대학교 의과대학 미생물학교실 교수

## 감염병의 세계적 발생

　감염병의 역사는 인류의 역사와 함께해 왔다. 6세기에는 페스트균 창궐로 인한 흑사병으로 문명의 발달이 크게 쇠퇴했고, 14세기에는 페스트로 유럽 전체 인구의 약 30%가 감소하여 중세의 전성기가 끝나기도 했다. 그러나 그 당시 인구가 감소함으로써 식량 부족 문제가 해결되었고 기술혁신으로 부족한 노동력 문제를 해결함으로써 사회·경제적 호황을 누리는 역설도 있었다.

　또한 소아마비를 앓았던 모습의 이집트 유물(기원전 2000년경)과 이집트 람세스 5세(기원전 1157년 사망) 미라의 곰보(마마) 자국에서 보듯이, 바이러스에 의한 질병도 역사에 큰 영향을 주었다. 유럽 탐험가와 정복자들의 의복, 담요 등에 붙어 신대륙에 유입된 것으로 알려진 천연두 바이러스는 잉카제국 인구의 50~90%를 사망에 이르게 하는 등 신대륙의 전체 인구를 급격하게 감소시켰다. 현재는 박멸된 유일한 감염병이지만 천연두는 20세기에만도 약 3억 명의 목숨을 앗아갔다.

또한 스페인독감으로 알려진 1918년의 인플루엔자 A 바이러스는 제1차 세계대전으로 인한 직접적인 사망자(920만 명 정도)보다 몇 배 많은 사람들(2000만~4000만 명 정도)의 목숨을 앗아갔다. 후천성면역결핍증을 유발하는 바이러스로 1981년에 처음 밝혀진 사람 면역결핍증바이러스Human Immunodeficiency Virus: HIV는 후천성면역결핍증 관련 질병으로 2500만~4200만 명이 사망(UNAIDS, 2020)했으며 아직도 현재진행형이다. 2020년 현재 팬데믹이 진행 중인 사스코로나바이러스-2Severe Acute Respiratory Syndrome-related Coronavirus 2: SARS-CoV-2에 의한 코로나19COronaVIrus Disease 19: COVID-19로 인해 전 세계 1300만 명 이상이 감염되어 57만 명 이상 사망(2020년 7월 13일 기준)했으며 아직도 많은 사람이 감염되고 있으므로 그 피해는 더욱 증가할 것이다.


## 코로나바이러스 개관

### 코로나바이러스의 일반 특성

코로나바이러스는 사람과 동물에 감염되어 질병을 일으키는데, 돼지·소·닭 등 가축의 소화기, 호흡기 등에 감염되어 다양한 질병을 야기하며, 개나 고양이 등 애완동물에게도 감염 질병을 일으키는 양성단일가닥 RNApositive sense, single-stranded RNA바이러스이다. 이처럼 축산업 및 수의학적으로는 중요 바이러스인데, 사스 이전에는 사람에게 일반 감기만을 유발했기 때문에 의학에서는 중요하게 생각하는 바이러스가 아니었다.

사스 이전까지 사람 코로나바이러스는 단 두 종류(OC43과 229E)만 알려져 있었고 사람에게 감염되어도 대체로 가벼운 호흡기 질환을 야기했다. 2002~2003년에 발생한 사스코로나바이러스는 그 시기에 감염된 8098명 중 774명을 사망에 이르게 했다. 사스 이후 두 종류의 사람 코로나바이러스(NL63과 HKU1)를 추가 확인했다. 2012년에 처음 확인된 메르스Middle East Respiratory Syndrome: MERS코로나바이러스는 2012년도에만 27개국에 퍼져 2500명이 감염되어 858명이 사망했다. 2015년에는 한국에 유입되어 한국에서만 186명이 감염되어 그중 38명이 사망했다. 이처럼 사스와 메르스 때문에 코로나바이러스의 인체 감염의 중요성이 인식되었지만 점차 사람들의 관심에서 멀어지다가 2019년에 사스코로나바이러스-2에 의한 코로나19 팬데믹이 발생한 것이다(Coronaviridae Study Group of the International Committee on Taxonomy of Viruses, 2020).

2020년 현재까지 알려진 총 일곱 종류의 사람 코로나바이러스는 그 조상이 모두 동물(수의)바이러스로서 원래의 숙주 범위를 벗어나서 사람에게 감염되어 병을 야기하는 인수공통 바이러스이다(Forni et al., 2017; Coronaviridae Study Group of the International Committee on Taxonomy of Viruses, 2020).

코로나바이러스를 전자현미경으로 관찰했을 때 보이는 커다란 돌기인 스파이크spike: S가 크라운 혹은 솔라 코로나 모양과 비슷하기 때문에 코로나바이러스로 명명되었다. 이 스파이크S 단백질과 함께 바이러스 외피를 구성하는 단백질로 외피envelope: E 단백질과 막membrane: M 단백질이 있다. 다른 양성단일가닥 RNA바이러스와는 달리 코로나바이러스는 뉴클레오캡시드nucleocapsid: N 단백질이 바이러스 RNA 유전체를 나선형으로 싸는 나선형 뉴클레오캡시드 구조를 갖고 있다. 이 나선형의 뉴클레오캡시드는 음성가닥 RNA바이러스의 특징으로 바이러스 RNA와 뉴클레오캡시드 단백질이 함께 결합하여 존재해야만 형태를 이룰 수 있다. 양성단일가닥 RNA 바이러스인 코로나바이러스가 정이십면체 구조가 아닌 나선형 뉴클레오캡시드를 갖는다는 것 자체만으로도 코로나바이러스는 특이한 바이러스이다.

또한 코로나바이러스는 알려진 RNA바이러스 중에서 유전체 길이가 가장 길다(Lai, Perlman and Anderson, 2007).

### 코로나바이러스의 RNA 복제

RNA-의존 RNA 중합효소RNA-dependent RNA polymerase: RdRp를 비롯하여 RNA 유전체 복제에 중요한 총 16개의 비구조 단백질non-structural protein을 암호화하고 있는 코로나바이러스 유전자 1은 유전체 전체 길이의 3분의 2 정도를 차지하고 있다. 결손간섭바이러스Defective Interfering virus: DI virus를 이용한 실험으로 유전자 1과 N 단백질만 있으면 바이러스 RNA 복제가 가능하며, 바이러스 RNA와 RNA를 싸는 N 단백질과 함께 바이러스 외피의 M과 E 단백질이 있으면 바이러스 유사입자Virus-Like Particle: VLP가 세포 밖으로 방출된다는 것도 밝혀졌다. 바이러스의 스파이크 단백질은 숙주세포의 수용체에 결합하여 감염되는 데 필요하다.

코로나바이러스의 양성단일가닥 RNA를 복제하려면 RNA-의존 RNA 중합효소가 양성단일가닥 RNA 형판template으로부터 음성가닥의 지노믹 RNAgenomic RNA 및 여러 종류의 서브지노믹 RNAsubgenomic RNA를 합성해야 한다. 이때 RNA 중합효소 점핑 및 형판 전환template switching을 하는 비연속적인 전사discontinuous transcription를 한다(Lai, Perlman and Anderson, 2007). 그다음에 음성가닥 지노믹 RNA 및 서브지노믹 RNA 형판들로부터 양성가닥 지노믹 RNA 및 서브지노믹 RNA를 합성하며 이런 과정을 통해 3'- 말단을 공유하는 구조의 mRNA 3'-coterminal, nested set structure를 가지게 된다.

## 코로나바이러스의 팬데믹, 코로나19

### 새로운 코로나바이러스의 출현 개요

코로나바이러스는 RNA의 재조합recombination이 아주 빈번하게 발생한다. 이러한 RNA 재조합으로 새로운 코로나바이러스가 많이 발생했다(Forni et al., 2017; Lai, Perlman and Anderson, 2007; Luk et al., 2019; Peck et al., 2015; Su et al., 2016).

그다음에 코로나바이러스는 염기서열 일부의 삭제deletion가 잘 일어난다(Lai, Perlman and Anderson, 2007; Su et al., 2016). 때로는 유전체의 많은 부분이 삭제되어서 스스로의 증식을 억제하는 결손간섭바이러스가 일부 코로나바이러스에서 만들어지기도 한다. 이 결손간섭바이러스로 인해 바이러스 역가가 올라갔다 내려갔다 하여, 이를 바이러스의 지속 감염persistent infection을 가능하게 하는 기전으로 보기도 한다.

앞서 간단히 설명했듯이 코로나바이러스는 RNA 유전체 복제 과정 중에 비연속적인 전사를 하며 이 특성으로 인해 삭제 변이 및 재조합이 빈번하게 발생한다(Lai, Perlman and Anderson, 2007).

코로나바이러스는 복제 과정 중에 생긴 변이를 교정할 수 있는 3'-에서 5'-으로의 엑소리보뉴클레아제3'- to 5'-exoribonuclease 활성이 있다. 유전자 1의 산물 중 하나인 nsp14가 변이 교정을 하지만, 알려진 RNA바이러스 중 유전체 길이가 가장 길기 때문에(Lai, Perlman and Anderson, 2007), nsp14

가 있음에도 불구하고 다른 양성단일가닥 RNA와 비슷하게 변이가 잘 생긴 다(Su et al., 2016).

즉, 코로나바이러스는 새로운 바이러스가 잘 생길 수 있는 여러 특성이 있다. 그 결과 지난 20여 년의 기간 동안에 세 종류의 새로운 사람 코로나바이러스가 발생했다고 추정된다(Forni et al., 2017; Coronaviridae Study Group of the International Committee on Taxonomy of Viruses, 2020).

코로나바이러스는 왜 이렇게 다양한 바이러스가 발생하는 걸까? 새로 발생한 코로나바이러스들은 원래의 숙주뿐만 아니라 새로운 숙주에도 감염되어 숙주 범위가 넓어지고 다양해졌다. 이전에는 동물에만 감염되던 동물바이러스가 지금은 사람에게 감염되는 인수공통 감염 바이러스가 되거나, 바이러스 변이로 인해 동일한 숙주 내에서 감염되는 장기가 바뀌는 현상이 나타나 위·소장에 감염되었던 바이러스가 호흡기에도 감염된다. 즉, 장기친화성이 바뀌는 현상이 나타나기도 했다.

즉, 코로나바이러스는 새로운 숙주에 감염되기 위해서, 새로운 숙주에서 더 잘 적응하기 위해서, 또는 장기친화성의 범위를 넓히면서 계속 진화하고 있다.

### 코로나바이러스의 유전체 RNA 재조합

앞서 언급했듯이 코로나바이러스는 유전체 RNA의 빈번한 재조합으로 변이 바이러스가 쉽게 생긴다. 동종 재조합homologous recombination뿐만 아니라 이종 재조합heterologous recombination은 바이러스 RNA의 비연속적인 전사 과정으로 인해 발생하며 코로나바이러스의 가장 중요한 특성 중 하나이다.

여러 차례의 동종 재조합의 결과로 사람 코로나바이러스 중 하나인 HCoV-NL63이 생겼고, 사람 코로나바이러스 OC43 genotype B와 C의 재조합으로 OC43 genotype D가 되었으며, 사람 코로나바이러스 HKU1에서도 다양한 재조합이 보고되었다(Peck et al., 2015; Su et al., 2016). 돼지에 감염되던 코로나바이러스가 재조합 결과로 개에 감염되는 새로운 코로나바이러스가 되기도 했다(Su et al., 2016).

2003년부터 2018년 11월까지 모은 총 339개 사스코로나바이러스와 사스 관련 코로나바이러스 샘플 중 사람에게서 분리한 274개의 사스코로나바이러스와 사향고양이와 박쥐에서 분리한 각 18개와 47개의 사스 관련 코로나바이러스의 염기서열을 분석했다. 그 결과, 여러 종류의 관박쥐에 있는 여러 개의 사스 관련 코로나바이러스 조상으로부터 여러 차례 재조합하여 사스코로나바이러스가 발생했음이 밝혀졌다(Luk et al., 2019).

2015년에 한국에서 유행했던 리니지5lineage 5 메르스코로나바이러스는 2014년부터 사우디아라비아에서 이미 유행하고 있던 메르스코로나바이러스인데 리니지 3와 4 바이러스가 재조합되어 발생한 바이러스이다(Sabir et al., 2016).

여러 숙주에 감염될 수 있는 여러 종류의 바이러스가 동시에 한 숙주에 감염될 경우 이종 재조합이 가능해진다. 이종 재조합의 결과로 일부 코로나바이러스는 인플루엔자 C 바이러스influenza C virus의 H-Ehemagglutinin esterase(적혈구응집소-에스테라아제) 단백질이 있으며 작은 스파이크로서 바이러스 외피에 있다(Lai et al., 2007).

이처럼 새로운 코로나바이러스가 발생하는 주요 기전은 빈번하게 발생하는 코로나바이러스 유전체 RNA의 재조합이다.

### 코로나바이러스의 RNA 변이
대부분의 RNA바이러스의 RNA-의존 RNA 중합효소는 복제할 때 오류

빈도가 높으며 많은 변이들이 보고되었다(Lai, Perlman and Anderson, 2007).

그중에서 코로나바이러스 스파이크 단백질은 특히 변이가 많다. 스파이크 단백질이 세포의 수용체에 결합해야 숙주세포에 감염이 가능하다. 박쥐의 사스 관련 코로나바이러스 스파이크가 박쥐에서 중간숙주인 너구리나 사향고양이를 거쳐 그다음에 사람에게 감염되기 위해서는 스파이크 유전자 변이가 발생하여 새로운 숙주에 빠르게 적응해야 한다. 메르스코로나바이러스 스파이크 단백질 또한 낙타에서 사람으로 감염되기 위해서는 새로운 숙주에 빠르게 적응해야 한다. 이와 같이 새로운 숙주에 적응하기 위한 스파이크 단백질의 변이가 숙주 범위 변이host range mutation이다(Peck et al., 2015).

사스코로나바이러스나 메르스코로나바이러스뿐만 아니라 박쥐 유래 알파코로나바이러스 조상으로부터 약 200년 전에 229E가, 소 코로나바이러스 조상으로부터 약 120년 전에 OC43가 발생했다(Su et al., 2016)는 것을 보면 바이러스는 숙주 범위 변이를 지속해 온 것으로 보인다.

더구나 스파이크는 바이러스 제일 외부에 노출된 단백질로서 숙주의 저항에 대응하기 위해서도 빈번하게 변이된다(Lai, Perlman and Anderson, 2007; Peck et al., 2015).

### 코로나바이러스 비연속적인 전사 및 중합효소 점핑

코로나바이러스는 또한 삭제 변이가 빈번하다. 사람에게서 분리한 사스코로나바이러스에는 사향고양이에서 분리한 사스코로나바이러스보다 29개의 뉴클레오타이드가 삭제되어 있었다. 그 결과 열린해독틀 8Open Reading Frame 8: ORF 8이 ORF 8a와 8b가 되었는데, 사스 집단 발생 초기에는 사람의 사스코로나바이러스는 29개에서 82개 뉴클레오타이드가 삭제되었다가 집단 발생 말기 즈음에는 415개 뉴클레오타이드가 삭제되어 ORF 8이 없어졌다(Lai, Perlman and Anderson, 2007). 사람 같은 새로운 숙주로의 감염이 쉬워지는 기전으로 이러한 현상이 설명되고 있다.

또한 돼지유행성장염 코로나바이러스Transmissible Gastroenteritis Virus: TGEV의 스파이크 유전자의 상당한 부분이 삭제됨으로 인해 돼지호흡기감염 바이러스PRCoV가 된 것에서 보듯이 표적 장기가 바뀌었다. 또한 TGEV 조상 바이러스의 재조합으로 개에 감염되는 코로나바이러스canine coronavirus가 발생했듯이 숙주가 바뀔 수도 있다(Lai, Perlman and Anderson, 2007; Su et al., 2016).

일부 코로나바이러스의 경우에 광범위한 삭제로 만들어진 결손간섭바이러스는 유전체의 5'- 및 3'- 말단을 제외한 여러 부위가 삭제되지만 이와 같은 광범위한 삭제가 비연속적인 전사뿐만이 아니라 재조합에 의해서도 발생한다.

신·변종 바이러스가 잘 생길 수 있는 코로나바이러스의 특성을 감안하고 메르스가 사스보다 더 넓은 지역에서 더 많은 사람을 희생시킨 점에서 이전보다 더 큰 타격을 줄 새로운 코로나바이러스의 출현을 예고한 것이지만 우리가 미리 대비하지 못했다고 볼 수 있다.

## 참고문헌

Coronaviridae Study Group of the International Committee on Taxonomy of Viruses. 2020. "The Species Severe Acute Respiratory Syndrome-related Coronavirus: Classifying 2019-nCoV and Naming It SARS-CoV-2." *Nature Microbiology*, 5, pp.536~544.

Forni, D., R. Cagliani, M. Clerici and M. Sironi. 2017. "Molecular Evolution of Human Coronavirus Genomes." *Trends in Microbiology*, 25(1), pp.35~48.

Lai, M.M.C., S. Perlman and L.J. Anderson. 2007. "Coronaviridae." in D. Knipe and P. Howley (eds.). *Fields Virology*, 5th ed. Lippincott Philadelphia, PA: Lippincott Williams & Wilkins.

Luk, H.K.H., X. Li, J. Fung and S.K.P. Lau. 2019. "Molecular Epidemiology, Evolution, and Physiology of SARS Coronavirus." *Infection, Genetics and Evolution*, 71, pp.21~30.

Peck, K.M., C.L. Burch, M.T. Heise and R.S. Baric. 2015. "Coronavirus Host Range Expansion and Middle East Respiratory Syndrome Coronavirus Emergence: Biochemical Mechanisms and Evolutionary Perspectives." *Annual Review of Virology*, 2, pp.95~117.

Sabir, J.S.M. et al. 2016. "Co-circulation of Three Camel Coronavirus Species and Recombination of MERS-CoVs in Saudi Arabia." *Science*, 351, pp.81~84.

Su, S. et al. 2016. "Epidemiology, Genetic Recombination, and Pathogenesis of Coronaviruses." *Trends in Microbiology*, 24, pp.490~502.

UNAIDS. 2020. "AIDS by the Numbers." www.unaids.org (검색일: 2020.7.20).

제2장

# 코로나19를 막기 위한
# 제약 연구개발 현황과 전망

류왕식 l 한국파스퇴르연구소 소장 / 연세대학교 생화학과 교수

## 들어가며

　코로나19 사태를 비롯한 신종 바이러스로 인한 감염병은 지구촌 생태계에 큰 위협으로 다가왔다. 2019년 말 첫 발생 이후 불과 6개월 만에 4000만명이 감염되고 희생자도 100여만 명이 넘는다. 코로나 사태가 10개월 이상지속되면서 이제 '사회적 거리 두기', '언택트' 등의 신용어가 더 이상 낯설지 않다. 코로나 사태가 언제 종식될지 모른다는 불확실성은 더욱 불안을가중시킨다.

　치료제와 백신 없이는 코로나19 사태가 앞으로도 수년간 더 지속될 것이라는 어두운 전망이 나온다. 이 장에서는 '코로나바이러스는 왜 스스로종식될 기미를 보이지 않는가?', '코로나19 사태는 언제까지 갈 것인가?' 하는 다소 논쟁적인 질문에 대해 논의를 먼저하고, 그 맥락에서 코로나19 치료제와 백신 개발 현황을 살펴볼 것이다.

# 코로나바이러스

금번 코로나19 사태의 원인 바이러스인 소위 '코로나바이러스'의 공식
명칭은 SARS-CoV-2이다(〈표 2-1〉). 그 이름이 암시하듯이 2003년에 아웃
브레이크를 일으킨 사스코로나바이러스SARS-CoV의 2탄이다. 2012년 중동
에서 발생해 한국까지 침범했던 메르스코로나바이러스MERS-CoV와는 사
촌 격이다.

그럼 사스·메르스는 백신이나 치료제 없이 스스로 종식되었는데 코로
나바이러스는 왜 스스로 종식될 기미를 보이지 않을까? 한마디로, 코로나
바이러스의 높은 전파력 때문이다. 〈표 2-1〉은 3종의 인간 코로나바이러
스를 비교한 표인데, 코로나바이러스는 치사율과 감염자 수에서 사스나
메르스와 큰 대비를 보인다. 즉, 코로나바이러스가 사스·메르스에 비해 치
사율은 낮지만, 재생산비도 높을 뿐 아니라 감염자 수는 훨씬 많다.


# 전파력

왜 코로나바이러스는 전파력이 높을까? 첫째, 코로나바이러스는 한 사
람의 감염자가 2~5명을 감염시킨다고 한다. 즉, 코로나바이러스의 감염재
생산지수($R_0$)는 약 2~5인 반면, 사스·메르스의 $R_0$는 0.2~1 정도로 코로나
바이러스는 사스나 메르스보다 약 3~10배의 높은 전파력을 보인다.

이런 차이는 어디에서 올까? 〈그림 2-1〉에서 보듯이, 일반적으로 바이
러스의 전파력과 치사율은 반비례 관계이다. 다시 말하면, 에볼라, 사스,
메르스 등 치사율이 높은 바이러스는 전파율이 낮은 반면, 홍역바이러스

표 2-1 인간 코로나바이러스의 주요 특성

|  | 코로나바이러스 | 사스 | 메르스 |
|---|---|---|---|
| 바이러스 | SARS-CoV-2 | SARS-CoV | MERS-CoV |
| 재생산비 ($R_0$) | 2~5 | 0.2~1.1 | 0.3~0.8 |
| 치사율 (%) | 2.5 | 10 | 35 |
| 염기서열 상동성 | ― | 80% | 55% |
| 중간숙주 | ― | 사향고양이 | 낙타 |
| 감염자 (명) | 〉4000만 | 8098 | 420 |

자료: 저자 작성.

그림 2-1 바이러스의 치사율과 전파율의 관계

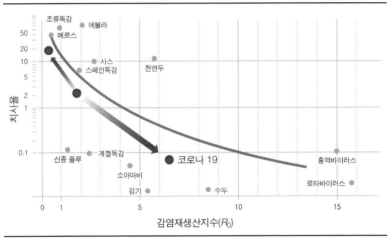

자료: McCandless(2014.10)를 토대로 저자 작성.

등은 치사율이 낮으면서 전파율이 높다. 즉, 병독성이 높으면 감염자의 활동성이 떨어져 타인에게 전파될 가능성이 낮아지는 것이다. 바이러스 진화의 정설은 '바이러스는 병독성을 낮추고 전파율을 높이는 방향으로 진화한다'는 것이다. 다시 말하면, 바이러스는 생물체의 특성인 '자손을 널리

**그림 2-2** 기존 바이러스와 코로나바이러스의 전파 특성 비교

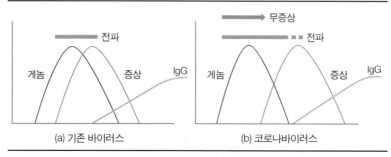

자료: 저자 작성.

퍼뜨리는 방향으로 진화한다'. 에볼라 등 치사율이 높은 바이러스는 신종 바이러스로서 아직 인간 숙주에 적응하지 못한 채 야생 숙주에 머물러 있는 것이고, 홍역바이러스 등 치사율이 낮은 바이러스는 오래전에 인간 숙주에 적응한 바이러스이다.

그럼 코로나바이러스는 어떨까? 흥미롭게도 코로나바이러스의 치사율은 연령에 따라 매우 다르다. 청장년의 치사율은 약 0.5% 내외이지만, 고령층의 치사율은 약 15%에 육박한다. 엄밀히 말하면, 병독성에 관한 한 마치 두 종의 다른 바이러스인 것처럼 나타난다. 청장년에 감염한 바이러스의 경우, 이미 치사율이 상당히 낮아져 인간에 적응을 한 것으로 생각할 수 있다. 바이러스 입장에서 보면, 청장년에 감염한 바이러스는 이미 충분히 진화해서 인간에 적응한 것이다. 이로 볼 때 코로나바이러스는 이미 인간 숙주에 적응된 '인간바이러스'라고 할 수 있다. 이것이 코로나바이러스가 종식되기 어려운 이유이다.

둘째, 코로나바이러스가 전파력이 높은 또 다른 이유는 사스·메르스와는 달리 코로나바이러스는 무증상기에 전파가 주로 일어난다는 점이다

(〈그림 2-2〉). 일반적으로는 바이러스 증식이 일어나면서 며칠 후 증세가 따라서 일어나며, 바이러스 증식의 정점 전에 시작해서 항체가 생성될 때까지 바이러스 전파가 일어난다. 즉, 전파가 주로 증상기에 일어난다. 반면에, 코로나바이러스는 바이러스 감염 후 약 1~2주의 잠복기를 거친 뒤 증상이 일어나, 소위 무증상기에 상당량의 바이러스가 배출되면서 전파된다. 따라서 증상이 없는 건강한 감염자들이 활동하면서 바이러스 전파자 역할을 하는 것이다. 즉, 게놈 증식과 병리 증상이 시차가 있다는 것이 코로나바이러스가 높은 전파력을 보이는 근본 요인이다.


## 집단면역

앞에서 언급했듯이, 코로나19 사태는 코로나바이러스의 높은 전파력 때문에 스스로 종식되기 어렵다. 그럼 코로나 사태는 언제까지 갈까?

코로나19 사태는 소위 '집단면역herd immunity'이 달성될 때까지 지속될 것이라는 의견이 제시되고 있다. 집단면역이란 바이러스 전파가 차단될 수준의 항체 양성자의 비율을 말하는데, 코로나바이러스의 경우 약 70%라고 한다. 그럼 우리는 어디까지 와 있을까? 2020년 8월 현재 감염자는 약 3000만으로 지구 전체 인구 77억의 약 0.5% 정도가 감염된 상태이다. 실제 코로나바이러스의 미확진 감염자는 확진 감염자의 약 10배로 추정되는데 현재 감염자율인 약 0.5%의 10배이면 세계 전체의 항체 보유자는 약 5%로 추정된다. 이 수치로부터 집단면역에 필요한 항체 양성률 70%는 도달하기 어려운 목표이다. 실제, 감염자가 비교적 많이 발생한 미국, 스페인의 항체 양성률은 각각 14%, 5% 정도이고, 의도적으로 집단면역 정책을 시도한 스웨덴이 약 6% 정도라고 한다. 감염자가 많은 스페인의 5%(6개월)를 기준으로 산출해도 집단면역에 도달하려면 7년 이상이 걸린다.

결론적으로, 집단면역을 통한 코로나19 사태의 종식은 앞으로도 수년이 걸리는 먼 길이며, 더욱 치료제와 백신 없이 집단면역까지 가는 길은 매우 많은 희생이 따를 것이다.

코로나19에 대한 진단 시약은 이미 개발되어 방역 현장에서 활용되고 있으므로 이 글에서는 치료제와 백신의 현황을 살펴보도록 하자.

## 치료제

현재 코로나19의 위협 극복을 위해 제약 분야에서는 어떤 노력을 기울이고 있을까?

코로나19 사태가 발생하자 국내외 다수의 제약사가 치료제 개발에 나섰다. 코로나19 치료제 개발은 엄청난 시장을 향한 질주였으며 그중 인플루엔자 치료제인 타미플루 개발사로 유명한 길리어드가 첫 깃발을 올렸다.

길리어드가 최근 미 FDA의 긴급 사용승인을 받은 '렘데시비르'는 RNA 게놈 복제를 저해하는 뉴클레오시드 약물로서 현재 코로나19 치료제로 승인받은 유일한 약물이다. 길리어드는 에볼라바이러스 치료제로 개발 중이던 렘데시비르를 코로나19 치료제로 임상실험하여 그 결과를 2020년 5월 22일 발표한 바 있다. 곧이어 미 FDA의 긴급 사용승인Emergency Use Authorization: EUA을 받았다. 허가 당국으로부터 공식 승인받은 첫 코로나19 치료제로 언론의 주목을 받았으나, 실제 임상 결과를 보면 중증 환자의 치사율을 11%에서 7%로 감소시켰지만 통계적 유의성이 없었고, 단지 입원 일수를 15일에서 11일로 4일 감소시키는 등 치료 효과는 다소 제한적이다. 즉, 코로나 사태 종식을 가져올, 소위 '게임체인저'는 아니라는 것이 학계의 중론이다.

한편, 6월 초 영국 언론에 보도된 '덱사메타손'은 스테로이드 약물로서 항염 작용을 하는 약물로 주목받고 있다. 덱사메타손은 중증 환자의 치사율을 30% 감소시켰다고 발표한 바 있다. 옥스퍼드 임상으로 알려진 이 연구는 피험자가 2000명이 넘는 등 완성도가 높은 임상연구로서 학계의 주목을 받고 있다. 코로나19로 인한 사망률을 낮추는 것이 과학적으로 입증된 첫 약물인 셈이다. 덱사메타손은 2020년 6월 16일 영국 식약처 MHRA의 긴급 사용승인을 받았다. 단, 스테로이드제로 부작용이 염려되므로 사용은 제한적일 것이다.

이러한 코로나19 치료제 개발에 어떤 전략이 필요할까? 치료제 개발에는 최소 10년이 소요되는데, 신종 바이러스 사태에 적절히 대응하려면 1~2년 내에 치료제나 백신이 개발되어야 한다. 따라서 신종 바이러스에 대한 치료제는 약물 재창출drug repositioning이 유효한 전략이다. 약물 재창출이란 기존에 허가된 약물 중에서 새로운 적응증에 약효성이 있는 약물을 찾는 전략이다. 비교적 잘 알려진 약물인 비아그라가 좋은 예로, 원래 협심증 치료제로 개발하던 중 나온 부작용을 새로운 적응증으로 개발해서 성공한 사례이다. 미국과 영국에서 긴급 사용승인을 받은 렘데시비르나 덱사메타손도 약물 재창출로 코로나19 치료제로 발굴된 것이다.

한국파스퇴르연구소는 약물 재창출을 통해, 1500여 종의 FDA 승인 약물을 포함한 약 3000종의 약물을 스크리닝해서 약효성이 우수한 20여 종의 약물을 선발했고, 그중 약효성뿐 아니라 약물성 등을 고려해서 4종의 약물을 임상연구용으로 최종 선발한 바 있다(〈그림 2-3〉). 이 발굴된 4종의

**그림 2-3** 한국파스퇴르연구소의 약물 재창출의 성과

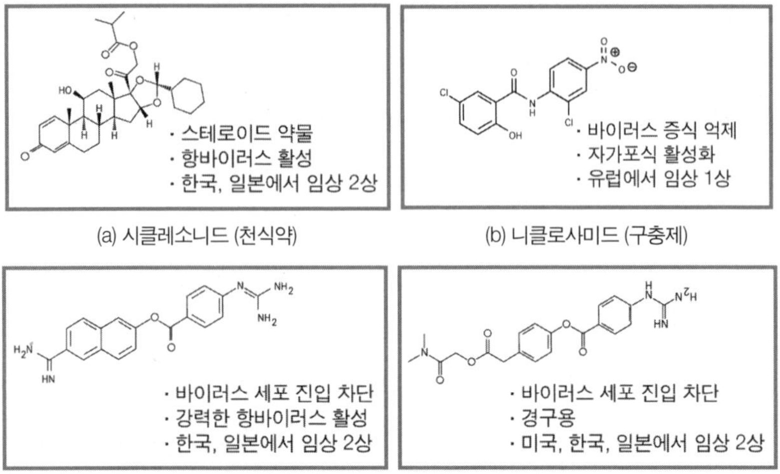

(a) 시클레소니드 (천식약)

・스테로이드 약물
・항바이러스 활성
・한국, 일본에서 임상 2상

(b) 니클로사미드 (구충제)

・바이러스 증식 억제
・자가포식 활성화
・유럽에서 임상 1상

(c) 나파모스타트 (항혈전제)

・바이러스 세포 진입 차단
・강력한 항바이러스 활성
・한국, 일본에서 임상 2상

(d) 카모스타트 (췌장염약)

・바이러스 세포 진입 차단
・경구용
・미국, 한국, 일본에서 임상 2상

자료: 저자 작성.

약물은 국내외에서 임상연구를 통해 코로나19 치료제로 개발을 추진 중이
다. 시클레소니드는 스테로이드 약물로 흡입식 천식치료제 알베스코의 성
분이다. 영국에서 긴급 사용승인을 받은 덱사메타손과 유사한 스테로이드
약물이다. 흥미롭게도, 스테로이드 약물의 원래 효능인 항염증 작용 이외
에 코로나바이러스에 대한 항바이러스 활성을 갖는다. 현재 한국과 일본
등에서 경증 환자를 상대로 임상 2상을 수행 중이다. 니클로사미드는 경구
용 기생충 약이다. 자가포식autophagy을 촉진해 바이러스 증식을 억제하는
것이 보고된 바 있다. 기생충 약제의 특성상 체내 흡수가 안 되므로 현재
주사제로 제형을 바꾸는 연구를 국내 제약사와 수행 중이다. 나파모스타
트는 일본과 한국에서 수술 환자에게 항응고제로 사용 중인 허가 약물이
다. 코로나바이러스의 세포 진입을 차단하는 기전이 규명되었다. 특히 렘

데시비르보다 세포 수준에서 100배 이상 항바이러스 활성을 갖는 약물로 현재 코로나19 치료제로 알려진 약물 중 가장 강력한 항바이러스제이다. 더욱이 항응고제로서 코로나 폐렴 증세에 수반되는 혈액 응고를 막을 수 있어 "1석 2조"의 효과가 기대되는 약물이다. 현재 한국과 일본 등에서 중증 환자를 상대로 임상 2상 중이다. 카모스타트는 일본과 한국에서 췌장염 치료제로 사용 중인 약물이다. 나파모스타트와 동일한 기전으로 코로나바이러스의 세포 진입을 막는 약물로서 약효성은 나파모스타트보다 낮지만 경구용 약물이므로 경증 환자에도 적합한 약물이다. 현재 한국과 일본, 미국, 유럽 등에서 경증 환자를 상대로 임상 2상 중이다.

지금까지 발굴된 약물의 작용 기전을 코로나바이러스의 생활사를 중심으로 살펴보고자 한다(〈그림 2-4〉). 먼저, 바이러스가 수용체(ACE2 단백질)에 결합해 폐 세포에 진입하고 세포질로 방출된 바이러스 게놈 RNA를 주형으로 폴리단백질을 생합성한다. 이 폴리단백질이 바이러스 단백질 분해효소에 의해 개별 단백질로 가공된 후 RNA 게놈에 작용해서 RNA 게놈 복제가 일어난다. 한편, 폐포alveoli에 침입한 바이러스에 대한 면역반응이 일어나면서 IL-6 등 사이토카인이 발현되며 소위 사이토카인 폭풍cytokine storm이 일어나 폐병리가 악화된다. 그 결과 혈관이 파괴되면서 혈전이 생겨 응고병증coagulopathy 등으로 병리가 더욱 악화된다.

한국파스퇴르연구소의 약물 재창출 성과를 약물의 작용 기전으로 살펴보면, 나파모스타트/카모스타트는 바이러스 입자의 세포 진입을 차단하고(〈그림 2-4〉), 특히 나파모스타트는 항바이러스 작용 이외에 항혈액 응고 작용을 하므로 '1석 2조'의 효과가 기대되는 약물이다. 시클레소니드는 스테로이드 약물로 원래의 항염증 작용 이외에 RNA 게놈 복제를 억제하는 작용을 한다. 니클로사미드는 자가포식 촉진 작용으로 바이러스 증식을

그림 2-4 주요 코로나19 치료제의 작용 기전. (a) 코로나바이러스가 폐 상피세포에 진입해 RNA 게놈을 증식하는 과정. (b) 바이러스가 폐포 세포를 파괴하면서 유발하는 병리 증상인 사이토카인 폭풍(cytokine storm)과 응고병증(coagulopathy)이 일어난다. 각 단계별 항바이러스제와 항염제의 작용점은 점선으로 표시했다.

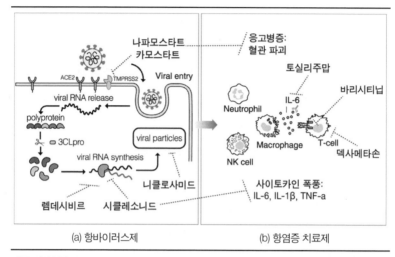

자료: 저자 작성.

차단한다.

길리어드가 코로나19 치료제로 긴급 사용승인을 받은 렘데시비르는 RNA 게놈 증식을 차단한다. 이밖에 다수의 다국적 기업의 면역억제제가 코로나19 치료제로 임상 3상 중이다. 바이오 약물로는 류머티스 관절염 치료제로 승인받은 토실리주맙tocilizumab이 있다. 이것은 사이토카인 폭풍의 주원인인 IL-6의 작용을 저해하는 항체 약물이다. 류머티스 관절염 치료제로 승인받은 JAKJanus kinase 저해제인 바리시티닙baricitinib도 코로나19 치료제로 임상 중이다.

이밖에 수많은 약물이 임상연구 중이며, 렘데시비르를 기본으로 해서 항염제인 토실리주맙 혹은 바리시티닙 병용 치료의 임상이 주목을 받고 있다. 결국, 바이러스의 증식도 억제하고 그 감염증의 증세인 사이토카인 폭풍도 억제해야 하는 코로나 폐렴의 질병 특성상, 항바이러스와 면역억제제의 병용 치료가 임상연구의 주류가 될 것이다.

한편, 국내에서도 다수 기업이 코로나19 치료제를 발굴하고 있다. 현재 10여 개 제약사가 식약처의 승인을 거쳐 임상연구에 착수했다. 그러나 국내 감염자가 많지 않아 역설적으로 국내 임상연구는 피험자 모집이 어려워 순조롭지 못하다. 결국 해외 임상으로 나가는 새로운 전략이 필요한 시점이다.

## 백신

코로나19는 어떤 질병 특성으로 인해 의약/백신 개발이 어려울까?

### 백신이란?

백신은 바이러스 항원을 인체에 접종하여 항체를 생성하게 하여 바이러스 감염을 막는 예방 수단이다. 구체적으로, 바이러스 입자 자체를 항원으로 접종하거나 바이러스 입자의 표면 단백질(외피 스파이크 단백질)을 개별적으로 발현해서 백신 항원으로 접종한다. 항원 접종 후, 인체의 면역세포가 바이러스 단백질 항원에 특이적으로 결합하는 항체를 생성하게 유도한다. 즉, 백신 접종자에게 항체 생성을 유도해 향후 바이러스 감염을 차단하는 것이다.

현재 개발 중인 코로나바이러스 백신은 코로나바이러스 입자의 특징적 돌기인 스파이크 단백질을 주요 백신 항원으로 사용한다. 그럼 이 항원 단

**그림 2-5** 개발 중인 코로나19 백신의 종류. (a) 코로나바이러스 입자. 백신 항원으로 사용되는 바이러스 입자의 돌출부인 스파이크 단백질이 표시되어 있다. (b) 현재 개발 중인 4종의 코로나19 백신의 주요 특성과 개발회사.

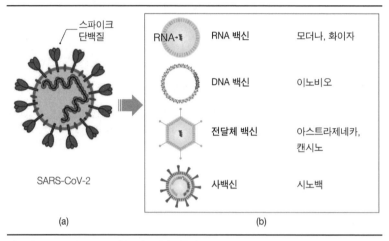

(a)                 (b)

자료: Corum et al.(2020.8.19)를 토대로 저자 재구성.

백질을 인체 면역세포에 어떻게 전달할까? 항원을 인체에 전달하는 수단을 플랫폼이라고 하는데 다양한 백신 플랫폼이 총동원되어 현재 무려 170여 개의 백신 제형이 개발 중이다.

현재 코로나19 백신 개발에 활용되는 주요 백신 플랫폼을 나열해 보면, ① RNA 백신, ② DNA 백신, ③ 전달체 백신vectored vaccine, ④ 사백신killed vaccine(〈그림 2-5〉)이 있다. 코로나19 백신 개발의 새로운 플랫폼 기술로 주목받는 유전자 백신인 RNA 백신과 DNA 백신 그리고 전달체 백신을 살펴보고자 한다.

백신 개발은 최소 10년이 소요되는 대장정으로, 코로나19 사태와 같은 긴박한 신종 바이러스에는 적합하지 않으며 백신 제조 기간이 짧은 새로운 혁신적인 플랫폼이 필요하다. 따라서 제조 기간이 최소 6개월 이상 소요되는 기존의 항원 백신보다는 유전자 기반 백신이 특히 주목을 받고 있다.

### 유전자 백신

유전자 백신에는 RNA 백신과 DNA 백신 두 종류가 있다. 항원 단백질을 주사하는 대신, 항원 단백질을 코딩하는 유전자를 RNA 혹은 DNA 형태로 주사하여 항원 단백질이 인체 면역세포에서 발현하게 고안한 것이다. 구체적으로, RNA 백신은 mRNA를 지질 나노 입자Lipid NanoParticle: LNP에 패키징하여 주사를 통해 체내의 면역세포에 전달해서 항원 단백질로 발현하는 것이다(〈그림 2-5〉). 코로나19의 경우, 스파이크 항원의 mRNA를 접종해서 스파이크 항원에 대한 항체 생성을 기대한다. 특히 모더나Moderna의 mRNA 백신은 개발 중인 코로나19 백신 후보 중 가장 먼저 지난 2020년 4월 16일에 임상 1상을 착수해 많은 언론의 주목을 받기도 했다. 이후 5월 16일에는 피험자 8명 모두 항체를 생성했다고 보도자료를 내어 주목을 받았고, 7월에 미국에서 임상 3상에 착수한다고 발표했다. 미 국립보건연구원 앤서니 파우치Anthony Fauci 소장은 모더나 백신에 대해 "이르면 올해(2020년) 말 임상 3상이 마무리되고 결과가 긍정적이면 내년 초에 대량생산에 들어갈 것이다"라는 긍정적인 전망을 내놓았다.

모더나 이외에, 바이온텍BioNTech, 큐어백CureVac 등 독일 회사들이 mRNA 백신을 개발하고 있다. 이 두 독일 회사는 모더나와 동일하게, 스파이크 항원의 mRNA를 지질 나노 입자에 패키징하여, 주사를 통해 mRNA를 전달해 항원 단백질로 발현하는 것이다. 최근 바이온텍의 RNA 백신은 화이자가 기술 이전해서 임상 3상을 진행하고 있으며, 2020년 말에 FDA 승인이 기대되는 코로나 백신의 선두주자이다.

또 다른 유전자 백신인 DNA 백신은 DNA 자체를 유전자 총gene gun 등의 물리적 수단으로 인체에 전달해서 발현하는 것이다. 국내외 몇몇 기업이 임상 1상을 수행 중이다.

그러나 유전자 백신은 아직 FDA 승인을 받은 적이 없는 혁신 신약으로 안전성 등이 확인되지 않은 까닭에 이의 개발은 좀 더 지켜볼 일이다.

### 전달체 백신

유전자 백신 이외에, 바이러스 벡터에 항원 유전자를 탑재하는 소위 '전달체 백신'이 새로운 백신 플랫폼으로 주목받고 있다.

코로나바이러스의 전달체 백신은 2종이 개발 중인데 모두 감기 바이러스인 아데노바이러스를 전달체로 사용한다(〈그림 2-5〉). 첫 번째는 영국 옥스퍼드대학 제너연구소에서 개발 중인 백신으로, 특히 침팬지 아데노바이러스를 전달체로 사용한다. 이전까지 감기 바이러스인 아데노바이러스가 백신 제조에 사용된 적이 없어 이 코로나19 백신이 개발되면 첫 사례가 될 것이다. 최근 다국적 기업인 아스트라제네카Astra/Zeneca가 이 백신을 제조·공급한다고 발표한 바 있다. 현재 옥스퍼드대학과 함께 임상 3상을 수행 중이다.

두 번째는 중국 기업인 캔시노CanSino가 개발 중인 백신이다. 옥스퍼드대학과는 달리, 캔시노는 인간 아데노바이러스를 전달체로 사용한다. 현재 임상 2상 중이며, 중국에서 군용으로는 이미 허가를 받아 접종을 하고 있다고 전해진다. 또한 존슨앤존슨도 아데노바이러스 전달체 백신을 개발해서 임상 3상을 진행 중이다.

## 연구개발 전략

코로나19를 극복하는 연구개발을 위해 어떤 전략이 필요할까?

크게 연구 현장의 전략과 규제 당국의 전략으로 나누어 두 가지 전략을 제시해 볼 수 있다. 첫째, 앞서 언급했듯이 코로나19라는 위기 상황에서 치료제 백신 개발은 평상시 긴 호흡으로는 효과적으로 대응할 수 없다. 즉, 치료제는 약물 재창출이 유효한 전략이다. 약물 재창출은 기존에 인체에 사용되는 약물을 대상으로 하므로 인체 독성은 검증된 셈이다. 단지, 새로운 적응증인 코로나바이러스에 대해 효능 평가를 통해 약효성이 우수한 약물을 선발하고, 임상을 통해 인체 효과가 검증되면 식약처에 승인을 받아 사용할 수 있다. 즉, 독성을 평가하는 전 임상, 임상 1상을 생략하고 바로 최종 단계인 임상 2, 3상으로 갈 수 있어 신약 개발 과정을 대폭 단축할 수 있다.

한편 백신 개발의 경우, 기존의 항원 백신보다는 제조 기간이 짧아 약 2개월 내 제조가 가능한 유전자 백신이 주목받고 있다. 중요한 점은 아직 유전자 백신은 FDA의 승인을 받은 바 없다는 것이다. 따라서 유전자 백신에 대한 백신 업계의 전망은 제조 기간을 단축하는 새로운 백신 플랫폼이라는 혁신적 측면과 아직 인체 안전성이 담보되지 않았다는 측면이 교차하면서 '기대 반 우려 반'이라고 할 수 있다.

둘째, 코로나19 사태의 종료를 위해 단기간에 치료제와 백신을 개발하기 위해서는 당국의 규제 완화 전략이 절실하다. 연구실에서 개발된 치료제와 백신은 인체를 대상으로 세 단계의 임상실험을 해야 하는데 여기에는 통상 5~6년이 소요된다. 코로나19 위기에 각국에서는 이 임상실험의 심사 기간을 단축하고 임상 단계별 임상실험에 필요한 최소 피험자 수를 축소해

주는 등의 소위 '패스트 트랙' 정책을 앞다투어 도입하고 있다. 예를 들어, 렘데시비르를 임상 3상 진행 중에 중간 보고서를 검토해서 미 FDA가 긴급 사용승인을 내려 일단 중증 환자에게 사용할 수 있게 한 것 등이 패스트 트랙의 좋은 예이다.

## 나가며

코로나19 사태는 제약 산업의 지형을 흔들고 있다. 혁신 기술을 가진 기업이 부상하기도 하지만, 과학적 근거가 미흡한 자료를 성급히 보도하는 일부 기업의 사례도 있다. 평상시 작동하는 '동료 검증peer review'이라는 절차가 생략되면서 일어나는 현상이다. 한때 트럼프 대통령이 '게임체인저'로 지칭해 널리 알려진 말라리아 치료제 클로로퀸이 좋은 예이다. 코로나19 사태 초기(2020년 2~5월), 별다른 치료제가 없는 긴급 상황에서 일부 논문의 주장을 그대로 받아들여 클로로퀸(하이드록시 클로로퀸)이 각국에서 '허가 외 사용off-label use'의 명목으로 코로나19 치료제로 널리 사용된 바 있다. 추후 제대로 설계된 무작위 임상연구를 통해, 클로로퀸이 치료 효과가 없는 것은 물론 오히려 환자에게 해를 준다는 보고가 나오고, 초기에 치료 효과를 주장했던 논문 세 편의 일부 저자들이 논문을 자진 철회하는 해프닝이 있었다. 급기야 2020년 6월 15일 미국 FDA가 클로로퀸 및 하이드록시 클로로퀸의 긴급 사용승인을 철회하면서 당시 진행 중이던 임상연구의 제어군에서도 퇴출되었다. 아무리 긴급 상황이라도 과학적 진실은 변치 않는 것이므로, 과학적 근거가 없는 약물이 환자 치료에 사용되는 일은 없어야 할 것이다.

인류의 역사를 흔히 예수님의 탄생을 기점으로 BC Before Christ와 AD Anno Domini로 구분한다. 코로나19 사태가 미치는 영향은 보건의료뿐 아니라 교육, 정치 등 사회 각 분야에서 엄청나다. 그래서 '코로나 후는 전과 같을 수 없다'라는 이야기를 한다. 이를 빗대어 이제는 BC Before CORONA, AD After COVID-19라 할 수 있을 것이다. 코로나19 사태의 교훈을 잘 반추하여 위기를 기회로 반전할 수 있는 지혜를 모아야 할 때이다.

**참고문헌**

Corum, J., D. Grady, S.L. Wee and C. Zimmer. 2020.8.19. "Coronavirus Vaccine Tracker." *New York Times*. https://www.nytimes.com/interactive/2020/science/coronavirus-vaccine-tracker.html (검색일: 2020.8.20).

Mccandless, David. 2014.10. v1.0. https://informationisbeautiful.net/ (검색일: 2020.10.5).

# 제3장

# 데이터로 보는 코로나19의 확산 패턴

김범준 | 성균관대학교 물리학과 교수

## 들어가며

중국에서 코로나19 감염자가 처음 보고된 이후 이미 상당한 시간이 흘렀다. 공식 집계된 자료만을 보아도 2020년 7월 초 현재 전 세계의 확진자 수는 이미 1000만 명을 훌쩍 넘어섰고, 이 중 무려 50만 명이 넘는 환자가 사망에 이르렀다. 감염의 확산세는 수그러들었다가도 다시 또 대규모의 감염이 이어져 그 누구도 코로나19의 상황을 장담할 수 없다. 이 장에서는 공개된 데이터를 이용해 감염 확산의 현 단계를 짚어보고, 코로나19가 만든 변화를 사람들 사이의 연결의 관점에서 생각해 보고자 한다.

# 데이터로 본 코로나19의 확산

현재 여러 기관에서 코로나19 확산 관련 데이터를 공개하고 있다. 〈그림 3-1〉에 2020년 7월 17일 현재까지의 전 세계와 우리나라의 확진자 수의 변화를 그래프로 그려보았다. 표준적인 감염 확산은 초기 기하급수적인 급격한 증가 이후 시간이 지나면서 증가세가 완만해지는 전형적인 S 자 형태의 패턴을 보여준다. 과거 우리나라에서 발생한 메르스 환자 수의 변화를 보아도, 환자 수의 증가 패턴은 아래로 볼록한 형태에서 시작해 변곡점을 지나면서 위로 볼록한 형태로 바뀌는 꼴이었다[〈그림 3-1(b)〉](김범준·조원국, 2020). 현재 전 세계의 확진자 수[〈그림 3-1(a)〉]는 여전히 아래로 볼록한 꼴을 보여주고 있어, 코로나19의 확산이 짧은 시간 안에 멈출 것이라는 낙관적인 전망을 하기 어려운 상황이다. 우리나라의 코로나19 확산이 지금까지 진행된 패턴[〈그림 3-1(b)〉]을 보면 정체와 증가가 몇 번 이어서 나

**그림 3-1** 2020년 1월 1일부터 7월 17일까지의 (a) 전 세계와 (b) 우리나라의 코로나19 확진자 수의 변화 추이

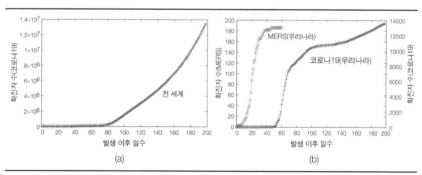

주: 비교를 위해 그림 (b)에는 과거 우리나라의 메르스 환자 수의 추이 그래프를 함께 그렸다.
자료: Our World in Data(2020)을 토대로 저자 작성.

**그림 3-2** 2020년 1월 1일부터 7월 17일까지의 (a) 일본과 (b) 이스라엘의 확진자 변화. 일본과 이스라엘처럼 상황이 안정적으로 보였던 국가들 중 다시 확진자가 급격히 는 나라들이 있다. 한 나라의 감염 확산이 어느 정도 멈추었다고 해도, 연결된 세상은 두 번째, 세 번째의 대규모 확산을 다시 일으킬 수 있다.

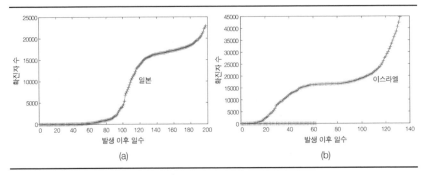

자료: Our World in Data(2020)을 토대로 저자 작성.

타난 형태이다. 과거 메르스의 확산 패턴과는 확연히 다른 양상이다. 일정 규모의 지역 감염이 진행되다가 그 증가세가 완만해지는 경향을 보이고, 이어서 또 다른 지역 감염이 연이어 발생하는 식으로 확산이 이어진 패턴을 보여준다.

전 세계 확진자 수의 급격한 증가가 일어나기 시작한 2020년 6월 초, 우리나라의 확진자 수도 한동안의 정체에서 벗어나 다시 증가하기 시작했다는 것도 〈그림 3-1〉에서 볼 수 있다. 여러 나라의 확진자 수 그래프를 그려 비교해 보면 이러한 동조 현상을 보이는 나라들이 있다. 우리나라의 확진자가 다시 늘어나기 시작한 시점 이후 일본의 확진자 수도 다시 빠르게 늘었으며[〈그림 3-2(a)〉], 거의 방역에 성공한 것처럼 보였던 이스라엘[〈그림 3-2(b)〉]과 호주도 증가세로 돌아섰다. 이 상태로라면 지구 위 어느 나라도 코로나19의 위험에서 완전히 벗어날 수 없어 보인다. 언제라도 다시 두 번째, 세 번째의 대규모 확산이 일어날 수 있다.

사회문화적 환경이 달라서 전 세계의 전체 확진자 수를 모두 함께 그린 그래프로는 각국의 방역의 강도를 파악하기 어렵다. 하지만 우리나라의 확진자 수 그래프를 보면, 방역 당국의 강화된 노력을 짐작할 수 있다. 〈그림 3-1(b)〉에서 가로축이 60일경, 80일경 그리고 160일경일 때의 확진자 수 증가 기울기를 비교하면, 확진자 수가 늘어나는 양상이 점점 완만해졌음을 알 수 있다. 감염의 고리를 끊을 수 없어 여전히 우리가 안심할 수 있는 상황은 전혀 아니지만, 방역 당국의 강화된 노력으로 증가세가 장기적으로는 조금씩 줄어들었다는 것을 보여준다.

## 적극적인 확진자 판별이 확산에 미치는 영향

　　필자는 〈그림 3-1(b)〉에서 볼 수 있듯이 발생 후반으로 갈수록 우리나라 확진자 수의 증가 그래프가 개략적으로는 기울기가 일정한 직선 꼴이라는 점에 주목하고자 한다. 이는 오늘의 전체 확진자 수에서 어제의 전체 확진자 수를 뺀 값이나 어제의 전체 확진자 수에서 그제의 전체 확진자 수를 뺀 값이 거의 일정하다는 의미가 된다. 이처럼 우리나라에서 매일 새로 발생하는 신규 확진자의 수는 늘거나 줄어드는 경향이 크게 눈에 띄지 않고, 큰 변화 없이 일정한 수준으로 유지되고 있다.

　　직선을 따라 변하는 우리나라 확진자 수 변화 패턴을 아주 단순한 방식으로 이해해 보자. 먼저, 보건 당국이 찾아내지 못한 감염자infected $I$명이 여전히 사회생활을 계속하며 다른 이를 감염시키고 있다고 가정하자. 이들 중 한 명이 하루에 감염시키는 사람 수의 평균값을 $r$이라고 하면, 하루에 새로 발생하는 감염자 수는 $rI$명이 된다. 즉, $n$번째 날의 감염자가 $I_n$

이라면 하루가 더 지난 $n+1$번째 날의 감염자의 숫자는 $I_{n+1} = I_n + rI_n = (1+r)I_n$으로 적힌다. $n$번째 날의 감염자가 $I_n$이고, 이들이 하루에 감염시킨 사람의 수가 $rI_n$이므로 하루가 지나면 전체 감염자가 $(1+r)I_n$이 된다는 의미다. 간단한 예를 들어 앞의 식을 살펴보자. 만약 $I_1 = 100$으로 시작한 감염이 $r=1$로 계속 진행된다면, $I_2 = 2I_1 = 200$, $I_3 = 2I_2 = 400$, $I_4 = 2I_3 = 800$이 된다. 즉, 하루에 신규로 발생하는 감염자 수는 100, 200, 400, 800의 꼴로 시간이 지나면서 급격히 늘어난다. 하루에 발생하는 신규 확진자 숫자가 어느 정도 일정한 수준에서 유지되어 온 우리나라의 확진자 증가 패턴과는 명확히 다르다. 즉, 우리나라는 위에서 설명한 방식을 따라 감염이 확산되고 있는 것이 아니라는 결론을 얻는다.

다음에는, 앞에서 생각한 단순한 감염 확산의 메커니즘에 확진자 검사 후 양성 판정을 받아 병원에 격리되어 치료를 받기 시작하는 사람들이 있다는 요소를 추가해 보자. $n$번째 날에 존재하는 $I_n$명의 감염자 중 일부인 $Q_n$명이 확진 판정을 받아 병원에서 격리치료를 받게 되면, 이제 지역 감염을 일으키는 감염자의 숫자는 $I_n$이 아니라 $I_n - Q_n$이 되고, 따라서 하루에 신규 발생하는 감염자 수는 $r(I_n - Q_n)$이다. 앞에서 소개한 식을 확진 판정 후의 격리치료를 고려해 다시 바꿔 적으면 $I_{n+1} = I_n + r(I_n - Q_n)$의 꼴이 된다. 우리나라에서는 특별한 사건이 없는 한 신규 확진자가 거의 일정한 수준으로 유지되고 있다. 앞의 식으로 그 의미를 미루어 짐작해 보면, 우리나라에서는 $(I_n - Q_n)$의 값이 매일 거의 일정한 수준이라는 것이다. 예를 들어보자. 100명의 감염자가 발생하면 50명의 감염자를 찾아내고, 200명의 감염자가 발생해도 150명의 감염자를, 1000명의 감염자가 발생해도 950명의 감염자를 찾아내는 식으로, 매일 발생하는 감염자 중 보건당국이 확진자로 판별하지 못하는 감염자의 숫자가 50명 정도로 일정 수준으로 유지되는 것이 지금까지 우리나라의 상황이라고 해석할 수 있다. 지역 감염이 일정 규모 이상으로 발생해도 대부분의 감염자를 보건 당국이 엄청난 노력으로 찾아내고는 있지만, 일부 찾아내지 못한 적은 수의 감염 자가 남아 있어 여전히 매일같이 소규모로 감염이 확산하고 있는 것으로 현 상황을 이해할 수 있다. 이들이 일으킨 지역 감염자를 보건 당국이 대부 분 찾아내지만, 여전히 남아 있는 극소수의 감염자가 또다시 감염을 일으 키는 방식으로 감염의 확산이 진행되고 있는 것으로 볼 수 있다.

지금까지의 논의에 따르면, 일정한 패턴으로 감염이 진행되고 있다면 모든 감염자를 보건 당국이 찾아내는 경우, 즉 $Q_n = I_n$이 되어야 감염이 멈 춘다는 섣부른 해석을 할 수도 있다. 하지만 이는 현실과 다르다. 앞의 예 를 다시 보자. 1000명의 감염자 중 보건 당국이 찾아낸 950명 이외에 50명 의 무증상 감염자가 여전히 남아 있다 하더라도 이들이 스스로 마스크를 착용하고 물리적 거리 두기의 노력을 한다면, 추가로 감염자가 발생하지 않는다. 우리나라 보건 당국의 엄청난 노력과 함께 우리 모두의 노력이 지 속되어야 결국 감염자의 증가를 멈출 수 있다.

## 나가며: 연결과 공간의 변화

중세의 흑사병이 주로 쥐를 매개로 확산되었다면 현대의 바이러스는 비행기를 탄다. 전 세계를 촘촘히 연결하는 비행기 항공망과 한 나라의 이 곳저곳을 연결하는 육상 교통망은 감염병의 확산 속도를 빠르게 한다. 기 존의 연구를 통해 현실에서의 전 세계 감염 확산을 항공망의 연결 패턴으 로 설명할 수 있음이 밝혀지기도 했다(Brockmann and Helbing, 2013).

언제쯤 전 세계의 코로나19 감염 확산이 멈출지를 현 시점에서 예상하기는 무척 어려운 일이다. 하지만 코로나19도 인류가 오랫동안 맞닥뜨린 기존의 다른 감염병처럼 결국 확산을 멈출 것은 분명하다. 물론, 감염의 전 세계 확산을 멈추기 위해서는 모든 나라가 함께 노력해야 한다. 지구 위의 모든 나라는 서로 연결되어 있기 때문이다. 아무리 한 나라에서 강력한 방역 정책을 시행해 확산을 잠정적으로 멈추었다 하더라도, 언제라도 다른 나라로부터 감염자가 유입되어 새로운 지역 감염이 다시 시작될 수 있다는 것을 현실의 데이터는 명확히 보여준다. 감염의 빠른 확산도 연결에 의해 일어났지만, 그 확산을 막는 것도 여러 나라의 연결된 노력을 통해서만 이룰 수 있다. 내 나라 안 확산이 두려워, 외부로 향한 모든 문을 걸어 잠그는 것은 결코 해결책이 될 수 없다. 나라 밖 모두와 어깨를 나란히 해 함께 노력하는 것만이 감염의 전 세계 확산을 멈추는 길이다.

코로나19의 감염 확산이 결국 멈추게 될 미래에, 전 세계의 여러 나라들의 연결에 어떤 변화가 일어날지는 중요한 문제이다. 연결을 통한 감염의 빠른 확산에 대한 두려움으로, 미래에 우리는 지금보다 연결이 줄어든 세상에서 살게 될 수도 있다. 하지만 코로나19의 극복 과정에서 결국 중요하게 부상할 각국의 연결된 노력은, 감염 확산의 두려움을 극복할 길이 어쩌면 더 넓고 깊은 연결이라는 공감대를 이끌어낼 여지도 있다.

사람은 서로 연결되지 않으면 살아가기 어려운 존재이다. 코로나19로 인해 연결의 새로운 방식들이 시험대에 오르고 있다. 직장에 출근하지 않고 집에서 회사 업무를 보는 재택근무도 일부 늘고 있고, 교육 현장에서도 온라인을 통한 양방향 강의의 방식이 빠르게 자리를 잡고 있다. 현실의 물리적 공간에서 온라인을 통한 가상공간으로의 전이는 코로나19가 만든 큰 변화이다. 하지만 가상공간에서는 수행 자체가 불가능한 다양한 인간 활동과 직업군이 있다. 이에 대한 대비와 지원이 함께 진행된다면, 오프라인 공간에서 온라인 공간으로의 전이는 코로나19의 감염 확산이 멈춘 미래에도 여전히 가속될 것으로 보인다.

필자는 미래에 우리에게 다가올 감염병-X에 대한 대비는 줄어든 연결이 아니라 늘어난 연결을 통해서만 가능하다고 믿는다. 바깥이 무섭다고 이불을 뒤집어쓰고 느끼는 이불 속 안전함은 환상일 뿐이다. 모두가 이불을 박차고 나와 함께 두려움의 근원을 찾아 해결하는 것이 맞는 방법이 아닐까. 코로나19의 전 세계 확산도 연결 때문이지만, 해결도 그리고 미래에 대한 대비도 결국 연결만이 답이다.

**참고문헌**

김범준·조원국. 2020. 「전염병 확산을 어떻게 예측할 수 있을까」. ≪한국 스켑틱≫, 21호 (3월).

Brockmann, D. and D. Helbing. 2013. "The Hidden Geometry of Complex, Network-Driven Contagion Phenomena." *Science*, 342, pp.1337~1342.

Our World in Data. 2020. "Coronavirus Source Data." https://ourworldindata.org/coronavirus-source-data (검색일: 2020.7.17).

2020년 한 해 동안 세계경제는 코로나19로 인해 멈춰 섰으며, 예전 상황으로 돌아갈 수 있을지 의문인 상황이다. 중국은 코로나19의 확산을 차단하기 위해 연초에 3개월간 주민의 이동을 통제했으며, 미국과 유럽 각국은 감염자의 유입을 막기 위해 검역을 강화하고 해외 입국을 제한했다. 아울러 사회적 거리 두기를 시행하여 주민 간 접촉을 제한했다. 이동 통제와 입국 제한은 코로나19가 침입한 모든 나라의 정부가 시행한 것이다. 우리나라는 예외적으로 이동 및 접촉의 제약을 최소화하고, 선별과 치료, 개인의 자발적 참여로 높은 수준의 방역을 유지했다.

코로나19가 불러온 이동과 접촉의 제약은 세계경제와 지역경제를 동시에 위축하는 것으로 보인다. 글로벌 가치사슬의 한 부분을 담당하는 중국에서 코로나19로 인해 생산 활동이 중단되어 글로벌 가치사슬 전체가 멈춰버리는 사례가 발생했다. 아울러 주민의 이동과 접촉이 제한됨에 따라 식당, 스포츠센터 등의 지역경제가 크게 위축되었다.

제2부에서는 코로나19의 세계경제 및 지역경제에 대한 영향을 논의한다. 특히

최근 미중 무역분쟁과 한일 무역분쟁, 영국의 EU 탈퇴 등으로 이미 세계화가 중대한 전환점을 맞고 있는 가운데, 코로나19가 이 흐름에 어떤 기여를 하고 있는지 논의하며, 이러한 분석을 토대로 우리나라의 대응 방안을 제시한다.

제4장에서 한국무역학회 회장인 김학민 경희대학교 무역학과 교수는 현재 세계경제의 동향과 코로나19의 영향을 개괄한다. 코로나19 습격 이전에 이미 세계경제의 동향이 ① 탈세계화, ② 보호무역, ③ 디지털 경제를 채용하고 있었으며, 코로나19는 이 동향을 더욱 심화하고 있음을 지적한다. 우리나라는 이에 대응하여 ① 선도적 인재 양성, ② 기업가 정신 진흥, ③ 다자주의적 노력, ④ 디지털 무역 인프라 확충에 관심을 기울일 것을 제안한다.

제5장을 쓴 김대륜 DGIST 기초학부 교수는 근대 영국과 미국의 정치 및 경제사를 연구하고 있으며, 각국의 흥망성쇠를 경제사 및 지정학적 요인에서 찾는 『패권의 비밀』을 출간하기도 했다. 경제사적 통찰력을 토대로 5장에서는 21세기 세계화의 추세로 형성된 글로벌 가치사슬 구조가 코로나19로 인해 변하게 되는 동인을 소개한다. 즉, 코로나19의 영향으로 중간재 생산을 담당하는 중국의 경제활동이 멈춤에 따라, 선진국은 탈중국 수입다각화 및 본국 회귀 정책을 강화하게 된다는 것이다.

제6장에서 서중해 한국개발연구원(KDI) 경제정보센터 소장은 OECD, 유엔연구소(United Nations University/Institute for New Technologies), 국가과학기술자문회의 등의 경험을 바탕으로, 코로나19가 대유행하는 시대에 지역경제의 회복을 위한 단상을 제공한다. 현재 세계의 경제가 '평균이 지배하는 산업사회'에서 '극단이 지배하는 네트워크 사회'로 전환되고 있음을 지적하며, 코로나19 이후 경제를 회복하기 위해서는 지역 주민과 이해당사자가 주도적으로 지역경제를 활성화하는 것이 중요함을 제안한다.

마지막으로, 제7장에서 주원 현대경제연구원 경제연구실장(이사대우)은 '코로나19 이후 한국 경제의 향방'을 예측하며 제2부의 논의를 마무리한다. 주원 실장은 현대경제연구원 보고서를 통해 코로나19의 우리나라 경제에 대한 영향을 분석하고 대응 방안을 제시하고 있으며, ≪한국경제≫ 및 ≪연합뉴스≫ 등과 같은 주요 언론의 인터뷰를 통해 정확한 예측과 효과적인 제안을 주고 있다. 7장에서는 코로나19 이후 한국 경제가 풀어야 할 숙제로 ① 소득 및 소비의 감소, ② 생산요소의 고갈, ③ 신성장 동력의 지속성, ④ 통화 출구전략, ⑤ 재정 건전성, ⑥ 세대 간 갈등, ⑦ 경제 동향 변화의 본질 파악을 제시한다.

제4장

# 4차 산업혁명, 지역경제 업그레이드, 글로벌 가치사슬

김학민 I 경희대학교 무역학과 교수

## 들어가며

코로나19로 인해 지역경제는 더욱 어려움을 겪고 있고, 세계경제의 탈세계화 현상은 점점 더 고착화되어 가고 있다. 탈세계화란 국가들 간의 협력 체계가 느슨해지는 현상, 역설적으로 세계화가 둔화되거나 감소하는 현상을 의미한다. 코로나19 발생 당시 이 현상은 일시적일 것인가, 지속적일 것인가 하는 질문을 했지만, 2020년 7월의 시점에는 단기간에 해결될 것이라는 전망보다는 시간이 소요될 것이라는 전망이 나타나고 있다. 한편으로 탈세계화는 코로나19로 인해 더욱 그 현상이 심화되고 있다. 탈세계화는 여러 가지 원인들이 있는데, 세계화 부작용의 결과, 자국의 일자리 보호, 기술 경쟁에서 자국 산업 보호, 기업가 정신의 쇠퇴 등 다양한 원인들이 있다. 그 결과, 보호무역주의가 확대되고, 다자주의의 역할이 축소되고, 미중 무역전쟁 등 특정 국가 간 분쟁과 동맹집단화에 의해 글로벌 가치

66   제2부 코로나19의 지역경제 및 세계경제 영향

사슬이 재편되고 있다.

더욱 우려할 점은 코로나19로 인해 지역경제 및 세계경제가 위축되는 실정에서는 일국의 보호무역주의가 찬성을 받게 되고, 더 나아가 주변 국가들에 그 추세를 확대하는 현상이 발생하며, 그 결과 주변 국가들을 궁핍화하여 서로서로 보호무역을 확대하는 인근 국가 궁핍화 정책beggar thy neighbor의 불안감을 고조시키게 된다(김학민 외, 2020). 역사적으로 이러한 봉쇄정책은 세계경제에 긍정적인 측면보다는 부정적인 결과를 초래해 왔다.

탈세계화의 증가는 경제적 세계화, 사회적 세계화, 정치적 세계화의 감소로 구분하여 살펴볼 수 있는데, 탈세계화 현상은 국제간 협력을 저지하고 축소하여 자국 중심의 보호무역을 확대할 뿐만 아니라 주변 국가를 궁핍화시키는 점을 합리화하려는 경향이 있다. 자국민의 안전, 일자리 보호, 불평등, 소득 불균형에 기인한 것들이 세계화로 인한 것이며, 그에 따라 자국에 수입되는 물품과 서비스, 투자에 대하여 관세 및 비관세 형태의 무역장벽을 강화하게 된다(김학민 외, 2020). 코로나19는 이러한 탈세계화와 보호무역의 명분이 되어 탈세계화는 점점 '확산'되고 있다.

과거 탈세계화는 자국의 산업을 보호하기 위한 목적으로 이루어졌다면 최근에는 선진국을 중심으로 탈세계화가 진전되고 있다. 그 결과, 탈세계화는 경제적 요인뿐만 아니라 정치·사회적 요인이 결합되어 새로운 변화를 초래하고 있다.


## 세계경제 사회 환경의 변화

코로나19가 지역경제에 미치는 영향은 매우 크다. 외부 활동이 자제되고, 관광객이 감소하며, 제조업에서 생산 차질이 발생하고, 특히 자영업 중심의 서비스업에 미치는 영향이 더욱 크다. 이런 환경에서 일자리와 경제성장은 더욱 어려운 환경을 맞고 있고 과거 우리가 경험하지 못한 불확실성이 제고되어 정부의 역할을 늘려나가게 되는 경향이 점차 확산되고 있다. 이는 '뉴노멀new normal', 즉 비정상의 정상화라고 하는 인식의 확산과 함께 지역경제 및 세계경제는 새로운 국면을 맞이하고 있다(주프랑크푸르트 대한민국 총영사관, 2020).

한편, 4차 산업혁명으로 인해 세계는 더욱 초연결화가 진행됨과 동시에 초지능화 시대로 변화하고 있다. 이런 형국에 세계경제는 국가마다 서로 다른 양상을 보이고 있다. 국제사회는 서로 연결되어 있음에 대한 자각과 함께 상호교류에 대한 중요성은 인지하고 있지만, 그럼에도 불구하고 신자유주의 기조는 퇴조하고 있다. 코로나19 이후 세계경제는 세계화에 기반한 경제적 자유주의, 정치적 시장의 개방, 자유무역, GVCGlobal Value Chain(글로벌 가치사슬)의 한계를 체감하고 있으며, 영국의 브렉시트와 같은 글로벌리즘의 포기, 트럼프의 반세계화, 신고립주의 기조, 일자리 정책에 따른 제조업 리쇼어링 등의 국가주의 추세와 탈세계화가 급속도로 확산되고 있다. 이러한 탈세계화 현상은 자유무역 질서의 퇴조와 GVC의 변화를 초래했으며, 자유무역협정FTA 재조정의 압박에 직면할 가능성을 높이고 있다(정희철 외, 2020).

2020 도쿄 올림픽이 연기되고, 전 세계 곳곳에 외출금지령이 떨어졌다. 각 국가의 교육기관이 학교의 개학을 연기하고 회사 출근마저 반려되는 상황 속에서 전 세계가 당황을 금치 못하고 있다. 이러한 세계적인 위기는 거꾸로 사회 변화를 촉발하며, 위기를 극복하는 과정은 기회가 되기도 한다. 코로나19의 위기 극복을 통해 새로운 시대의 패러다임을 모색하고자 하는

의미 있는 시도는 4차 산업혁명의 가속화로 이어지고 있으며, 이러한 현상은 코로나19의 확산을 효율적으로 막을 수 있는 방법으로 떠오르고 있다.

### 4차 산업혁명의 대두

2016년부터 시작된 4차 산업혁명은 코로나19 사태로 가속화되었다. 이러한 변화는 이전까지 바꾸지 못했던 우리의 일상에 변화를 주었으며, 그 주된 기반은 정보통신 기술과 스마트 기술에서 발생하고 있다. IT 강국인 대한민국은 코로나19 사태로 야기되는 각종 사회적·경제적 혼란을 스마트 기술과 정보통신 기술을 활용해 체계적으로 관리했으며, 이를 전 세계 외신과 정부들이 주목하고 사회의 변화와 대응 과정에 대해 분석하고 있다. 정보통신 기술을 통한 빠르고 공평한 정보의 분배는 전례 없는 전염병의 확산 속에서 사회적 혼란을 줄였으며, 사회적 거리 두기, 비대면 경제 체계 구축 등이 이러한 부분에서 주요한 사회적 자산으로 평가되고 있다. 코로나19 사태는 우리에게 4차 산업혁명 시대에 지능정보 사회의 도래를 앞당기고, 이론적으로 그려보던 스마트 라이프에 대한 새로운 도전을 이끌어낼 기회로 활용되고 있다(진상기, 2020).

### 보호무역과 디지털 경제의 확산

코로나19는 전 세계 각 국가와 정부의 역할을 중요하게 했으며, 이는 각국의 경제 개입 정도와 그 범위를 늘려나갈 수 있는 정당성을 주었다. 세계 경제에서 선진국으로 대표되는 각 국가들은 경제 위기로 어려움을 겪는 자국 기업들을 위한 지원 정책을 대거 발표하고 있으나, 향후 세계경제적인 측면에서 불공정 경쟁과 왜곡의 원인으로 지목될 가능성이 있다. 특히 투자 제한 강화와 국유화를 시행한 인도, 독일, 이탈리아 등은 자국 기업이

다른 국가에 저가로 매수되는 상황을 막기 위해 FDI 심사를 강화하고 있으며, 미국은 코로나19 확산 이전부터 중국 등 견제 대상 국가의 대미 투자를 억제하고 있는 상황이었다. 이러한 주요국의 자국 기업에 대한 보조금 지급은 그 과정의 투명성과 보조금 지급으로 경쟁력을 상실한 기업에 대한 논란을 촉발할 수 있으며 주요국 내로 진출한 기업이 있는 각 정부 사이에서 문제가 될 수 있다(한국무역협회, 2020).

디지털 경제는 재화와 서비스의 생산·분배·소비 등 주요 경제활동이 디지털화되고 네트워크화된 정보와 지식이라는 생산요소에 주로 의존하는 경제를 의미한다. 코로나19로 인한 비대면 전자상거래 등 온라인 비즈니스의 성장에 따라 디지털 무역의 중요성이 다시금 주목받고 있으며, 디지털 경제의 규모 또한 확대되고 있다. 또한 이전까지 WTO 디지털 무역에 대한 국제규범 논의는 제대로 이루어지지 않고 있었지만, 코로나19 사태로 새로운 물살을 타게 될 것으로 보인다(김현수, 2020). 이러한 흐름 속에서 그동안 꾸준히 제기되었던 GVC의 구조적 한계 또한 표면화되고, 4차 산업혁명의 슬로건 아래 디지털화 추세는 가속화될 전망이다. 또한 세계 각국의 5세대 이동통신 조기 도입이 활성화되고 있으며, 빅데이터, 사물인터넷, 블록체인, 로보틱스, 3D 프린팅 기술을 적용하는 생산자동시스템이 확산될 전망이다(김원준, 2020).


## 한국 경제 사회에 미치는 영향

### 디지털 경제의 성장 및 확산

디지털 경제의 확산은 서비스 교역 환경에 변화를 가져왔으며, 코로나

19로 인한 비대면 방식의 거래는 판매자와 소비자 양측이 모두 선호하는 방식으로, 전자상거래를 통한 교역이 크게 증가했다. 이러한 변화는 새로운 GVC를 형성하고 IT 및 경영 서비스를 통해 효율성을 증대하고자 하는 움직임으로 나타났다. 전체 생산액 대비 서비스 부가가치의 비중이 높아지는 서비스화 현상이 나타났다. 오프라인 대형 업체들의 부진은 기존 오프라인 활동을 하던 40~60대 소비자들이 온라인으로 옮겨감에 따라 나타났으며, 비대면 접촉의 편리함을 느낀 소비자들은 디지털 경제의 성장을 가져왔다. 코로나19의 장기화는 기존 오프라인 업체를 온라인 업체의 OEM, ODM 업체로 전락시킬 가능성을 높였으며, 온라인 업체의 성장은 점차 온라인 플랫폼의 노동자를 자연스럽게 증가시킬 것이다. 전통적으로 자영업자의 비율이 높은 한국의 경우, 권리금과 임대료가 없는 온라인 서비스 플랫폼을 통하여 콘텐츠가 좋은 상품을 보유하고 있다면 오프라인보다 더 나은 비즈니스 환경을 가질 수 있을 것이라 기대된다(이은영, 2020).

### 주요 수출 국가의 관세 및 비관세장벽의 확산

탈세계화는 미중 무역분쟁을 시작으로 두 강대국 사이의 관세장벽이 높아지면서 점차 그 주변국으로 확산되고 있다. 또한 전례 없는 질병의 확산이 탈세계화 현상을 더욱더 부추겨 비관세장벽까지 쌓아올리고 있으며, 이러한 상황은 탈세계화 현상이 더욱 빠르게 확산되는 계기가 되었다. 한국무역협회에 따르면, 2020년에 들어와서 한국 수입규제 신규 조사 개시 건수가 전년 대비 2020년 상반기에만 총 8건이 증가했다. 그 이유로, 코로나19로 인한 주요국의 자국 기업 지원 정책 등 향후 상계관세 리스크의 증가와 주요 규제국의 중국산 우회 덤핑 방지 조치 정책으로 인한 수입규제 대상국 확대를 들 수 있다. 미국은 2020년 상반기 총 14개 품목 관련

30개국에 대해 신규 조사 72건을 개시했으며, 뒤를 이어 인도 또한 2020년 상반기 총 18개 품목 관련 21개국에 대해 신규 조사 54건을 개시했고, 중국 12건, 인도네시아와 한국 각각 4건 순으로 나타났다. 현재 한국에 대한 수입규제는 총 219건으로, 반덤핑 관세가 총 164건으로 가장 많았고, 세이프가드 조치는 총 46건으로 그 뒤를 이었다. 한국 수입규제 신규 조사는 미국과 인도가 가장 많았으며, 터키와 호주도 한국에 대해 각각 1건의 수입규제 신규 조사를 개시했다(제현정, 2020).

미국과 인도의 수입규제는 지속적으로 증가할 전망이며 아세안 국가의 조치도 증가하는 추세이다. 일부 아시아 국가 및 아프리카 등 개발도상국의 세이프가드 조치도 지속적으로 발생하고 있으며, 현지 생산자 외 글로벌 기업의 제소도 발생하여 일부 전략적 활동도 확인되고 있다. 이에 맞서 우리 기업은 수출 기업 수입규제 사전점검과 대비가 필요하다. 코로나19로 인한 정부 보조금, 덤핑 판매 등 2020년 대상 수입규제 조사에 대한 사전점검이 필요하며, 수입업체 및 수입국 내 협회와 긴밀한 관계를 유지하여 수입규제 제소 억제 세력을 확보할 필요성이 있어 보이며, 수출국 수입규제 정책 및 법 제도를 상시 점검하여 정부기관, 업종별 협단체, 현지 로펌, 거래 상대방 및 수입업체 등을 통해 제소 정보를 파악한 후 대응 여부를 판단해야 한다. 장기적으로는 미국 국제무역법원ICT, 인도 항소심판원CESTAT 등과 같은 규제국 내 법적 절차를 활용하는 것도 고려해야 한다(홍성우 외, 2020).

### 다자주의의 축소 및 지역주의·동맹주의의 확대

코로나19 사태 이후 국제사회는 글로벌리즘의 자각과 함께 상호교류에 대한 견해는 인정하지만, 그와 반대로 신자유주의 기조는 퇴조하고 있다.

코로나19의 확산 이후 세계경제는 자본의 세계화에 기반하여 경제적 자유주의, 정치적 수단을 통한 시장의 개방과 GVC의 한계를 확인하고 있으며, 영국의 브렉시트와 같은 글로벌리즘의 포기와 지역주의, 트럼프의 자국 우선주의로 대표되는 탈세계화, 신고립주의 그리고 일자리 정책에 따른 제조업 리쇼어링으로 국가주의 추세와 탈세계화가 전염병처럼 확산 및 일반화되어 가고 있다(이성우, 2020). 이에 따른 제조업 중심의 국제사회 분업 구조의 변화로, 자유무역 질서의 퇴조와 GVC의 변화로 진행되고 있던 FTA의 경우도 재조정의 압박에 직면할 가능성이 높아졌다. 따라서 이에 반하여 한국은 4차 산업에 기반한 안정화된 시스템을 이용하여 기존에 유지하고 있던 FTA 체결 국가들과 관계를 긴밀하게 유지함은 물론 다자간 체제와의 관계를 유지하는 방식으로 변화를 수용하는 능력을 키워나갈 필요가 있다.

기술 개발을 통한 업그레이드 및 글로벌 가치사슬의 변화

코로나 사태 이후 시대의 변화에 따라 새롭게 부상하는 표준, 뉴노멀 환경이 국가 간 거리 두기로 나타나면서 그동안 만들어왔던 GVC를 분열시킬 것으로 예상되고 있으며, 국가 간 중간재 교역 비중이 감소하면서 성장은 더욱더 정체되고 있는 추세이다. 세계 각국은 효율적이지 않더라도 생산 기지로 대표되는 중국을 포함한 GVC의 의존성을 줄여나가는 방식으로 네트워크를 재편할 것으로 전망되며, 코로나19 이전에 이미 GVC의 성장 정체는 표면화되고 있는 상황이었지만 코로나19 사태 이후 세계 교역량은 하락하고 있으며, 이와 같은 추세는 모든 제조 산업에 걸쳐 나타나고 있다 (한국은행, 2020; 한국무역협회, 2020).

코로나19의 확산은 GVC에서의 원가절감 및 효율성을 재고하게 하고

**그림 4-1** 전 세계 교역량

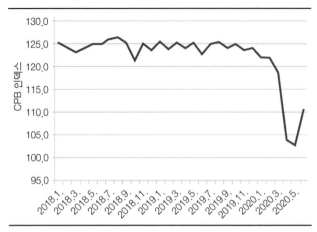

자료: CPB Netherlands Bureau for Economic Policy Analysis(2020)을 토대로 저자 작성.

**그림 4-2** 코로나19 이후 국내 제조업 PMI(구매자 관리 지수)

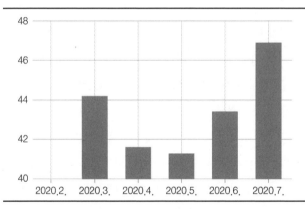

자료: Trading Economics(2020)을 토대로 저자 작성.

부품 공급 시기에 정확성을 상실하게 함으로써 수출입에 큰 영향을 주고 있는 상황이다. 주요 선진국들이 중간재 공급자로서의 역할을 가장 많이

하고 있는 상황을 감안하면, 코로나19 사태가 장기화될 경우 중간재 수급에 차질이 생길 수 있는 글로벌 제조업의 피해는 불가피하다. 특히 중국발 중간재 공급 충격이 글로벌 제조업에 미치는 부정적 영향이 2020년 2월부터 가시화되는 조짐을 보였으며 이는 글로벌 제조업 PMI(구매자 관리 지수)가 2월 중 급락한 데 이어 3월에도 기준치(50)를 하회하여 실질적인 피해를 입고 있는 것으로 나타났다(한국은행, 2020).

이러한 상황 속에서 한국 경제는 국내외 기업 간 복잡하게 연결된 GVC, 높은 해외시장 의존도, 중간재 시장과의 밀접한 연계성 때문에 이번 위기를 큰 손실 없이 넘길 수 있을 것이라 기대하기는 어렵다. 따라서 당면한 충격을 최소화하고 그로부터 기회 요인을 최대한 찾아내기 위하여 GVC 변화에 대한 중장기적인 대응책 마련이 필요하다.


## 우리의 대응

한국은 이미 2019년 일본과의 무역갈등으로 인하여 예상치 못한 상황에 대비해 핵심 물자와 수출입선을 다변화해야 한다는 교훈을 얻었다. 이는 이번 코로나19 사태로 재확인할 수 있었으며, 이제는 전 세계적으로 나타나는 탈세계화 현상, 4차 산업혁명의 가속화, 디지털 경제로의 전환, 기존 GVC의 변화에 대응해야만 한다. 이에 대하여 크게 네 가지의 대응 방법을 제시하는 바이다.

### 선도적 글로벌 인재의 양성

코로나19가 지속적으로 확산되고 있는 상황에서 한국은 4차 산업혁명

기술에 기반하여 AI, 빅데이터와 ICT 분야의 인재 양성에 힘써야 한다. 이를 위해 정부 차원의 선도형 전문가 양성 계획을 수립하고 단계별 로드맵을 마련하여 직무 교육을 추진함으로써 향후 첨단 ICT 기술에 기반한 '언택트untact 서비스'가 대두되는 상황에 대비해야 한다.

그렇게 하기 위해 기업 양성 중심에서 기업가형 개인으로 인재 양성 관점의 방향을 전환할 필요가 있다. 차별성을 가진 전문지식과 기술을 보유하고 있으며 유연하게 전문 능력을 발휘할 수 있는 인재와 함께, 상당한 수준의 네트워크에 기반한 각각의 장점을 결합시켜 네트워크 속의 개인이 부각될 수 있도록 사회자본 확충이 필요하다(김선우 외, 2020).

또한 기업은 개방형 혁신 주체로 변화하여 익숙한 기술, 강점이 있는 기술 외에도 기존 지식 범위 밖의 향후 잠재력이 있어 보이는 기술과 융합이 가능해 보이는 기술 모두에 지식을 갖추기 위해 노력해야 한다(김선우 외, 2017).

## 기업가 정신의 보호 및 우대 정책

탈세계화 현상이 가속화되는 가운데, 4차 산업혁명으로 대두되는 사회 전반의 큰 변화를 미리 감지하고 선제적 대응을 하는 것이 개인과 기업, 국가 차원의 핵심 의제로 떠오르고 있다. 세계화 흐름 속에서 급성장할 수 있었던 기업들의 성장세는 둔화되고 있으며, 그 공백을 메꿀 수 있는 주역으로 개인이 부상하고 있다.

기존의 기업가 정신은 새로운 가치 창출, 지속 가능한 혁신적 리더십을 뜻했다면, 4차 산업혁명 이후의 기업가 정신의 의미는 조금 다르다. 디지털 경제의 확장은 한국의 스타트업 기업들이 기존의 기업들과 동등한 위치에서 주도권 경쟁과 선도의 기회를 가질 수 있게 하며, 이를 통해 스타트업 기업들은 창업 환경의 개선으로 부담 없이 창업이 가능한 '린스타트업'의 흐름을 추구해야 한다.

이러한 흐름에 맞추어 정부는 개인과 기업의 사회적 완충망 역할을 함으로써 '개인'의 기업가 정신을 보호·우대해야 한다. 정책의 방향으로는 4차 산업혁명 시대 기업가 정신 발현을 위한 기본 인프라로 최소한의 생계 보장을 위한 기본소득의 제공, 일자리의 변화와 속도에 대응하는 개인 맞춤형 평생 교육 제공, 고위험 요소기술 및 기반기술에 대한 정부의 R&D 투자 등을 들 수 있다(김선우 외, 2017).

### 탈세계화 저지를 위한 다자주의적 노력 필요

국제기구의 구조와 동맹의 역할에 대한 새로운 레짐의 필요성이 부각된다. 코로나19 발병 초기, WHO의 친중 행보는 초기 대응 실패와 사태의 악화를 초래했다는 국제사회의 비판에 직면했다. WHO 사무총장의 중국 옹호를 미 공화당 상원 의원들이 비판했으며 부적절한 언급들은 결국 미국의 WHO 분담금 4억 달러 지원 중단 선언을 초래했다. 국제사회는 이를 비판했고 다자간 체제의 권위는 추락하고 있다. 이러한 상황은 더욱더 탈세계화를 촉진시키고 세계경제에 타격을 줄 것이다.

이러한 사례는 이념 또는 경제적 이익에 기초한 동맹 구조가 민주적 정치체제와 안전에 대한 가치의 공유 가능성을 중심으로 재편되어야 하며, 국제사회의 지지를 얻기 위하여 코로나19 대응 과정에 국가 기구의 개방성, 투명성, 민주성의 원칙을 공유할 수 있는 국가들의 협력 체계 구축이 중요하다는 것을 확인시켜 준다. 코로나19 사태가 진정 국면에 진입하면 중국 책임론과 함께 다자간 체제의 권위 회복을 위해 전개될 국제보건기구에 대한 개혁과 새로운 규범의 논의에 적극적으로 참여할 필요가 있어 보인다.

디지털 무역, 무역 빅데이터의 인프라 확충

무역에 있어서, 수출 지원 서비스를 통한 편리한 무역 업무 지원과 수출입 품목의 다각화는 언제나 요구되어 왔던 부분이지만, 현실적으로 모두가 만족할 수 있는 정도의 지원은 할 수 없는 실정이었다. 그러나 코로나19 이후 4차 산업혁명의 가속화로 블록체인, 빅데이터 등의 혁신 기술을 활용한 디지털 무역을 통해 이를 지원할 수 있을 것으로 판단된다(박재영 외, 2019). 디지털 무역 업무 지원 플랫폼을 구축하여 중소·중견 기업의 수출 업무 프로세스를 혁신하고 단계별 연계를 강화해 디지털 무역의 글로벌 확산을 추진하여 포스트 코로나 시대에 선도 역할을 할 수 있도록 노력해야 한다.


## 나가며

코로나19 확산 이후로 세계 각국의 정부는 자국중심주의와 보호무역에 대한 명분을 얻어 탈세계화 현상은 전염병처럼 확산되고 있으며, 다자간 체제는 WHO의 중국 옹호로 그 권위가 추락했다. 세계화의 흐름 속에서 성장하던 글로벌 경제는 침체되었지만, 언택트 방식의 발전은 디지털 경제의 확대와 4차 산업혁명을 가속화시켰다. 이에 대한 대응으로 한국은 4차 산업에 맞는 선도형 인재를 양성하여 향후 디지털 무역과 무역 빅데이터 인프라를 구축해 뒤처지지 않도록 힘써야 하며, 기업가 정신의 보호와 우대를 통해 혁신을 추구하고, 변화를 수용하는 능력을 배양해야 한다. 또한 국가 차원에서 다자주의 체제의 권위를 회복해 탈세계화 현상을 저지하려 노력해야 한다.

## 참고문헌

김선우·김영환·이정우·손하늬. 2017. 「4차 산업혁명 시대 기업가정신의 의의와 방향」. ≪STEPI Insight≫, 218호.

김원준. 2020. 「코로나19가 가져올 사회 경제적 변화」. ≪코로나19 과학 리포트≫, 15호.

김학민 외. 2020. 「세계화에 대응한 탈세계화」. 미발간 논문. 경희대학교 무역연구소.

김현수. 2020. 「코로나19 이후 글로벌 전자상거래 트렌드」. ≪Trade Focus≫, 21호.

박재영 외. 2019. "디지털 무역 기반 구축방안". 산업통상자원부 보도자료.

이성우. 2020. 「국제질서를 흔든 코로나19: 인간안보와 가치연대의 부상」. 경기연구원. ≪이슈 & 진단≫, 1-25.

이은영. 2020. 「코로나19가 가져올 구조적 변화: 디지털 경제 가속화」. Samil Research Center. ≪Samil Issue Report≫, 2020.4.

정희철 외. 2020. 「글로벌 가치사슬(GVC)의 패러다임 변화와 한국무역의 미래」. 한국무역협회.

제현정. 2020. 「최근 각국의 수입규제 동향 및 우리기업의 대응전략」. "코로나19 이후 글로벌 통상환경 변화와 대응전략 웨비나", 무역협회 통상지원센터.

주프랑크푸르트 대한민국 총영사관. 2020. "코로나 이후 독일경제". https://overseas.mofa.go.kr/de-frankfurt-ko/brd/m_9529/view.do?seq=1286235 (검색일: 2020.9.7).

진상기. 2020. 「연구원이 보는 세상: 코로나19가 만들어낸 사회 변화와 도전」. ≪지역정보화≫, 122권 0호, 72~75쪽.

한국무역협회. 2020. 「포스트 코로나 19 통상환경의 변화」. 한국무역협회 통상보고서 6권.

한국은행. 2020. ≪해외경제 포커스≫, 2020-28호.

홍성우 외. 2020. "수입규제 대응을 위한 체크리스트". 한국무역협회 보도자료.

CPB Netherlands Bureau for Economic Policy Analysis. 2020. "CPB World Trade Monitor June 2020." https://www.cpb.nl/en/cpb-world-trade-monitor-june-2020 (검색일: 2020.8.26).

Trading Economics. 2020. "대한민국: 제조업 PMI". https://ko.tradingeconomics.com/south-korea/manufacturing-pmi (검색일: 2020.8.26).

제5장

# 코로나19 사태와 글로벌 가치사슬

김대륜 ┃ DGIST 기초학부 부교수

## 들어가며

코로나바이러스가 전 세계로 확산되면서 우리 일상은 완전히 달라졌
다. 사회적 접촉을 최소한으로 줄이려는 노력을 기울여야 했고, 그런 만큼
일과 여가를 보내는 방식도 바뀌었다. 재택근무가 일상화되었고, 교육은
거의 모두 온라인으로 진행되었다. 소비 방식도 크게 달라져, 이른바 언택
트 문화가 확산되면서 오프라인 구매는 더욱 줄어들고 온라인 쇼핑은 전례
없는 호황을 누리고 있다(셍커, 2020). 그사이 많은 제조업체는 수요 하락
에다가 부품 공급 차질까지 겹쳐 일을 멈춰야 했다. 중국에서 우한을 중심
으로 바이러스가 창궐해 모든 생산 활동이 중단되자, 거기서 부품을 공급
받던 우리 제조업 기업들이 직격탄을 맞았다. 이를테면, 지난 2020년 2월
초 현대자동차는 협력업체가 중국에서 생산하는 와이어링 하네스를 공급
하지 못하게 되자 일주일 이상 모든 차종 생산을 중단해야 했다.

현대자동차가 생산을 중단해야 했던 일은 우리 제조업이 세계 곳곳을 연결하는 복잡한 공급 네트워크에 긴밀하게 연루되어 있음을 보여준다. 지난 몇십 년 사이, 특히 1980년대부터 미국과 영국을 중심으로 신자유주의가 힘을 얻으면서 비관세장벽 해체를 포함해 자유무역을 확대하려는 노력이 강화되었다. 그 결과, 세계화가 빠른 속도로 진행되었고, 수많은 기업이 해외직접투자를 늘려나갔다. 원료는 물론이요, 상당 수준의 기술과 대규모 설비가 필요한 중간재를 세계 여러 곳, 특히 신흥국에서 생산해 들여오는 일이 빈번해졌다. 이렇게 어떤 제품이나 서비스를 생산하는 과정을 세분해 각 과정을 비용이 가장 적게 드는 곳에서 수행함으로써 각 단계마다 부가가치가 발생했다. 세계화가 진전되면서 이런 가치 창출 과정이 사슬처럼 복잡하게 얽히게 되었다는 사실을 주목해 글로벌 가치사슬Global Value Chain: GVC이라는 개념이 널리 쓰이게 되었다.


## GVC 확장과 축소

글로벌 가치사슬이 확장되는 데 특히 기여한 것은 다국적 기업으로, 이들은 세계 생산의 3분의 1과 세계무역의 절반을 차지한다. 이런 다국적 기업이 원료나 중간재를 여러 신흥국에서 생산해 전문화와 규모의 경제를 극대화하는 일은 기업과 소비자 모두에게 이익이 된다고 생각한다. 기업 처지에서는 비용을 줄여 이윤을 극대화하는 데 도움이 될 터이고, 소비자 처지에서는 싼 가격에 원하는 상품을 구입할 수 있게 되니 말이다. 그랬기 때문에 글로벌 가치사슬의 심화를 보여주는 국가 간 중간재 교역은 2000년대 초까지 빠르게 늘었다. 이렇게 늘어난 중간재 교역에서 핵심 지위를 차지한 나라가 중국이다(Seric et al., 2020). 1990년대 중반까지만 하더라도 중국이 세계 중간재 교역에서 차지하는 비중은 미미했지만, 그 후 중국이 세계무역기구에 참여하고 선진 자본주의 국가의 역외생산이 늘어나면서 그 비중은 10% 이상으로 늘었다.

20세기 말에 빠르게 성장한 글로벌 가치사슬은 2008년 금융위기가 세계경제를 강타한 이후 다소 정체되었다. 이는 국가 간 중간재 교역이 세계무역에서 차지하는 비중이 이전보다 조금 줄어든 데서 확인할 수 있다. 세계 총수출 가운데 중간재 수출이 차지하는 비중은 2008년 60% 수준이었으나, 2016년에는 55% 정도로 떨어졌다(정희철 외, 2020: 14). 글로벌 가치사슬이 더 이상 성장하지 않는 까닭은 여러 가지일 테지만, 특히 흥미로운 요인은 자유무역이 이제 충분히 확대되어 해외에서 중간재를 생산해 관세 인하 효과를 누려야 할 까닭이 줄어들었다는 것이다. 게다가 중국 같은 신흥국의 기술이 발전하면서 예전에 수입에 의존했던 부품을 자체적으로 생산하게 되어 중간재 수입 의존도가 떨어진 것도 의미 있는 변화라 할 수 있다.

## 코로나19의 GVC에 대한 영향

최근 정체 국면에 들어선 글로벌 가치사슬에 코로나19 사태로 진행되고 있는 세계경제 위기는 더 심대한 영향을 미칠 것으로 보인다. 실제로 원료와 각종 부품 공급이 중단되는 일이 빈번하게 일어났고, 소비가 감소하면서 글로벌 가치사슬의 규모 자체도 줄어들었다. 규모가 줄어드는 일도 흥미롭지만, 기업 처지에서 아주 당혹스러운 문제는 복잡하게 얽혀 있는 공급 네트워크 가운데 어느 한 부분이라도 멈춰버리면 생산 전체가 마비되는 일을 감수해야 했다는 것이다. 서두에서 언급한 현대자동차 같은 경우가 바로 그런 사례다. 실제로 중국에서 우한뿐만 아니라 거의 전국에서 경제활동이 일시적으로 정지되면서 아주 다양한 제품의 글로벌 가치사슬이 일시적으로 마비되었다. 그럴 수밖에 없는 게 중국은 전 세계 제조업과 서비스 생산의 15% 이상을 담당하고, 우한 지역만 해도 500개 이상의 제조업 시설이 자리 잡고 있는 곳이기 때문이다. 실제로 어느 조사에 따르면, 포춘지 선정 1000대 기업 가운데 938개 기업이 코로나19 사태로 영향을 받은 것으로 조사되었는데, 그 가운데 다수는 중국에서 중간재나 최종재를 공급받거나 생산하는 곳이었다.

사정이 이렇게 어려워지자 세계 여러 나라 기업은 기존 공급 네트워크 상황을 되돌아보고 새로운 전망을 모색하지 않을 수 없게 되었다. 특히 시급하게 다가온 문제는 중국에 지나치게 의존해 왔던 기존 관행에서 벗어나는 일이었다(OECD, 2020: 3). 크게 두 가지 대안이 떠올랐다. 중간재 공급 네트워크를 다각화하거나 아예 중간재를 자기 나라에서 생산하는 것이다 (Strange, 2020: 461). 사실, 다각화와 본국 회귀reshoring는 코로나19 사태 이전부터 진행되고 있었다. 중국에서 임금이 올라가고 지대를 비롯한 각종 비용이 상승하면서 중국보다 더 싼 곳을 찾아 나서거나 아예 본국으로 생산 기지를 다시 옮기려는 움직임이 없지는 않았던 것이다. 코로나19 사태는 이런 경향을 더욱 가속할 것으로 보인다.

다각화와 함께 코로나19 사태는 본국 회귀 경향을 강화하는데, 이것은 트럼프 행정부가 출범한 이후 미중 무역갈등이 깊어지며 더 뚜렷해진 보호무역주의와도 연관된 일로 보인다. 코로나19 사태로 여러 나라에서, 긴급 의료물자를 비롯해 식량이나 여러 생필품 공급을 중국 같은 몇몇 나라에 의존할 것이 아니라 자국에서 직접 생산해야 하고, 더 나아가 자기 나라의 주력 산업을 보호해야 한다는 목소리가 높아졌다. 예컨대 프랑스 경제부 장관이 가치사슬을 다시 생각해 봐야 한다고 이야기하면서 "주권"이나 "독립" 같은 단어를 썼다는 사실이 이런 변화를 시사한다. 실제로 미국에서 이런 경향은 분명하게 나타나고 있다. 이를테면, 2조 달러가 넘는 '코로나19 경기부양법'을 제정하면서 미국 정부는 미국 제조업 공급 네트워크에 내재되어 있는 위험 요인을 분석하고, 본국으로 되돌아오는 기업에 혜택을 베풀며, 기술 개발을 지원하는 조치를 담았던 것이다. 한국 정부도 3차 추경을 편성하면서 비슷한 조치를 제안한 바 있다.

다각화는 물론이요, 본국 회귀도 단기간에 성취할 수 있는 일은 아닌 데다가, 중국이 풍부하게 보유하고 있는 숙련된 노동력을 대체하는 일은 쉬운 일이 아니므로 글로벌 가치사슬에서 중국이 차지하는 핵심적인 지위는 한동안 유지될 것이다. 그렇다고 하더라도 주요 선진국 정부가 보호주의를 내세우며 본국 회귀를 공격적으로 밀어붙인다면 상황은 조금 달라질 수 있다. 게다가 주요 다국적 기업이 본국 회귀에 필요한 기술 여건을 마련하려는 움직임을 보인다면, 이런 경향은 강화될 수 있다. 간단히 말하면, 글로벌 가치사슬을 심화한 기본 조건, 즉 고임금을 비롯한 선진국의 높은 생산 비용 문제를 4차 산업혁명이 배태한 기술혁신으로 극복하는 것이다. 코로나19 사태가 장기화하고, 그것과 비슷한 또 다른 바이러스가 창궐할 가능성이 높다는 점을 감안하면 선진국 다국적 기업이 이런 전략을 추구할 가능성은 높아 보인다.

잘 알려진 것처럼 4차 산업혁명이 진행되면서 생산과정을 네트워크로 연결하고 최적화하는 일은 제조업의 새로운 패러다임으로 자리 잡아가고 있다. 기존 제조 기술에 다양한 ICT 기술을 융합해 생산 비용을 획기적으로 낮추는 스마트팩토리나 제품 생산 비용과 시간을 현저하게 줄이는 3D

프린팅 같은 기술을 널리 활용하는 일이 여기에 해당한다. 이런 새로운 패러다임이 널리 퍼지면 생산 비용에서 임금이 차지하는 비중은 크게 줄어들 것이다. 더욱이, 소품종 대량생산을 당연하게 여긴 기존 관행도 다품종 대량생산으로 급격하게 이행할 가능성이 높다. 그렇게 되면 미국이나 유럽 같은 곳에 자리 잡고 있는 기업은 제조 기지를 소비 중심지와 가깝게 두려 할 것이고, 새로운 소비 중심지로 부상하는 중국과 아시아 여러 신흥국도 비슷한 움직임을 보일 것이다. 그렇게 되면 글로벌 가치사슬이 차지하는 비중은 줄어드는 한편, 북미와 유럽, 아시아에 지역 중심 가치사슬이 형성될 가능성이 높다.


## 나가며: 정책 제언


코로나19 사태와 함께 나타날 글로벌 가치사슬의 이런 변화는 한국 경제에도 심대한 영향을 미칠 게 분명하다. 한국은 반도체 같은 고급 중간재 수출에 의존하는 나라다. 2017년 한국의 글로벌 가치사슬 참여율은 55%로 경제개발협력기구 여러 나라 가운데서도 높은 편에 속했고, 중간재 수출이 차지하는 비중은 2018년에 71%로 세계 평균 56%보다도 훨씬 높았다. 게다가 중국 시장에 대한 의존도 높아서―2018년 26.8%― 우리 수출품 가운데 가장 중요한 반도체는 2018년 수출의 32%가 중국 시장으로 건너 갔다. 이런 상황에서 다각화와 본국 회귀, 4차 산업혁명 기술을 이용한 새로운 제조업 패러다임 등장 같은 변화는 우리 경제에 중대한 변화를 요구할 것이다.

여러 다국적 기업이 중국 의존에서 벗어나 다각화를 추구할 경우 중국은 당연히 내수 시장을 바탕으로 성장을 지속하려던 최근 전략을 더 강력하게 밀어붙일 것이고, 그러면서 우리나라에서 수입했던 중간재를 직접 생산하려 할 것이다. 동시에 다각화가 일어나면서 새로운 생산 거점으로 떠오를 아세안 내 여러 신흥국에서 경쟁은 더욱 치열해져 한국 기업에게 어려움을 안겨줄 것이다. 더욱이 선진국의 다국적 기업이 본국 회귀를 본격적으로 진행하고, 이를 위해 4차 산업혁명 기술을 활용한 새로운 제조업 패러다임으로 이행하면 우리나라 역시 같은 전략을 추진해야 할 것으로 보인다. 다만 우리나라는 여전히 제조업이 부가가치를 창출하는 데 가장 중요한 역할을 하고 있는 반면 4차 산업혁명 시대에는 제조업과 서비스업의 융합이 필수적인 만큼 상대적으로 불리한 처지라고 할 수밖에 없다. 그런만큼 경제의 근본적인 체질 개선을 동반하는 혁신이 필수적이다.

코로나19 사태가 글로벌 가치사슬에 미친 영향은 크다. 생산 활동이 바이러스가 창궐하면서 갑자기 중단되고 바닷길과 하늘길이 막혀버리면서 세계 곳곳 복잡하게 얽혀 있던 글로벌 가치사슬이 마비되는, 상상하기 어려운 일이 실제로 벌어졌다. 특히 코로나19 사태가 글로벌 가치사슬의 핵심 포인트라 할 수 있는 중국에서 시작되면서 충격은 더 컸다. 그 결과, 코로나19 사태 이전부터 진행되어 왔던 탈중국 다각화와 본국 회귀 움직임이 본격적으로 시작될 것으로 보인다. 이런 움직임은 단기간에 급격한 변화를 낳지는 않겠지만, 중장기적으로 세계경제의 구조와 동학動學이 재편되는 결과를 낳을 수 있다. 코로나19 사태가 가져온 이런 변화는 한국에 큰 도전이 될 것이다. 한편으로는 글로벌 가치사슬에 대한 의존을 낮추면서도 좀 더 복잡하게 다각화된 글로벌 공급 네트워크 안에서 제자리를 찾아 나가야 할 것이고, 다른 한편으로는 정부와 기업이 긴밀하게 협력해 기술 혁신의 속도를 높여 4차 산업혁명이 낳은 새로운 산업 패러다임을 갖춰야

할 터이니 말이다. 그런 만큼 코로나19 사태와 글로벌 가치사슬의 변화는
깊이 생각해 볼 만한 주제가 아닐 수 없다.

**참고문헌**

정희철 외. 2020. 「글로벌 가치사슬(GVC)의 패러다임 변화와 한국무역의 미래」. 한국무
역협회.

셍커, 제이슨(Jason Schenker). 2020. 『코로나 이후의 세계(Future after Covid)』. 박성현
옮김. 경기: 미디어숲.

OECD. 2020. "COVID-19 and Global Value Chains: Policy Options to Built More Resili-
ent Production Networks."

Seric, A., H. Görg, S. Mösle and M. Windisch. 2020. "Managing COVID-19: How the
Pandemic Disrupts Global Value Chains." UNIDO. https://iap.unido.org/article
s/managing-covid-19-how-pandemic-disrupts-global-value-chains (검색일: 2020.
8.20).

Strange, R. 2020. "The 2020 Covid-19 Pandemic and Global Value Chains." *Journal of
Industrial and Business Economics*. 47, pp.455~465.

# 제6장

# 팬데믹과 로컬

균형 회복을 위한 단상

**서중해** ㅣ 한국개발연구원 경제정보센터 소장

## 세계화 체제의 한계

코로나바이러스 발발 이전에 세계화는 거스를 수 없는 추세로 받아들여졌다. 2005년에 출간된 『세계는 평평하다The World is Flat』에서 토머스 프리드먼Thomas L. Friedman은 정보통신 기술로 세계가 연결되면서 새로운 방식의 세계화(그는 "세계화 3.0"이라 명명했다)가 가능해졌고 세계경제는 글로벌 복합 공급 체인으로 재구조화되고 있다고 주장했다. 정말 거리가 사라지고 있는지에 대한 논쟁은 있었지만, 세계화 대세론은 지배 담론의 지위를 차지해 왔다.

그러나 코로나바이러스 발발로 정상적인 경제활동이 어려워지면서 기존 체제의 취약점도 드러났다. 정보통신 기술로 고도로 연결된 사회가 코로나바이러스와 같은 팬데믹 확산에 오히려 더 취약하다는 점이 드러난 것이다. 이와 함께, 경제적 이익과 효율성을 지고의 가치로 추구해 온 세계화

체제가 코로나바이러스 이후에는 지속되지 않으리라는 전망이 힘을 얻고 있다.[1] 그러나 세계화 구조 재편에 대해서는 쉽게 수긍하지만, 어느 방향으로 재편될 것인지를 예단하기 어렵다. 세계화의 대안은 무엇인가? 탈세계화deglobalization인가?

이 장에서는 세계경제의 현재 상황을 평균의 시대에서 극단의 시대로 이행하는 과정으로 파악한다. 이행을 촉발한 두 가지 동인을 세계화와 디지털 기술 발전으로 보고, 극단의 시대가 갖는 의미를 탐색한다. 현재 세계경제를 지배하는 극단의 패러다임에서 본질적인 변화가 없으면, 설령 코로나바이러스 백신이 개발되어 이번의 팬데믹 사태가 종식된다고 하더라도, 세계경제의 취약점은 그대로 남아 있을 것이라는 입장을 취한다. 코로나 사태는 과연 인식의 전환뿐 아니라 실질적인 체제 변화까지 가져올까? 이 장은 현재 상황을 극복하기 위한 대안으로 로컬의 회복을 제안한다.

## 평균의 시대에서 극단의 시대로[2]

동구권의 붕괴 이후 코로나바이러스 발발까지 30여 년은 대략 한 세대 정도의 기간이다. 이 한 세대 기간 동안에 세계경제는 세계화와 디지털 기

---

1 "코로나19 여파로 경제, 라이프스타일, 가치관 등 전반에 걸쳐 불가역적 변화가 일어날 것이다. '세계화 구조 재편', '디지털화', '정부로의 권한 집중' 등이 새 패러다임이다. 세계화 구조 재편은 '자국 우선주의'다. 글로벌 분업과 교역에 대한 의존이 낮아지고 지역과 국가 단위로 핵심 산업 자급도가 높아질 것이다. 비대면 활동이 일상화되면서 디지털화가 생활 전반에 침투한다. 코로나19로 통제를 위한 국가 권한이 강화되는 '집중'이 나타나고 공권력의 간섭이 우려된다"[윤종용 전 삼성전자 부회장 인터뷰(≪매일경제≫, 2020. 7. 20)].

술 발전으로 더욱 복잡하게 연결되었다(Starnini, Boguñá and Serrano, 2019).
중국과 러시아와 이전의 사회주의국가들이 자본주의 경제체제로 세계경
제에 통합되면서 국가 간 분업 구조가 변화했는데, 세계화의 길은 글로벌
공급체인GVC(또는 '글로벌 가치사슬')의 재편으로 나타났다[상자 글 참조]. 디
지털 기술의 발전은 이러한 세계화의 흐름을 가속화했다. 실물 공간과 사
이버 공간이 결합하는 4차 산업혁명이 촉발된 것이다.

세계화에 수반된 GVC 변화는 세계경제의 외형 변화를 보여준다.[3] 반면
디지털 기술은 세계경제의 내면에서 본질적 변화를 초래했다.[4] 디지털 기
술의 발전은 네트워크 발전을 촉발했지만, 네트워크 경제의 발전은 불평
등의 심화라는 부작용을 수반했다. 불평등의 심화는 일부 경제활동에 있어
서 규모에 대한 수확체증이 실현되는 데 기인하는데, 이는 디지털 기술·경
제의 본질이기도 하다.

사이버 세계에서 거리는 현저히 단축되거나 사라졌지만, 네트워크 사
회의 전개가 평등한 사회, 평평한 세상 쪽으로 움직인 것이 아니라, 불평등
한 세계를 더 뾰족하게 만드는 쪽으로 작용했다. 경제적인 측면에서는, 인
터넷을 통하여 연결된 사회에서 부의 분배는 더욱 치우치는 경향이 강하게

---

2   에릭 홉스봄(Eric Hobsbawm)의 『극단의 시대(Age of Extremes)』는 제1차 세계대전부
    터 동구권 붕괴에 이르는 1914~1991년 기간을 다루었다(홉스봄, 1997). 공산주의와 자
    본주의라는 양극단이 대립한 이 기간의 세계사를 역사학자는 극단의 시대로 명명했다.
    이 글에서 우리는 시계(視界)를 동구권 붕괴 이후 최근 한 세대로 한정하고, 세계경제의
    중심 모드가 산업 경제에서 디지털 경제로 이행하고 있다고 파악한다. 세계경제의 이행
    과정을 평균의 시대와 극단의 시대로 대비시킨다.
3   칼리·레예스(Kali and Reyes, 2009)에 따르면, 세계경제 네트워크는 중심부와 변경으로
    분화되어 재편되고 있다.
4   디지털 기술 변화가 초래하는 경제활동의 본질적 변화에 대해서는 코웬(Cowen, 2013)
    또는 브린욜프슨·맥아피(Brynjolfsson and McAfee, 2014) 참조.

### 상자 글_ GVC 변화 양상: 중간재의 저임금 국가 조달 규모

세계경제의 변화 양상을 보여주는 지표의 하나로 세계산업연관표(World Input-Output Table)를 이용하여 각국의 중간재 생산에서 저임금 국가로부터 조달되는 비중을 계산해 보았다. 2000년부터 2014년까지 추세를 보면, 대부분의 선진국 경제에서 중간재의 해외 조달이 증가하고 있음을 알 수 있다. 한편, 중국은 세계의 공장으로 탈바꿈하면서 내부 조달 비중이 증가했음에도 해외 조달의 절대적 비중이 6배 이상 크게 늘었다. 선진국 경제와 중국 경제 사이에서 역할 바꿈이 진행되고 있음을 의미한다. 미국, 중국, 독일, 한국 등 제조업 선도 국가들의 중간재 조달에 있어서 저임금 국가로부터 조달하는 중간재의 규모는 2000년 549억 달러 규모에서 2014년 1958억 달러로 대략 4배가량 증가했다.

**그림 6-1** 중간재의 저임금 국가 조달 규모 (단위: 10억 달러)

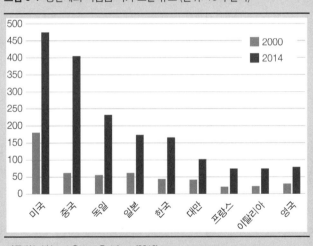

자료: World Input-Output Database(2018).

작용하는데, 이는 추가적 연결에는 비용이 거의 들지 않는 대신, 연결에서 파생되는 추가적 이익은 증가하기 때문이다. 이른바 규모에 따른 수확체증은 물리적 세계에서는 지속되기 어렵지만, 인터넷 세계에서는 오히려 일상적인 현상이 된다. 여기서 반전이 이루어졌다. 평균이 지배하는 산업 사회는 점차 그 역할이 축소되고 있는 반면, 극단이 지배하는 인터넷으로 연결된 네트워크 사회-디지털 경제의 역할은 확대되고 있다.

## 적극적인 대응이 필요하다

최근의 연구는 세계 경제·정치 시스템이 다층적이고 복합적으로 발전한 것으로 평가한다. 다층적이란 세계화와 지역화가 뚜렷이 구분되기보다는 서로 섞여 있다는 것이며, 복합적이란 주체들의 숫자와 발현되는 지역이 더욱 늘어난다는 의미이다(De Lombaerde et al., 2019).[5]

코로나바이러스 위기를 극복하기 위해 비대면 산업의 활성화, 온라인 및 디지털 기술의 확산 등이 활발하게 거론되고 있다. 자동화, 로봇화, 디지털 전환은 불가피한 것으로 인식되고 있다. 그런데 이러한 새로운 흐름에 잠재되어 있는 위험도 인식하고 대응해야 한다. 불평등의 심화, 노동의 절약에 따른 일자리 대체 등 부정적인 효과에 어떻게 대응할 것인가이다. 대응 방안의 하나가 로컬의 회복이다.

로컬 경제 회복에 있어서 근본 과제는 로컬의 경쟁력인데, 최소한 두 가지 방향을 함께 고려해야 한다. 지역의 비교 우위를 자본과 노동, 기술 중 어디에서 창출할 수 있는가가 첫 번째 과제이며, 어떤 방식으로 로컬을 회복할 것인가가 두 번째 과제이다. 이 글에서는 두 번째 과제와 관련한 논의

---

5　최근의 연구 동향에 대해서는 더롬바르더 외(De Lombaerde et al., 2019)가 소개하고 있는 《네트워크 사이언스(Network Science)》 특집호를 참고할 수 있다.

로서 정책 플랫폼을 소개한다.


## 로컬이 주인이 되는 정책 플랫폼[6]

최근의 정책 과정에서 주목할 만한 흐름은 정책 플랫폼이다. 정책 플랫폼은 개념이자 활동이다. 플랫폼은 누구나 이용할 수 있어야 하고, 개방되어 있어야 하며, 이용자가 가치 창출의 주체가 될 때 존속이 가능하다. 시민 또는 이해당사자의 참여가 출발점인 정책 과정으로서 정책 플랫폼은 지역 문제를 주체적으로 해결하는 데 유용하다. 통상적으로 행정은 정부가 주도적으로 시행하는 것으로, 관료의 우위를 전제로 한다. 반면, 정책 플랫폼은 관료는 후원자로 한 발 물러나 있고, 기획과 추진의 주체는 주민·시민·이해당사자가 된다.

지역사회가 지역 문제 해결에 중심 역할을 수행해 나가는 '지역화' 사례로, 최근 지자체를 중심으로 활발히 진행되고 있는 플랫폼 사업이 있다. 행정안전부가 최근 발표한 「2019년 행정안전부 정부혁신 우수사례집」에는 우수 혁신정책 34건이 담겨 있다. 특히 '희망이 넘치는 지역활력 제고' 분야에 수록된 5개 사례가 눈에 띈다. 사례집에는 이 외에도 '민관협력 판로 지원으로 마을기업에게 희망을', '지역주도형 청년일자리로 청년비전, 지역경제 살아난다', '지자체 협업으로 지역주민에게 더 깨끗한 물 제공', '민관협업 다문화이주민센터 개소사업' 등 다양한 사례가 담겨 있다. 시민이

---

6 정책 플랫폼을 현실에 적용하는 방식은 공론조사, 해커톤, 리빙랩, 정책랩 등 다양하다. 공통점은 이해당사자가 주체가 되거나 이들의 참여가 전제된다는 점이다. 상세한 내용과 사례에 대해서는 서중해 외(2020) 참조.

지역 문제 해결에 중심이 되고 더 나아가 지역의 자생적 성장을 이끌어가려는 노력들을 엿볼 수 있다.[7]

이러한 사례들은 첫째, 시민과 이해관계자의 자발적 참여가 가능한 '플랫폼'에서, 둘째, 상호 신뢰와 협력에 기반한 '공론' 과정을 거쳐, 셋째, 사회·공공 문제에의 합의된 목소리를 찾아가는 패턴을 보인다. 최근 그 중요성이 부각되고 있는 '참여형 거버넌스' 사례로, '지역화'를 견인해 갈 새로운 활동 방식이라 할 수 있다.

## 나가며

코로나바이러스로 촉발된 위기를 극단을 교정할 기회로 활용할 수 있다. 본질적으로 극단의 시대는 지속될 수 없다. 극단의 시대로의 이행을 추동한 두 힘은 세계화와 디지털 기술 발전이다. 코로나바이러스 위기로 세계화는 위축되었지만 디지털화는 힘을 얻고 있다. 디지털 기술의 활용은 불평등을 심화시킬 소지가 더 크기 때문에 의식적·적극적인 개입이 없으면 극단의 시대로의 이행이 오히려 속도를 얻게 될 것이다. 이에 대한 대응으로 이 장에서는 로컬의 회복을 주장했고, 그 방안의 하나로 정책 플랫폼을 살펴보았다. 개혁은 기존 체제의 한계와 취약점이 드러나면서 대안을

---

7  기획재정부의 지원으로 KDI(한국개발연구원)는 현재 '열린 혁신 정책 플랫폼' 사업을 수행하고 있다. 이 사업은 종래의 하향식 정책 결정 과정의 한계를 보완하는 방안으로, 이해당사자와 현장이 중심이 되어 정책 과제를 발굴하고 제안하는 상향식 정책 과정을 주된 내용으로 한다. 이 사업은 KDI가 주관하고 한국행정연구원, 과학기술정책연구원, 정보통신정책연구원 등이 공동으로 수행하고 있다.

모색하는 데에서 시작된다.

**참고문헌**

≪매일경제≫. 2020.7.20. "[매경 인터뷰] 윤종용 前 삼성전자 부회장이 말하는 '한국경제'".

서중해 외. 2020. 「참여적 정책설계 플랫폼 연구」, 협동연구총서 20-32-01. 경제인문사회 연구회.

프리드먼, 토머스(Thomas L. Friedman). 2005. 『세계는 평평하다(The World Is Flat)』. 김상철·이윤섭 옮김. 서울: 창해.

홉스봄, 에릭(Eric Hobsbawm). 1997. 『극단의 시대: 20세기 역사(Age of Extremes)』. 이용우 옮김. 서울: 까치글방.

Brynjolfsson, E. and A. McAfee. 2014. *The Second Machine Age: Work, Progress and Prosperity in a Time of Brilliant Technologies*. New York, NY: Norton & Company (에릭 브린욜프슨·앤드루 맥아피. 2014. 『제2의 기계 시대』. 이한음 옮김. 서울: 청림출판).

Cowen, T. 2013. *Average Is Over: Powering America Beyond the Age of the Great Stagnation*. New York: Dutton (타일러 코웬. 2017. 『강력한 인간의 시대』. 신승미 옮김. 서울: 이퍼블릭).

De Lombaerde, P., L. Iapadre, A. McCranie and L. Tajoli. 2019. "Using Network Analysis to Study Globalization, Regionalization, and Multi-polarity: Introduction to Special Section." *Network Science*, 6(4), pp.494~516.

Kali, R. and J. Reyes. 2007. "The Architecture of Globalization: A Network Approach to International Economic Integration." *Journal of International Business Studies*, 38, pp.595~620.

Starnini, M., M. Boguñá and M. Serrano. 2019. "The Interconnected Wealth of Nations: Shock Propagation on Global Trade-investment Multiplex Networks." *Scientific Reports*, 9, article number: 13079.

World Input-Output Database [WIOD]. 2018. "WIOD Data, 2016 Release." http://www.wiod.org/release16 (검색일: 2018.11.21).

# 제7장

# 코로나19 이후 한국 경제의 향방

## 포스트 코로나 시대 한국 경제의 7대 이슈

주 원 | 현대경제연구원 경제연구실장 이사대우

## 들어가며
## : 사상 초유의 충격에 직면한 한국 경제

2020년 한국 사회가 코로나19로 받은 충격은 너무도 거대했다. 2020년 한국 경제는 역逆성장(경제성장률 마이너스)에 빠졌다. 그런데 불황의 이슈에서 한발 더 나아간다면 코로나19 이후의 경제 환경은 우리가 그동안 경험하지 못한 새로운 요인들에 지배받을 가능성이 높아진다. 이에 코로나19 이후 중장기적인 한국 경제의 방향성을 전망해 보았다. 나아가 한국 경제를 관통하는 핵심 이슈를 가늠해 보고 우리가 어떠한 정책적 대응을 준비해야 하는지를 모색해 본다.

# 코로나19 이후 한국 경제의 전망
## : 회복 그리고 또 하나의 뉴노멀

코로나19 이후 한국 경제의 향방에 대해 여러 가지 시나리오가 존재한다. 과거의 중요한 경제 위기 사례에서 보듯이 바로 회복 국면으로 진입하는 낙관적 시나리오가 있다. 다음으로는 경기 회복에 실패하고 불황이 장기화되는 L 자형 추세의 비관적 시나리오도 있다. 가장 가능성이 높은 것으로, 회복은 되지만 경제가 코로나19의 충격으로 하강할 때의 시간보다 이후 회복 기간이 훨씬 더 길어지는 중립적 시나리오가 있다. 각 시나리오는 한국 경제를 둘러싼 수많은 대내외 여건들의 향방이 어떻게 되는지에 영향을 받기 때문에 아직은 모든 시나리오에 대한 가능성은 열려 있다. 그러나 현재로서 가장 확률이 높은 한국 경제의 미래 예상 경로는 중립적 시나리오, 즉 회복되는 과정이 지난하게 길어지는 경우이다.

우선 경기는 반등하는 모습을 보일 것이다. 코로나19가 계속 유행하더라도 경제활동을 중단할 수 없기 때문이다. 그리고 과거 경제 위기의 경험을 살펴보았을 때, 2021년에는 플러스 경제성장률이 예상된다. 물론 이는 2020년의 극심한 침체에 따른 기술적 착시 현상이기 때문에 큰 의미를 부여하기는 어렵다. 한편, 2021년 경기 반등의 폭은 코로나19의 재유행 강도에 달려 있다. 2020년과 2021년에 걸쳐 있는 겨울에 코로나19의 재확산 수준에 따라 2021년 경제성장률이 결정될 것으로 보인다. 침체와 반등 이후, 즉 2022년부터는 특정한 성장률로 수렴하는 것이 보편적인 과거의 경험이다. 2022년 이후 경기 변동성은 작아지지만, 평균 성장률 수준 자체는 코로나19로 인한 항구적 손실의 영향으로 크게 낮아질 가능성이 높아 보인다. 금융위기 이전에 비해 이후 세계는 물론 한국의 평균적인 경제성장률이 낮

**그림 7-1** 시나리오별 향후 경기 방향성 추세 전망

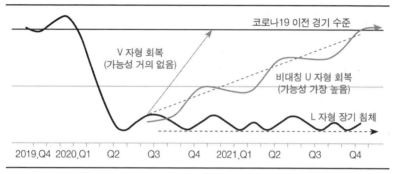

자료: 현대경제연구원(2020).

아지는 소위 말하는 '뉴노멀'의 세상이었다면, 코로나19 이후에는 거기서 더 낮아지는 '또 하나의 뉴노멀(뉴노멀 2.0)'을 목격할 것으로 보인다.

## 코로나19 이후 한국 경제의 7대 이슈

어렵고 어렵기만 했던 2020년에서 관심을 돌려 조금은 긴 시간에서 코로나19 이후의 한국 경제를 조망해 본다면 몇 가지 중요한 경제 이슈를 맞이할 것이다. 물론 현재 시점에서 이용 가능한 정보와 합리적 추론에 기댄 것이기에 이슈들 일부는 예상대로 흘러가지 않을 수 있다. 그러한 한계 속에서 향후 상당 기간 한국 경제에 논란을 일으킬 만한 7대 이슈를 서술해 본다.

### 덜 벌고 덜 쓰는 경제

첫째, 덜 벌고 덜 쓰는 경제로 변화할 것이다. IMF(2020) 및 OECD(2020)

에서의 추정 결과를 생각해 보면, 코로나19로 인해 세계경제의 GDP 손실이 최소한 약 2년은 지속될 가능성이 높다. 즉, 소득과 소비가 장기간 감소하게 된다.

직관적으로는 시간이 흐를수록 세계 및 한국 경제가 코로나19로 인한 영향에서 벗어날 것이라는 점은 명확하다. 코로나19의 그 높은 전염성에도 불구하고 장기간 경제 봉쇄는 불가능하기 때문이다. 따라서 코로나19의 백신이나 치료제가 개발되지 않더라도 한국의 '사회적 거리 두기'는 완화될 것이다. 그러나 코로나19 이전의 정상적인 경제활동 수준으로 돌아가는 데에는 상당한 시간이 걸릴 것이라는 점도 분명하다. 사람의 이동을 강제적으로 통제하지는 않겠지만, 개인 스스로가 불필요한 접촉과 이동을 꺼릴 것이기 때문이다. 아직도 오프라인 경제가 중심축이기 때문에 이는 전반적인 소득의 감소로 이어질 것이고 동시에 소비의 감소도 동반된다. 한번 충격을 받아 내려간 소비는 다시 올라오기까지 상당한 시간이 필요하다. 특히, 팬데믹이 해소되지 않은 상황에서 불확실한 미래를 생각할 때 불필요한 소비를 꺼리게 된다. 이러한 분위기가 사회를 지배하기 때문에 한국 경제가 이전의 활력을 찾기는 어렵다.

### 생산요소의 고갈과 초저성장

둘째, 성장의 동력이 되는 생산요소가 고갈되면서 한국 경제가 초저성장 구조로 전환될 것이다. 코로나19 이전의 한국 경제의 핵심 현안은 바로 성장률의 하락이었다. 소위 말하는 잠재성장률의 추락이다. 한국경영자총협회(2020.6.25)가 현대경제연구원에 의뢰하여 분석한 결과에 따르면, 현재 2%대 초반인 잠재성장률은 2026~2030년에는 1%대로 급락하게 된다. 원인은 무엇일까? 바로 생산요소, 즉 자본, 노동, 기술혁신이 생산 활동에

**그림 7-2** OECD 세계 GDP 전망

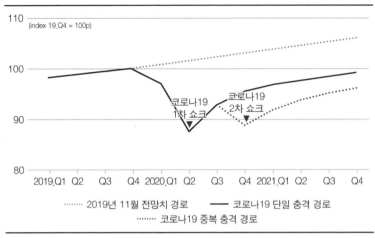

자료: OECD(2020).

**그림 7-3** 해외투자/국내투자 비율 추이 및 생산가능인구 추이 및 전망

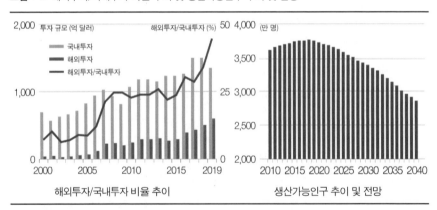

자료: 한국수출입은행 해외직접투자통계(2020) 및 한국
은행 경제통계시스템(2020)을 토대로 저자 계산 및 작성.

주: 중위 수준 기준.
자료: 통계청 국가통계포털(2020)을 토대로 저자 작성.

충분히 투입되지 못하기 때문이다. 한국수출입은행 통계를 이용해 추정해
보면, 불과 2000년에는 우리 기업들의 해외투자의 국내투자 대비 비율은

7.6%에 불과했으나, 2019년에는 45.1%로 급증했다. 즉, 국내투자는 정체되는 반면 다양한 요인들로 자본의 탈한국이 가속화되고 있다. 노동력의 감소도 심각한 문제이다. 통계청 국가통계포털(2020)의 장래인구 추계(중위추계)에 따르면, 생산가능인구(15~64세)는 2018년 3764만 5000명을 정점으로 하락 중이다. 나아가 2030년에는 3394만 7000명으로 감소하고 2040년에는 3000만 명 선을 하향 돌파하여 2864만 9000명에 이를 것으로 예측된다.

이러한 생산가능인구의 급감은 세계에서 가장 낮은 출산율[1] 때문이다. 마지막으로 기대할 수 있는 것은 기술혁신이다. 세계에서 경제 규모 대비 가장 높은 연구개발투자 비율에서 위안을 삼지만, 일부 분야를 제외하고는 투입 대비 뚜렷한 성과가 없는 비효율성 문제가 개선되지 못하고 있다.

## 또 신성장 동력 그리고 용두사미

셋째, 경제 활력의 저하에 직면하면서 또 '새로운' 신성장 동력을 찾기 위한 시도들이 이어질 것이다. 2000년대 초반부터 반도체 이후 새로운 먹거리 산업을 찾으려는 노력은 끊임없이 지속되었다. 그러나 뚜렷한 성과는 없었다. 그만큼 쉽지 않은 길이기 때문이다. 코로나19로 삶이 팍팍해지면 기업은 수익을 내기가 어려워지고 가계는 소득이 정체되고 정부도 재원 마련에 허덕이게 된다. 그렇게 되면 정부는 물론 민간 모두 새로운 먹거리 산업의 출현을 기대한다. 정부는 이번에도 코로나19를 계기로 업그레이드된 신성장 동력을 다시 제시할 것이다. '새로운' 신성장 동력은 역시 코로나19 이전부터 부상했던 4차 산업혁명 기반 기술이 중심이 될 것으로 보인

---

1  UNFPA(2020)의 추정에 따르면, 미래의 노동력 수준을 예측할 수 있는 합계출산율(여성 1명이 15~49세에 낳을 것으로 기대되는 평균 출생아 수)은 한국이 1.1명으로 세계 198개국 중 꼴찌이다.

다. 그러나 절박함과 긴장감이 계속 유지될 수만 있다면 새로운 먹거리 산업의 출현을 기대해 보겠지만, 과거의 경험상 시간이 지날수록 먼 미래의 신성장 동력보다 지금의 급박한 현안 해결이 더 절박해지기에 정책의 우선순위가 뒷전으로 밀리지 않을까 예상해 본다.

### 통화정책의 출구전략

넷째, 당장은 아니겠으나 통화정책의 출구전략이 필요할 것이다. 코로나19의 충격으로 세계 전체가 초저금리 국면으로 직행했고, 한국은행도 사상 최저 수준의 기준금리로 대응했다.

거기에 대규모 재정지출까지 더해져 시중에 대규모 유동성이 돌아다니고 있다. 문제는 언제나 그랬듯이 유동성이 실물 부문으로 투자되지 못하고 자산 시장을 떠돌아다니는 부동화浮動化 현상이다. 과잉 유동성의 이러한 부작용을 인식하게 될 때, 중앙은행은 추가적인 통화 공급이 불필요하다고 판단한다. 그리고 경기 회복 과정에서 사상 최대 규모로 공급된 유동성이 인플레를 자극할 핵심 요인이 되면서 기준금리 인상을 통한 통화 환수가 시작된다. 문제는 실물 경기 회복 흐름을 방해하지 않으면서도 버블을 막을 수 있는 금리 인상의 면도칼 경로를 잡아야 한다는 점이다. 특히, 과장을 보태서 금리 인하는 누구나 좋아하지만 금리 인상은 누구나 싫어한다. 경제가 충분히 회복되지 않은 상황에서 여론의 뭇매를 맞으며 당당히 금리를 인상할 수 있는 중앙은행은 없다. 결국은 코로나19 이후 통화정책의 출구전략은 있을 테지만, 그 로드맵대로 통화가 환수되기는 어려울 것이다. 그로 인해 자산 시장 버블과 인플레가 목격될 것이고 그리고 그 이후 어느 시점에서 버블 조정이 이어질 가능성을 우려하지 않을 수 없다.

**그림 7-4** 한국은행 기준금리 추이

자료: 한국은행 경제통계시스템(2020)을 토대로 저자 작성.

### 재정 건전성과 증세의 딜레마

다섯째, 재정 건전성은 두고두고 한국 경제의 골칫거리가 될 것이다. 2019년에 계획된 2020년 정부 본예산 재정수지 적자 규모는 30조 5000억 원(GDP 대비 1.5%)에 불과했으나, 4차 추경까지 반영된 수정 예산은 적자 84조 원(GDP 대비 4.4%)으로 크게 악화되었다. 더구나 2021년 이후에도 지출할 곳은 많은데 저성장에 따른 세수 부족으로 재정 적자가 장기화될 우려가 크다. 이는 국가 채무의 급증으로 이어진다. 정부의 예상에 따르면, 국가 채무/GDP 비율은 2020년 39.8%에서 2024년 58.3%로 급등한다.

2020년에는 워낙 경제 상황이 급박했기 때문에 재정 건전성이 주목을 받기 어려웠으나 2021년 이후에는 국가 채무 급증 문제를 어떻게 처리할지에 대한 논의가 본격화될 전망이다. 가장 확실한 답은 증세이나, 정권 교체기와 맞물려 있기에 세금 인상을 드라이브하기가 쉽지 않다. 예상되는 방향은 두 가지이다. 첫째, 누군가 총대를 메고 세법 개정을 통해 대규모의

**그림 7-5** 통합재정수지 및 국가 채무 추이와 전망

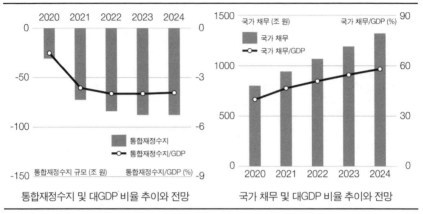

통합재정수지 및 대GDP 비율 추이와 전망

국가 채무 및 대GDP 비율 추이와 전망

자료: 기획재정부(2020)을 토대로 저자 작성.

중세를 추진하는 경우이다. 여기에는 소득세와 법인세, 나아가 재산세, 거래세, 소비세 등이 모두 해당될 수 있다. 두 번째는 국민의 눈치를 볼 수밖에 없어 중세보다는 국채를 안고 가는 방향이다. 사실상 만기가 없다는 국채만이 가지는 장점을 이용하여 차환 발행을 통해 높은 채무 비율을 유지하는 방향이다. 그러나 두 가지 모두 향후 재정 운용의 폭을 크게 제약한다. 결국, 재정 건전성 문제는 경제의 성장력을 훼손하는 결과로 이어질 수밖에 없다.

### 세대 간 경제적 갈등 심화

여섯째, 세대 간 경제적 불평등 또는 기회의 불평등에 대한 갈등이 심화될 것으로 보인다. 저성장이 장기화된다는 것은 필연적으로 경제적 불평등을 낳을 수밖에 없다. 그리고 밑에서 위로 갈 수 있는 사다리가 치워진다는 의미이다. 특히, 늘어나지 않는 국부國富를 가지고 청년세대와 기성세대

**그림 7-6** 노인 부양비(생산가능인구 100명에 대한 고령인구 비율) 추이 및 전망

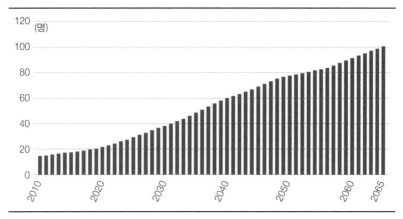

주: 중위 수준 기준.
자료: 통계청 국가통계포털(2020)을 토대로 저자 작성.

간의 갈등이 심화될 가능성이 높다. 가장 먼저는 일자리의 부족이다. 이미 오래전부터 청년 실업 문제가 심각한 상황에서, 2020년 '인국공 사태'[2]에서 보듯이 사회에 첫발을 내딛는 청년층들을 위한 일자리 부족 문제가 장기간 지속될 가능성이 높다. 이미 고용시장에 진입한 기성세대들이 자신들의 일자리 유연성을 통해 양보하지 않는 한 이를 둘러싼 세대 간 갈등은 심화될 것이다. 두 번째의 갈등은 주거 사다리의 붕괴에서 비롯되는 가진 자와 가지지 못한 자의 갈등이다. 정부의 부동산 정책 무게중심이 대출 규제를 통한 부동산 시장으로의 자금 유입 차단으로 옮겨가면서 청년층의 내 집 마련 가능성을 더욱 축소하고 있다. 물론 정부의 가격 안정을 위한 노력들도 병행될 것으로 보이지만, 규제를 통한 집값 안정에 성공한 정부는 없

---

2  인천국제공항공사가 비정규직의 대규모 정규직 전환을 단행하여 취업준비생들이 크게 반발하면서 사회적 이슈가 된 바 있다.

었기에 시장은 회의적이다. 마지막 세대 갈등은 이러한 악조건 속에서도 청년세대의 노인 부양 부담은 급증할 것이라는 점이다. 세계에서 가장 빠른 고령화 속도와 가장 낮은 출산율로 노인 부양비(생산가능인구 100명에 대한 고령인구[3] 비율)는 2010년 14.8명에서 2020년 21.7명에 이어 2030년에는 38.2명으로 크게 높아질 전망이다.

소득도 자산도 취약한 청년세대가 앞으로는 고령층 부양 부담까지 짊어져야 하는 삼중고에 직면하는 이슈는 두고두고 한국 사회의 짐이 될 것이다.

### 패러다임의 변화는 없다

일곱째, 코로나19의 대유행이 역사적 사건인 것은 분명하고, 그로 인해 많은 부분이 변할 것이라는 점에는 동의한다. 예를 들면 4차 산업혁명은 가속화될 것이고 GVCglobal value chain의 강도도 약화될 것이고 비대면 시장의 성장은 눈에 띄게 빨라질 것이다.

그러나 그것이 경제 패러다임의 변화를 의미하지는 않는다. 여전히 사람들은 일해서 돈을 벌고 생활에 필요한 제품과 서비스를 구매해서 가족을 부양해야 한다. 경쟁력 있는 제품을 만드는 기업이 살아남고 경쟁력 있는 국가가 부를 축적한다. 시장 경쟁에 지배받는 경제라는 본질은 변하지 않는다. 글로벌 금융위기 이후 부상한 사회적 가치와 포용적 성장에 더하여 코로나19 이후 나타날 새로운 사회적 이슈들이 유행하겠지만 결국 기존의 경제 패러다임은 변하지 않는다. 마치 새로운 패러다임이 존재하고 그 길로 가야만 하는 듯이 몰아치지만, 어느 순간에서는 경제 주체들은 그것에

---

3    생산가능인구는 15~64세이며, 고령인구는 65세 이상 인구를 의미한다.

**그림 7-7** 무점포소매판매액/소매판매액 비중 추이 및 최근 부상하는 비대면 분야 사례

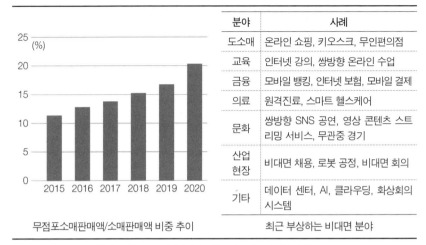

| 분야 | 사례 |
| --- | --- |
| 도소매 | 온라인 쇼핑, 키오스크, 무인편의점 |
| 교육 | 인터넷 강의, 쌍방향 온라인 수업 |
| 금융 | 모바일 뱅킹, 인터넷 보험, 모바일 결제 |
| 의료 | 원격진료, 스마트 헬스케어 |
| 문화 | 쌍방향 SNS 공연, 영상 콘텐츠 스트리밍 서비스, 무관중 경기 |
| 산업현장 | 비대면 채용, 로봇 공정, 비대면 회의 |
| 기타 | 데이터 센터, AI, 클라우딩, 화상회의 시스템 |

무점포소매판매액/소매판매액 비중 추이 　　　최근 부상하는 비대면 분야

주: 2020년은 1~8월 기준. 무점포소매 = 인터넷 쇼핑 + 홈쇼핑 + 방문 및 배달 소매
자료: 통계청 국가통계포털(2020)을 토대로 저자 계산 및 작성.

피로감을 느끼고 그것이 진정한 패러다임의 변화인지 아니면 껍데기만 갈아 끼운 것인지 살피게 된다. 기술의 발전 속도는 항상 우리가 생각했던 것보다 훨씬 빠르다. 그러나 그 기술이 세상을 바꾸는 속도는 우리가 생각했던 것보다 훨씬 느리다. 어쩌면 코로나19 이후의 세상은 크게 바뀌는 것이 없을 수도 있다. 새로운 기술과 새로운 시장이 출현하겠지만 그것이 전체 세상을 주도하는 힘이 생각보다 약할 수 있다. 변화가 본질의 변화인지 현상의 변화인지 잘 살펴 헤아리는 자세가 필요해 보인다.

## 나가며: 무엇을 준비해야 하나

이미 코로나 이전 잠재성장률이 하락하는 가운데, 코로나19라는 충격

까지 가세하면서 한국 경제의 초저성장 진입은 돌이킬 수 없게 되었다. 이 제는 외연의 확장보다는 내실을 다지는 데 주력할 수밖에 없다. 한국 경제의 고성장 시대는 끝났다. 그래서 첫째로 낮은 성장력 그리고 낮은 기대수익률에 맞추어 기업과 가게 그리고 정부가 가계부를 작성해야 한다. 정말효용이 높은 분야에 대한 투자가 요구되는 시점이다. 둘째, 중장기 경제성장률의 하락은 자연스러운 현상이나 한국의 경우 너무 빨리 추락하는 문제점이 있다. 기업의 투자를 국내로 돌리고 부족한 노동력을 어떻게 확충할지에 대한 체계적인 접근이 있어야 한다. 특히, 혁신 중심의 선진국 성장구조 구축을 위하여 국가연구개발 정책의 혁신을 반드시 이루어내야 한다. 셋째, 단순히 정책적 홍보를 위해 신성장 동력을 이용하는 것은 그만했으면 한다. 그보다는 민간에서 스스로 찾아내도록 지원을 아끼지 않고민간이 하고자 하는 새로운 사업과 관련된 시장 형성에 장애가 되는 규제를 빨리 없애주는 것이 참된 정부의 역할이다. 넷째, 중장기적으로는 중립적 통화정책의 기조를 유지해야 한다. 사상 최대 규모의 유동성 때문에버블을 걱정해야만 하는 상황이 곧 닥칠 것이다. 중앙은행의 독립적이고가치중립적인 통화정책이 요구되는 상황이며, 금융시장에 대한 선제적관리·감독과 세심한 접근이 경제의 안전성을 확보하는 길이다. 다섯째, 재정 건전성 문제에 대한 국민적 합의가 필요하다. 국가 부채는 결국 언젠가는 증세로 해결해야 한다. 부채 비율을 유지하면서 미래 세대의 증세로 그부담을 떠안길지, 아니면 현재 증세를 통해 해결할지에 대해 정부가 명확한 방향을 제시해야 한다. 여섯째, 미래 한국 경제의 주역인 청년세대의 경제력 강화에 대한 고민이 필요하다. 청년층을 취약계층화하지 않기 위해서 계층 사다리와 주거 사다리를 복원해야 한다. 청년이 중심이 되는 경제성장 구조가 되어야 사회적 갈등이 해소되고 경제의 활력이 보장될 수 있다. 마지막으로, 코로나19 이후의 변화에서 시선을 돌려 변하지 않는 근본적인 경제 패러다임이 무엇인지에 더 주목해야 한다. 코로나19 이전에 경제를 밑바닥에서 움직이는 펀더멘털에 문제가 없는지를 살펴보고 취약점을 보강함으로써 코로나19 이후의 세상을 치밀하게 준비하는 자세가 절실하다.

**참고문헌**

기획재정부. 2020. 「2020~2024년 국가재정운용계획 주요 내용」.

통계청 국가통계포털. 2020. "장래인구추계, 서비스업 동향조사". http://kosis.kr/index/index.do (검색일: 2020.10.7).

한국경영자총협회. 2020.6.25. "경총, '코로나19 위기 극복을 위한 정책 방향' 발표". 보도자료.

한국수출입은행 해외직접투자통계. 2020. "대한민국 연도별 해외투자 현황". https://stats.koreaexim.go.kr/main.do (검색일: 2020.7.12).

한국은행 경제통계시스템. 2020. "국민계정, 한국은행 주요계정 및 기준금리". http://ecos.bok.or.kr (검색일: 2020.7.12).

현대경제연구원. 2020. 「회복국면 진입과 장기 침체의 갈림길에 선 한국경제: 최근 경제 동향과 경기 판단(2020년 3분기)」. ≪경제주평≫, 20-23호(통권 887호).

IMF. 2020. "World Economic Outlook April 2020: The Great Lockdown."

OECD. 2020. "OECD Economic Outlook," 2020(1).

UNFPA. 2020. *State of World Population 2020: Against My Will— Defying the Practices That Harm Women and Girls and Undermine Equality*. New York, NY: UNFPA.

그 누가 상상이나 했을까, 비대면 사회의 등장을. 코로나19로 인해 물리적 접촉을 최소화하는 '비대면 사회'가 대두되고, 사회적 거리 두기·원격근무 등의 단어는 이제 익숙해졌다.

사회 및 경제 활동은 기본적으로 대면 접촉을 전제하고 있지만, 너무 일상적이어서 그동안 그 중요성을 깨닫지 못했다. 비대면 사회로의 전환은 관광업, 서비스업 등 대면 기반 업종들의 쇠퇴를 야기했지만, 역설적이게도 4차 산업혁명 기술 및 관련 산업의 발전을 가속화했다. 사물인터넷으로 정보를 수집하고, 블록체인으로 그 정보를 관리하며, 인공지능으로 의사결정을 지원하고, 가상·증강 현실 인터페이스로 현장을 관리하는 가운데, 사람 사이의 물리적 접촉은 기계와 통신 네트워크로 대체된다. 제3부에서는 코로나19가 가속화한 4차 산업혁명의 전망과 급격히 변화하는 사회와 노동에 대한 대응책을 제시한다.

제8장의 김문조 고려대학교 사회학과 명예교수는 『과학기술과 한국사회의 미래』, *IT and the Shaping of New Social Order* 등을 저술한 석학이다. 그는 8장에

서 코로나19 이후의 한국 사회와 디지털 사회로의 변화 양상을 전망한다. 또한 디지털 전환기를 지나는 우리가 유념해야 할 사항들을 제시한다.

제9장의 오계택 한국노동연구원 기획조정실장 겸 임금직무혁신센터 소장은 한국직업능력개발원에서 근무한 이력이 있으며 노동 분야 연구의 전문가이다. 그는 포스트 코로나 시대의 근무 방식 변화, 비대면 업무의 명과 암을 다루고 원격근무의 이상향을 제시한다.

제10장의 이원홍 한국과학기술기획평가원 인재정책센터 연구위원은 과학기술 인력정책과 연구개발 투자 및 성과 분석을 전문적으로 연구해 왔다. 10장에서 그는 4차 산업혁명 시대와 코로나19로 인한 노동의 변화와 위기를 다루며, 포스트 코로나 시대가 요구하는 인재상을 제시한다.

제11장의 박가열 한국고용정보원 미래직업연구팀 연구위원은 『일의 심리학』을 번역했고, 미래의 직업에 관한 여러 연구를 진행했다. 11장에서는 일자리 변화와 위기, 이에 요구되는 역량에 관해 논한다. 더불어 '미래예측력'과 '위기 대처 능력'과 같이 코로나19 이후 요구되는 직무 역량에 관해 자세히 조언한다.

마지막으로, 제12장의 김경일 아주대학교 심리학과 교수는 『코로나 사피엔스』, 『이끌지 말고 따르게 하라』 등의 저자로, 〈어쩌다 어른〉, 〈세상을 바꾸는 시간, 15분〉, 〈요즘책방: 책 읽어드립니다〉 등 다양한 방송 프로그램에서 명강사로 활동하고 있다. 12장에서는 포스트 코로나 및 4차 산업혁명 시대의 불안과 분노를 살펴보고, 이러한 심리가 코로나19로 인해 발현된 것인지 혹은 증폭된 것인지를 분석한다.

제8장

# 코로나19 이후의 한국 사회

김문조 ㅣ 고려대학교 사회학과 명예교수

    신종 코로나바이러스의 확산으로 세상이 급변하고 있다. 얼핏 보면 '모든 것이 멈춰 섰다'는 정지停止 명제가 감염 위협으로 제반 활동이 위축되어 가는 지금 상황을 잘 대변하는 듯하다. 그러나 재택근무나 택배와 같이 멈춰진 것 같은 표층 이면의 활동들을 주시한다면, '정중동靜中動'이라는 표현이 오히려 최근 현실의 보다 정확한 진단이 아닐까 한다.

    감염 피해를 축소하기 위한 사회적 거리 두기social distancing로 '비대면untact'이 새로운 표준적new normal 일상으로 뿌리내리고 있다. 제도적 측면에서도 거리 두기에 상응하는 원격화가 촉진되어, 원격근무, 원격교육, 원격진료 등이 활성화되고 있다. 비대면적 한계를 극복하기 위한 대체 활동들이 급성장하고 있는 것이다. 이는 곧 사회생활의 미시적 혹은 거시적 틈새가 공허한 빈 공간에 머무는 것이 아니라 새로운 질료로 채워지고 있음을 시사한다.

# 매체, 도구에서 현실로

체계이론가 니클라스 루만은 일찍이 개인이나 가족이 아닌 의사소통 행위가 사회 체계의 원초적 구성단위라고 주장한 바 있다(Luhmann, 1995 [1984]). 언어적 의사소통verbal communication을 놓고 요즘 동향을 이야기하자면 '면대면 소통에서 비대면 소통으로의 이행'으로 규정할 수 있겠는데, 비非언어적 차원을 포함한 사회 활동 전반으로 범역을 넓혀본다면, '대인적 접촉에서 매체적 접속으로'라고 말할 수 있겠다. 그렇다면 접촉 사회에 대비되는 비대면 접속 사회의 성격은 행위자들의 상호작용이 이루어지는 틈새에 유입되는 '매체media'의 속성에 크게 좌우될 것으로 본다.

매체란 사람, 사건 혹은 현상 등에 관한 사연을 전달하는 중계 역할을 담당하는 것들을 총칭한다. 매체의 중요성은 신문, 잡지, 방송, 영화 같은 매스미디어의 출현을 기점으로 크게 부각되어 "매체가 메시지medium is message"라는 발언이 주목받게 되었지만(매클루언, 2019), 매체의 힘이 획기적으로 배가하게 된 것은 디지털 기술을 바탕으로 한 뉴미디어가 출현한 때부터라고 할 수 있다. "미디어는 우리 사고방식을 좌우하는 메타포"라는 닐 포스트먼의 언명은 뉴미디어의 증폭된 위력을 보다 명시적으로 피력한 메시지라고 본다(포스트먼, 2009).

디지털 기술을 기반으로 한 뉴미디어 시대로 접어들어 매체는 현실을 표상하는 단계를 넘어 특정 단면을 부각하거나 재편하는 구성적 역할을 강화해 가고 있다. 뿐만 아니라 증강 현실Augmented Reality: AR, 혼합 현실Mixed Reality: MR 혹은 혼성 현실Hybrid Reality: HR과 같은 새로운 소통 공간의 유입과 더불어 매체는 의사 전달 도구의 수준을 넘어선 생활 현장, 그것도 삶과 꿈이 교차하는 자유분방한 삶의 터전으로 발돋움하고 있다.

# 뉴미디어에 의한 사회 체계의 재매개화

일찍이 니콜라스 네그로폰테는 『디지털이다Being Digital』라는 저서에서 다양한 디지털 기기가 속출하는 현대사회에서 중계 기능을 담당해 온 매개자들이 대거 사라지게 된다는 '탈脫중계화dis-intermediation' 가설을 제기한 바 있다(네그로폰테, 2007). 인터넷을 통한 물품 직거래나 온라인 대화방이 성행하는 오늘날 모습은 바로 그러한 예견을 뒷받침하는 방증인 것이다. 그러나 유통업자라는 중간 매개자들이 사라진, '직구(직접구매)'나 각종 SNS가 진행되는 공간은 진공과 같이 속이 빈 처소일까?

'컴퓨터 매개 상호작용Computer-Mediated Communications: CMC'이라는 친숙한 용어로부터 유추할 수 있듯, 면대면 접촉을 대신한 비대면 접속은 진공 상태에서가 아니라 인간 대신 온라인 매체라는 질료가 유입되는 공간에서 전개되는 행위임을 명기할 필요가 있다. 이 같은 점은 제이 데이비드 볼터와 리처드 그루신의 '재매개remediation' 논의에서 여실히 표명된다(볼터·그루신, 2006).

월드와이드웹, 가상현실 혹은 컴퓨터 그래픽 같은 뉴미디어 시대의 총아인 디지털 기술들이 올드미디어 시대의 핵심 기술들을 몰아낸다는 분리적·배제적 입장을 견지하는 뉴미디어 전도사들의 편협한 태도를 비판한 볼터와 그루신은 새로운 첨단 미디어가 회화, 사진, 영화, 텔레비전과 같은 구舊미디어를 포섭하고 화합하여 상호 결합함으로써 문화적 의미를 재생산한다는 반론을 제시한다. 새로운 미디어 기술이 선행 기술을 개선하거나 수정하는 재편 과정을 재매개라는 개념으로 풀이하고자 한 그들은 과거에 사진이 회화를, 텔레비전이 영화를, 영화가 연극을 재매개했던 것과 같이, 디지털 기술에 의한 아날로그 기술의 재매개가 새로운 가치 창출을 선도하는 것이 현대사회의 특징이라고 주장한다(볼터·그루신, 2006).


## 디지털 파워

　문자상으로는 특정 시점 이전에 존재하지 않던 모든 새로운 미디어를 뉴미디어의 범주에 귀속할 수 있다고 본다. 예컨대 인쇄물이나 무전기 같은 것들도 등장 시점에는 뉴미디어로 꼽혔음직하다. 하지만 "아날로그 형식의 전통적 전달 매체에 ICT 기술을 기반으로 한 다양한 기능들이 접합되어 만들어진 새로운 양식의 매체"라는 미디어학계의 보편적 정의를 수용한다면 뉴미디어의 시원은 컴퓨터의 등장 시기로 소급할 수 있는데(Flew, 2014), 여기에 기술 활용에 수반된 소통양식이나 생활양식의 변화까지 감안한다면 그 실질적 기점은 인터넷이 확산되기 시작한 1990년대 초로 잡을 수 있다.

　'네트워크의 네트워크'에 해당하는 인터넷이 널리 보급됨으로써 전산화computerization를 특징으로 하던 초창기 정보사회가 통신 혁명을 동반한 연결망 사회network society 단계로 이행된다. 이러한 전환은 모든 형태의 정보나 자료를 0과 1의 이원적 분류체계에 준거해 입력·전환·처리·출력하는 독특한 기능을 수행하는 디지털 기술 없이는 불가한 일이다. 문자나 소리를 위시한 여러 정보를 디지털 형태로 전환해 수용·관리·송출하는 디지털 기술의 특성, 나아가 무한 복제를 가능케 하는 디지털 기술 특유의 효능은 본연의 연계 기능과 더불어 생활 방식의 일대 혁신을 추동해 왔다. 거미줄처럼 퍼져가는 인터넷 통신망을 통해 시공간 한계를 넘어선 불특정 다수와 무제한으로 소통할 수 있는 연결망 시대가 개화한 것이다(카스텔, 2008).

# 디지털 미디어 시대의 사회 변화

인터넷이 본격화하기 이전인 1980년대까지는 상호성이나 비동시성과 같은 뉴미디어의 기능적 성격들이 강조되어 왔다. 그러나 인터넷의 확산과 더불어 디지털 기술력에 근거한 기저적 특성, 요컨대 ① 사람들이 물리적 접촉 없이 원하는 상대와 쉽고 빠르게 교신할 수 있는 접속성connectivity, ② 다양한 기능 및 콘텐츠를 복합적으로 수행할 수 있는 다중성multiplicity, ③ 시간이나 공간을 임의로 재단하거나 접합할 수 있는 시공간 변환성time-space transformation이 올드미디어와 변별되는 뉴미디어의 속성으로 부각되고 있으며, 이 같은 속성들을 지닌 디지털 미디어의 확산은 기술 차원을 넘어 다음과 같은 사회적 파급 효과를 초래하고 있다.

## 접근성(Accessibility)

디지털 미디어의 확산으로 현대사회는 새로운 국면으로 접어들고 있다. 서비스를 통괄하는 호스트 컴퓨터나 관리하는 조직이 없이 소규모 통신망을 순차적으로 연결한 인터넷으로 세계가 거미줄같이 연결된 거대한 통신망 집합체로 성장했는데, 급진적 성장의 비결은 대면적 접촉을 비대면적 접속으로 대체하는 접근성 혁명에 있다(리프킨, 2001).

## 유동성(Mobility)

디지털 시대에는 새로운 족속이 출현한다. "디지털 유목민digital nomad"이란 미래학자 자크 아탈리가 새 천 년을 맞아 『21세기 사전Dictionnaire du XXIe Siècle』이라는 책에서 제시한 것이지만(아탈리, 1999), 디지털 시대의 유목적 성격은 '정주적 공간space of stay'에 대비된 '흐름의 공간space of flow'이라는 새로운 공간 개념의 창출과 함께 생활양식의 전면적 혁신을 추동하고 있다.

### 탈제약성(Boundlessness)

규범이나 관례에서 벗어나고자 하는 탈脫제약적 행위는 인터넷 시대에 태어나고 성장한 디지털 네이티브의 성향이나 행태에서 간파할 수 있다(탭스콧, 2009). 이러한 경향은 결혼이나 출산을 선택 사항으로 여기는 탈제약적 의식에서 단적으로 드러나는데, 최근에는 젊은 세대를 넘어 여타 연령층에까지 파급되어 사회질서의 표징인 규범적 장벽을 와해하고 있다.

## 사회적 기획으로서의 '디지털 전환'

접근성, 유동성 및 탈제약성, 즉 언제 어디서 어떤 일이든 시도할 수 있는 개연성이 높아가는 디지털 사회의 모습은 자동제어장치를 기반으로 한 유연생산체제가 등장한 제3차 산업혁명기부터 확인할 수 있다. 그러나 ICBM 으로 통칭되는 사물인터넷internet of things, 클라우드cloud, 빅데이터big data 및 모바일mobile, 여기에 생명공학, 소재공학 및 인지기술 등이 가세해 '시키는 대로 움직이던' 기계가 '스스로 알아서 일하는' 똘똘한 기계로 대체되는 제4차 산업혁명 시대에 들어서면서 디지털 전환digital transformation은 단순한 '시대적 정경'을 넘어선 '시대적 당위'로 인식되어 왔다.

이런 상황에 코로나19 사태가 엄습하자 디지털 전환은 생존과 번영을 위해 서둘러야 할 '시대적 정명'으로 각계에서 회자되고 있다. 그것은 스마트팩토리의 구축으로 상품 경쟁력을 강화하고자 하는 산업계나 노동과정의 혁신을 통해 삶의 질을 향상하려는 노동계는 물론이요, 직주 분리의 완화나 따분하고 반복적인 일상에서의 탈출을 통해 일과 삶의 관계를 개선하려는 국민 대다수의 희망 사항이기도 하다. 포스트 코로나 시대에 세계를 선도해 나갈 수 있는 국가적 전략으로서의 한국판 뉴딜의 일환으로 디지털 뉴딜을 제안한 대통령의 최근 발언에도 그러한 거국적 열망이 반영되었다고 본다.

## 나가며: 디지털 한국 사회의 미래

탈중계화로 여겨진 사태가 알고 보면 신기술을 바탕으로 한 뉴미디어의 재매개화 과정이라는 점을 숙지한다면, 디지털 전환을 통한 미래 사회는 '탈인간화'가 촉진되는 사회적 교류의 장에 어떠한 유형의 매체가 들어서느냐에 따라 모습을 달리할 것으로 예견된다. 여기에는 인간의 능력을 넘어서는 초인공지능 덕택에 편익과 복지를 누리며 안온한 삶을 살아가게 될 것이라는 분홍빛 전망에서부터 인간의 손길이 배제된 기계가 양산되어 궁극적으로 인간이 사라지게 될 것이라는 실종론이나, 사회적 통제력이 극소수 특권층에 장악되는 전제주의적 상황이 도래할 것이라는 비관적 전망에 이르는 다양한 시나리오가 가능하다.

세계 메모리 반도체 시장점유율 58%, 5세대 통신망 선두주자로 명성을 날리고, 게다가 감염자 동선 추적 애플리케이션으로 코로나19 확산을 성공적으로 차단했다고 세계적으로 칭송받는 대한민국에서는 디지털 전환기에 상대적으로 유리한 입지를 점하고 있다는 낙관론이 우세하다. 그러나 '끼리끼리', '빨리빨리', '대충대충'과 같은 의태어로 묘사되는 우리 사회의 폐쇄성, 조급성 및 적당주의가 엄존하는 한(김문조 외, 2013) 그러한 기술문화를 내포한 재매개화가 촉진될 한국 사회의 미래는 결코 밝다고 장담할 수 없다.

**참고문헌**

김문조 외. 2013. 『한국인은 누구인가: 38가지 코드로 읽는 우리의 정체성』. 파주: 21세기북스.

네그로폰테, 니콜라스(Nicholas Negroponte). 2007. 『디지털이다(Being Digital)』. 백욱인 옮김. 서울: 커뮤니케이션북스.

리프킨, 제러미(Jeremy Rifkin). 2001. 『소유의 종말(Age of Access)』. 이희재 옮김. 서울: 민음사.

매클루언, 마셜[맥루언, 마셜(Marshall McLuhan)]. 2019. 『미디어의 이해: 인간의 확장(Understanding Media: The Extension of Man)』. 김성기·이한우 옮김. 서울: 민음사.

볼터, 제이 데이비드(Jay David Bolter)·리처드 그루신(Richard Grusin). 2006. 『재매개: 뉴미디어의 계보학(Remediation: Understanding New Media)』. 이재현 옮김. 서울: 커뮤니케이션북스.

아탈리, 자크(Jacques Attali). 1999. 『21세기 사전(Dictionnaire du XXIe Siècle)』. 편혜원·정혜원 옮김. 서울: 중앙M&B.

카스텔, 마뉴엘[카스텔, 마누엘(Manuel Castells)]. 2008. 『네트워크 사회의 도래(Rise of the Network Society)』. 김묵한·박행웅·오은주 옮김. 파주: 한울.

탭스콧, 돈(Don Tapscott). 2009. 『디지털 네이티브: 역사상 가장 똑똑한 세대가 움직이는 새로운 세상(Grown Up Digital: How the Net Generation Is Changing Your World)』. 이진원 옮김. 서울: 비즈니스북스.

포스트먼, 닐(Neil Postman). 2009. 『죽도록 즐기기(Amusing Ourselves to Death: Public Discourse in the Age of Show Business)』. 홍윤선 옮김. 서울: 굿인포메이션.

Flew, T. 2014. *New Media*, 4th Edition. South Melbourne, Victoria: Oxford University Press.

Luhmann, N. 1995[1984]. *Social Systems*. Stanford, California: Stanford University Press.

# 제9장

# 포스트 코로나 시대
# 비대면 업무의 명과 암

오계택 ┃ 한국노동연구원 기획조정실장 및 임금직무혁신센터 소장

2019년 말 발생한 코로나19가 2020년 초반부터 전 세계를 뒤흔들고 있다. 7월 중순까지 전 세계적으로 1400만 명 이상이 감염되었고, 약 60만 명이 사망한 것으로 보고되었다. 전 세계 경제는 큰 충격에 빠졌고, 고용에 미치는 영향도 유례가 없을 정도로 충격적이다. 많은 것이 바뀌었고, 또 많은 것이 바뀔 것으로 예측된다. 이 장에서는 특히 일하는 방식에 있어 어떠한 변화가 예상되며, 이를 위해 무엇이 필요할지를 짚어보고자 한다.

## 포스트 코로나 시대의 일하는 방식

세상은 코로나19 이전에도 변화하고 있었지만 코로나19는 이러한 변화를 더욱 가속하고 있다. 특히 비대면untact이라는 새로운 문화를 형성하면서 우리의 일하는 방식 자체를 변화시키고 있다. 코로나19의 가장 큰 수혜

자는 e커머스로, 이 시장은 코로나19 이후 오히려 더욱 성장하고 있다. 전 세계 대부분의 학교들이 등교 수업 대신 원격(화상)수업을 실시하면서 교육 방식도 바뀌고 있다. 그동안 논의가 어려웠던 원격진료를 정부가 2월 말 한시적으로 허용하면서 "10년 걸릴 변화를 코로나19가 일주일 만에 해결"했다는 얘기도 나오고 있다.

또한 재택근무가 확산되면서 영상회의 솔루션들이 각광을 받고 있다. 기업들의 채용 방식도 변화하고 있으며, 삼성전자는 원격으로 인적성 시험을 치르기도 했다. 바이러스 감염 우려로 지폐 사용을 꺼려 현금결제가 감소하고 현금 없는 사회가 가속화되고 있다. 코로나19로 인한 일시적인 실업 증가가 코로나19가 종식된 이후 회복될지 아니면 일자리가 기계나 컴퓨터 그리고 로봇 등에 대체될지에 대해 우려가 나오고 있다.

최근 코로나 감염병 사태로 역설적으로 한동안 겉돌았던 근무 방식에 대한 논의가 본격화되고 있다. 평상시에는 오프라인 방식의 업무가 훨씬 더 편하고, 더 익숙하고, 더 효율적이기 때문에 굳이 다른 업무 방식을 선택할 유인이 적었다. 하지만 코로나19로 인해 대면 서비스는 그 자체가 어려워지고, 비대면 서비스의 경우에도 여러 사람이 모이는 것 자체가 어려워지면서 점차 다양한 방식의 유연근무제에 대한 관심이 증가하고 있다(이은영, 2020).

그동안 온라인을 활용하는 재택근무 등 다양한 유연근무 방식은 학술적으로 많이 논의되고 서구 몇몇 국가(특히 단시간 근로제 등이 활성화되어 있는 북유럽 등)에서 실험적으로 시도되기는 했으나, 일반적인 근무 방식으로 정착되지는 않았다. 하지만 2020년 초 코로나19 사태가 발발하자 많은 기업들이 재택근무 등 비대면 업무 방식으로 급속하게 전환했다(권영환 외, 2020). 2020년 3월 19일 기준으로 전 세계 조직의 88%가 직원들에게 재택근무를 권장하거나 의무화하고 있는 것으로 나타났다(Gartner Newsroom, 2020).[1] 이러한 수치를 미국 인구에 대입해 본다면 약 1억 2700만 명 정도가 집이나, 일반적인 작업장을 벗어난 환경에서 업무를 수행하고 있다는 것을 의미한다(U.S. BLS, 2020).[2]

우리나라의 경우에도 코로나19가 많이 발생한 3~5월 기간 동안 대부분의 기업이 재택근무 등 비대면 업무 방식을 활용했다. 하지만 당시 우리나라의 많은 기업은 비대면 업무 방식에 대한 준비가 충분하지 않았고, 이해가 부족하여 상당한 우여곡절을 겪어야 했다. 이제 코로나19로 인해 이러한 상황은 일상이 될 가능성이 크고, 따라서 우리는 이제 비대면 업무 방식을 좀 더 잘 알고 좀 더 잘 대처할 필요가 있다.

## 미국의 연방 원격근무제도

2009년 미국 동부 지방에 유례없는 폭설이 쏟아졌다. 도로가 막혀 교통은 단절되었고, 일부 연방 공무원들까지 출근을 하지 못하는 사태가 벌어졌다. 다음 해인 2010년 대니얼 아카카Daniel K. Akaka(민주당, 하와이) 상원의원과 조지 보이노비치George V. Voinovich(공화당, 오하이오) 의원이 법안을 발의하여 2010년 5월 24일 미국 상원이 연방 정부 공무원들의 원격근무 활성화를 위한 '2010 원격근무 활성화 법안S.707, Telework Enhancement Act of 2010'을 만장일치로 통과시켰다. 이 법안을 발의한 아카카 상원의원은 2009년

---

1  글로벌 HR 임원 800명을 대상으로 한 가트너 HR 설문조사(2020년 3월 19일 게시).
2  미국 노동통계국(U.S. BLS, 2020)에 따르면, 2018년 전체 미국 근로자 수는 약 1억 4429만 5000명이었다.

당시 초유의 업무 중단 사태가 발생하는 것을 지켜보고 유연한 업무 방식을 도입하는 것이 절실하다 느꼈다고 법안 발의 이유를 설명했다. 미국의 경우 당시 자율형 시차 출퇴근제 같은 제도는 많이 정착되어 있었지만, 특히 정부의 경우 다른 유연근무 방식은 일반적인 대안으로 정착되어 있지 못했다.[3]

　이 법안의 통과로 연방 공무원의 재택근무 프로그램이 대폭 확대되었다. 이러한 프로그램은 각 행정기관의 원격근무를 위한 필수 요건, 원격근무자의 훈련 및 감독, 정책 및 지원, 원격근무 책임자 및 관리 담당관 임명, 원격근무 현황 의회 보고, 원격근무 여비교통비 시험 프로그램 등을 포함하는 것이었다. 이 법안에 따라 미국 내 각 행정기관의 기관장은 입법 후 180일 이내에 원격근로자의 자격과 승인에 대한 정책을 수립하고, 원격근무자의 자격 여부를 결정하여 통보하도록 했다. 이를 통해 보안 자료를 직접 취급하거나 원격 또는 대체 장소에서 업무가 어려운 직원을 제외한 모든 근무자는 원격근무가 가능하게 되었다. 각 행정기관은 원격근무 정책을 수립할 때 인사관리처Office of Personnel Management[4]와 협의를 하도록 했다. 원격근무자의 모든 업무 지원은 인사관리처에서 담당하되 원격근무 지속 여부와 시설 관련 및 각종 복지 혜택 문제 등은 연방 비상관리국 Federal Emergency Management Agency과 총무처General Service Administration와 협의하도록 했다. 인사관리처는 중앙집권형 원격근무 웹사이트(www.telework.gov)를 유지 및 관리하고, 각 행정기관장은 해당 기관의 직원을 원격근무 관리책임자Telework Managing officer로 지명하고, 관리책임자는 인사담당

---

3　이는 정부 업무의 경우 대외비 업무의 보안 문제나 대민 민원 업무의 대면 서비스 필요성 등 때문으로 보인다.
4　우리나라의 인사혁신처에 해당한다.

최고 임원의 감독을 받는 부서에 속한 자로 임명하여 해당 기관의 원격근무 프로그램 관련 정책 개발 및 도입 등을 담당하도록 했다(윤미영, 2010.6. 21). 결국, 재난이 제도를 만들어낸 것이다. 코로나19도 일하는 방식 변화에 있어 비슷한 효과를 가질 것으로 보인다.


## 비대면 업무의 명

비대면 업무 방식은 크게 사회적 측면, 조직적 측면, 개인적 측면에서 각각 장점이 있을 것으로 보인다.


### 사회적 측면

먼저, 비대면 업무 방식이 사회적 측면에서 가지는 장점은 고령자, 여성, 장애인 등 사회 소외계층에게 노동의 기회를 제공할 수 있다는 것이다. 한 조사에 따르면, 미국 가정주부의 약 3분의 1이 기술적 환경이 개선되어 업무 방식이 달라지면 일을 하고 싶다는 의사를 가진 것으로 조사되기도 했다. 비대면 업무 방식에서 노동의 기회를 얻기 위해서는 사회 소외계층이 변화하고 있는 기술을 비롯하여 바뀌고 있는 업무 방식으로 일할 수 있는 역량을 갖출 필요가 있다(김현식, 2004).

둘째, 교통 문제 및 환경오염의 감소이다. 이번 코로나19로 인한 재택근무에 대해서도 출퇴근 시간을 아낄 수 있었다는 점을 장점으로 드는 의견들이 많았다. 이처럼 출퇴근에 들어가는 시간과 비용을 절약할 수 있고, 이는 공해 감소 등 환경보호 측면에서도 긍정적으로 작용할 수 있을 것으로 보인다. 한국정보화진흥원이 조사한 원격근무의 사회·경제적 효과에 따르면, 우리나라 전체 사무직 근로자(약 860만 명)가 주 1회 원격근무를 할 경우 연간 탄소배출 저감량은 111만 톤(소나무 약 4억 그루를 심어야 나타나는 효과로, 휘발유 6만 6500리터를 사용하지 않는 것과 같다. 이는 서울-부산을 약 555만 회 왕복할 수 있는 양이다) 정도로 추산되었다(윤미영, 2010.6.21).

셋째, 사회적 효율성의 향상이다. 근로자들이 시간과 공간의 제약을 덜 받는 방식으로 일할 수 있게 됨으로써 기존의 시간과 공간의 제약으로 발생했던 비효율이 덜 발생하게 되면 사회 전반적으로는 그만큼 효율성이 향상될 수 있기 때문이다. 하지만 업무 방식을 비대면 방식으로 바꾼다고 해서 당연하게 효율성이 향상되는 것은 아니다. 업무 방식을 비대면 방식으로 전환하는 데 기술적·조직적·심리적 비용이 발생하기 때문이다. 결국, 비대면 업무 방식을 통해 효율성을 향상하려면 이러한 비용들을 상쇄하고도 남을 만큼 상당한 정도의 효율성 향상이 필요하다.

### 조직적 측면

조직적 측면에서는 우선 생산성의 향상을 들 수 있겠다. 사무실 임대 및 관리 비용[5]이 절감되고, 시간이나 공간의 제약 없이 업무 성격별로 근로자들을 배치할 수 있는 유연성이 증대되는 등 생산성 향상에 도움이 되는 요소가 많다. 하지만 비대면 업무 방식을 통한 생산성 향상도 무조건 이루어지는 것은 아니다. 비대면 업무 방식의 생소함에서 발생할 수 있는 업무 손실이나 새로운 업무 방식에 대한 거부감 등 손실이 더 크다면 오히려 생산성이 더 떨어질 수도 있다.

---

5  서울 강남에 근로자 1인의 사무 공간을 유지하기 위해서는 월평균 약 150만 원 정도가 소요되는 것으로 추산된다(2020년 1월, 강남 소재 기업 인사담당자 인터뷰 중).

둘째, 인재의 확보 및 유지에 있어 장점이 있다. 비대면 업무가 가능하다는 것은 좀 더 다양하고 유연한 근무 방식이 가능하다는 것이기 때문에 좀 더 많은 인력에게 근무할 수 있는 기회를 제공할 수 있다. 특히 젊은 층의 경우 상대적으로 비대면 업무 방식에 익숙하기 때문에, 비대면 업무 방식이 가능하다면 더 많은 유능한 젊은 인력들이 근무할 수 있는 가능성이 높아질 것이다. 비대면 업무 방식의 가능성은 이직의 사유를 줄임으로써 유능한 인력의 유지에도 도움을 줄 수 있다.

셋째, 직무 만족도의 향상이다. 비대면 업무 방식 그 자체가 직무 만족도의 향상을 의미하는 것은 아니지만, 근로자들의 특성이나 일하는 방식이 비대면 업무 방식과 잘 조응한다면 직무에 대한 만족도가 높아질 수 있다. 비대면 업무 방식은 업무에 대한 집중도 및 창조성 향상에도 기여할 수 있다. 하지만 이 또한 반대의 논의도 존재한다. 즉, 비대면 업무 방식이 오히려 집중도를 떨어뜨릴 수 있고, 창조성도 하락할 수 있다는 것이다. 특히 스티브 잡스는 재택근무 방식에 대한 반대론자였는데 그 주요한 이유가 재택근무 방식이 근로자 간의 의사소통을 방해하여 창의적인 아이디어 창출을 어렵게 할 수 있다는 우려 때문이었다.

### 개인적 측면

개인적 측면에서는 일·생활 균형의 장점이 가장 클 것으로 보인다. 즉, 반드시 작업장에 출근하지 않아도 되기 때문에 상대적으로 장소에 구애받지 않고 일을 하면서 가정생활도 병행할 수 있다는 것이다. 특히, 자녀가 있는 부모의 경우에는 일을 하면서도 육아 및 자녀 교육을 병행할 수 있기 때문에 육아 및 자녀 교육의 부담이 많이 완화될 것으로 보인다. 이는 근로자들이 업무에 더 많이 집중하도록 할 수 있고, 생활에서 여유를 창출하여 업무에 투입할 수 있는 에너지를 높일 수도 있다.

둘째, 거주지에 상관없이 근무하는 것이 가능하다. 굳이 작업장에 출퇴근할 필요가 없기 때문에, 극단적으로는 전 세계 어디에서든지 근무가 가능할 수 있다. 또한 출퇴근에 필요한 시간 및 비용도 절약할 수 있다(Kurkland and Bailey, 1999). 실제로 많은 근로자들이 작업장 출퇴근에 많은 시간과 에너지를 쓰고 있는 것이 현실이다(ILO, 2016). 특히 집과 직장의 거리가 먼 경우, 출근하며 하루에 쓸 에너지의 상당 부분을 소비한다는 농담도 있을 정도이다. 따라서 출퇴근의 부담을 줄일 수 있다면 업무에 더 많이 집중할 수 있을 것이다.

셋째, 직무에 대한 자율성이 향상될 수 있다. 하지만 이는 일하는 방식의 변화가 수반되어야 할 것으로 보인다. 즉, 비대면 업무 방식으로 전환되면서 근로자들의 책임성을 강화하면서 근로자들에게 더 많은 자율과 재량권을 부여하는 방향으로 일하는 방식을 개선한다면 비대면 업무 방식은 근로자들의 자율성을 향상시킬 수 있을 것이다. 하지만 노사 간에 신뢰가 부족하거나 특히 중간관리자들이 비대면 업무 방식을 신뢰하지 못할 경우, 비대면 업무 방식은 오히려 관리와 통제를 강화할 수도 있다.


## 비대면 업무의 암

### 사회적 측면

앞서 살펴본 바와 같이 비대면 업무 방식은 많은 장점이 있지만 동시에 많은 단점도 있다. 사회적 측면에서는 타인과의 상호작용을 약화시킬 가능성이 있다. 원격근무제도 운영에 있어서는 원격근무제도 관리체계 구축과 사회적 고립 방지가 중요하다는 지적이 있다(Greer and Payne, 2014). 즉, 원격근무제도의 효율적인 운영을 위해서는 원격근무 기간 동안 근로자들의 기대, 업무 진행 과정, 접근 가능성 등에 대해 직장 동료 및 상사와 지속적인 의사소통이 필요하다. 또한 업무 과정을 원활하게 하고, 직장 동료 및 상사와의 상호작용을 촉진하고, 근로자들의 스트레스 수준을 감소시킬 수 있는 기술 및 장비가 제공될 필요가 있다. 그리고 원격근무를 실시하는 근로자들은 작업장에서 떨어져서 일하는 동안 자신의 업무 과정과 의사소통을 원활하게 해줄 수 있는 기술의 활용에 대한 훈련을 받을 필요가 있다.

### 조직적 측면

조직적 측면에서는 첫째, 인사관리상의 어려움이 발생할 수 있다. 우선, 선발, 교육 훈련, 장비 지원 등에 있어 추가적인 비용이 발생할 수 있다. 따라서 비대면 업무를 시행함으로써 줄일 수 있는 비용과 비교를 통해 비용-혜택 분석cost-benefit analysis을 할 필요가 있을 것이다. 또한 의사소통 및 관리감독의 어려움과, 계획과 성과 측정 및 평가의 어려움이 예상된다. 이러한 어려움은 비대면 업무 방식에 내재되어 있는 것은 아니고 관리상의 미숙에서 발생할 수 있는 것이기 때문에 비대면 업무 방식에 대한 관리체계가 적절하게 구축되면 극복될 수 있을 것으로 보인다.

둘째, 인력 관리의 어려움이 발생할 수 있다. 작업장에 출퇴근하면서 서로 대면 접촉을 하는 방식으로 근무하지 않게 되면, 같은 기업에 근무하는 근로자라 하더라도 서로 얼굴을 모르는 경우도 많아지고, 따라서 조직에 대한 소속감이나 충성도가 떨어질 수 있다. 특히 신입사원의 경우에 조직 사회화에 어려움을 겪을 수 있다. 이러한 어려움을 방지하기 위해서는 비대면 업무 방식이라 하더라도 적절한 의사소통 채널을 구축하여 근로자들이 서로 유대감을 가지고 근무할 수 있도록 하는 방안이 필요하다.

셋째, 원격근무자의 고용 안정성 문제가 발생할 수 있다. 고용주의 입장에서는 원격근무 방식을 반드시 기존의 정규직 고용 형태가 아닌 다양한 고용 형태를 활용하여 고용하고자 하는 유인이 있을 수 있다. 따라서 유연한 근무 형태가 유연한 고용 방식으로 연결될 수 있고, 이는 근로자의 입장에서는 고용의 안정성이 약화되는 것을 의미한다. 이러한 가능성에 대비하기 위해서는 고용과 임금 유연성 간의 균형 유지를 통해 근로 조건의 하락을 방지할 수 있는 기제의 마련이 필요할 것으로 보인다.

### 개인적 측면

개인적 측면에서는 사회적 고립 가능성에 대한 우려가 있고, 일과 가정생활의 비분리도 우려된다. 작업장에서 다른 동료들과 사회생활을 하는 것이 아니라 분리된 장소에서 업무를 하다 보면 자칫 고립된 생활을 할 수 있다. 또한 비대면 업무의 장점으로 일·생활 균형을 지적했지만 일하는 장소와 생활하는 장소의 결합은 자칫 장소 구분의 모호함으로 일하는 것도 아니고 생활하는 것도 아닌 애매한 상황을 만들 가능성도 있다.

둘째, 작업장에 출근하지 않고 업무를 하는 경우 조직 자원에 대한 접근이 제한될 수 있다는 우려가 있다. 또한 원격근무 공간 및 설비 부족 등 풀어야 할 숙제도 있다. 2018년에 실시한 미국 노동통계국의 분석에 따르면, 29%의 미국 근로자들이 사무실 밖에서도 원활하게 업무할 수 있는 환경과 장비를 갖추고 있으나, 이 중 약 800만 명에 해당하는 5.3%만이 실제로 원격근무를 하는 것으로 나타났다(U.S. BLS, 2020).[6] 이는 재택이나 원격근무

---

6   미국 노동통계국(U.S BLS, 2020)에 따르면, 2017~2018년 전체 임금 근로자 중 29%가 재

를 할 수 있는 장비만 갖추어진다고 해서 이를 실제로 실시할 수 있는 것은 아니라는 것을 의미한다. 따라서 기본적으로는 원격근무가 가능한 기술적 환경을 갖추는 것이 필요하고, 이에 추가하여 원격근무제도를 운영할 수 있는 조직 문화 및 인사관리 제도를 구축하는 것이 필요하다.

셋째, 원격근무자에 대한 인사고과나 승진 등 인사상 불이익의 우려가 있다. 이번 코로나19 사태로 많은 기업이 재택근무를 실시했을 때, 일부 기업의 근로자들은 재택근무를 권고받았음에도 불구하고 일부러 회사로 출근하는 웃지 못할 해프닝이 있었다고 한다. 재택근무 대상자들이 향후 구조조정 등에서 우선순위가 될 수 있다는 루머와 우려 때문이었다. 이처럼 재택근무 등 비대면 업무 방식이 제대로 정착되지 못하면 이러한 방식으로 근무하는 근로자들에게 인사상 불이익이 발생할 것이라는 우려가 생길 수 있다.

**참고문헌**

권영환 외. 2020. 「원격근무 솔루션 기술·시장 동향 및 시사점」. SPRI 소프트웨어정책연구소. ≪Issue Report≫, IS-093.

김현식. 2004. 「원격근무(telework)와 노동의 변화」. ≪정보통신정책≫, 16권 15호, 20~42쪽.

윤미영. 2010.6.21. "[글로벌리포트] 월드인사이드-작년 겨울 폭설계기 美, 원격근무 법안 통과". ≪전자신문≫.

이은영. 2020. 「코로나19가 가져올 구조적 변화: 디지털 경제 가속화」. Samil Research Center. ≪Samil Issue Report≫, 2020.4.

---

택근무가 가능했고, 25%는 최소한 간헐적으로 재택근무를 했다.

Gartner. 2020.3.19. "Gartner HR Survey Reveals 88% of Organizations Have Encouraged or Required Employees to Work From Home Due to Coronavirus." Press Release.

Greer, T.W. and S.C. Payne. 2014. "Overcoming Telework Challenges: Outcomes of Successful Telework Strategies." *The Psychologist-Manager Journal*, 17(2), p.87.

ILO [International Labour Organization]. 2016. "Challenges and Opportunities of Teleworking for Workers and Employers in the ICTS and Financial Services Sectors."

Kurkland, N.B. and D.E. Bailey. 1999. "Telework: The Advantages and Challenges of Working Here, There Anywhere, and Anytime." *Organizational Dynamics*, 28(2), Autumn, pp.53~68.

U.S. BLS [Bureau of Labor Statistics]. 2020. "Supplemental Data Measuring the Effects of the Coronavirus (COVID-19) Pandemic on the Labor Market." https://www.bls.gov/cps/effects-of-the-coronavirus-covid-19-pandemic.htm#data (검색일: 2020.7.17).

# 제10장

# 노동의 위기와 코로나19의 영향

불확실성이 커져가는 미래, 우리는 무엇을 준비해야 하는가

이원홍 | 한국과학기술기획평가원 인재정책센터 연구위원

## 4차 산업혁명과 직업의 위기

'내 직업이 10년, 아니 5년 후에는 남아 있을까?' 2016년 1월 WEF World Economic Forum는 보고서 「일자리의 미래The Future of Jobs」를 통해 "4차 산업혁명으로 향후 5년간 주요 15개국의 일자리 710만 개가 사라지고 200만 개의 일자리가 새로 생겨나 순손실 일자리가 510만 개에 달할 것"이라고 전망하여 많은 사람들을 불안하게 만들었다(WEF, 2016). 보고서가 발표된 지 두 달이 채 지나지 않아, 이세돌이 구글 딥마인드가 만든 AI 알파고와의 세기의 대결에서 4 대 1로 패배하면서 4차 산업혁명 시대가 본격화되면 지금의 일자리를 로봇과 AI에 모두 뺏기고 말 것이라는 두려움을 확산시켰다. 이후 WEF가 다보스 포럼을 통해 던진 '4차 산업혁명'이라는 화두는 전 세계의 학계, 싱크탱크, 컨설턴트, 정책입안자 그리고 일반인에게까지 노동시장 변화에 대한 광범위한 토론을 불러일으켰다.

그런데 2년 뒤 WEF는 「2018 미래 일자리 보고서The Future of Jobs Report 2018」를 통해 "2025년까지 전 세계에서 새로 생겨나는 일자리가 줄어드는 일자리의 두 배가량 될 것"이라는, 기존의 전망과 다소 다른 방향의 결과를 발표했다. 로봇, AI 등 기술의 활용이 보편화되면서 약 7500만 개의 일자리는 자동화로 대체될 것이나, 그와 같은 기술들이 현재의 인적 기술 자원을 보완하고 잠재력을 향상시킴으로써 오히려 1억 3300만 개에 달하는 일자리를 만들 것이라고 전망한 것이다(WEF, 2018). 비슷한 시기에 OECD, 세계은행 등 국제기구뿐 아니라 보스턴컨설팅그룹, 맥킨지, 딜로이트 등 글로벌 컨설팅 회사까지 경쟁하듯이 미래 노동과 일자리 변화에 대한 보고서를 발표하고 각기 다른 전망치를 내놓으면서 사람들을 혼란스럽게 했다.

역사적으로 기술의 진보는 일부 산업이나 특정 직업의 일자리는 감소시켰으나, 전체 일자리는 꾸준히 증가시켜 왔다(World Bank Group, 2019). 4차 산업혁명 시대에도 이와 같은 추세가 이어질지, 아니면 전혀 다른 방향으로 전개될지에 대한 정확한 예측을 한다는 것은 수많은 보고서의 각기 다른 전망치에서 답을 찾으려고 하는 것과 같이 매우 어려울 것이다. 단, '전망'의 '수치'가 아닌 '의미'에 주목을 한다면 다양한 보고서에서 담고자 하는 내용과 방향이 서로 크게 다르지 않다는 것을 확인할 수 있다. 각기 다른 결과를 발표했던 보고서들은 큰 틀에서 다음과 같은 몇 가지 공통적인 시사점을 내포하고 있다.

우선 로봇, AI 등 혁신 기술의 도입이 본격화되면서 일자리의 변화가 가속화되고 기존 일자리의 상당 부분은 큰 위협을 받게 될 것이다. 자동화를 통한 생산기술의 발전과 AI 도입으로 인한 업무 변화는 기존 근로자의 직무뿐 아니라 고용 지속성에 직접 영향을 줄 것이다. 이와 같은 영향이 과거에는 생산 직종이나 단순사무 직종 등에 한정되었다면, 앞으로는 전문직을 포함하여 전방위로 확대될 것으로 전망된다. 고도의 전문성이 요구되어 로봇이나 AI로 대체되기 어렵다고 여겼던 법률, 의료, 언론 등의 분야에서도 일부 업무가 이미 대체되고 있다.

다음으로는 기계의 활동 영역이 확장되면서 인간-기계 간 업무 경계가 점차 희미해진다는 것이다. 산업화 이전 시대에 인간은 필요에 따라 직접 만들고 수리할 수 있는 수준의 간단한 '도구'를 활용했다. 산업화가 진행되기 시작하면서 '도구'는 보다 복잡한 형태의 '기계'가 되었고, 인간이 하기 어려운 육체노동을 상당수 대체하기 시작했다. 이후 육체노동의 영역을 넘어서 단순 반복적 계산이나 사무 업무의 상당 부분을 컴퓨터가 대체하기 시작하며, 기계는 업무 수행에 있어 필수불가결한 존재가 되어버렸다. 그럼에도 불구하고 기계는 인간을 돕는 하나의 수단이었지 인간과 상호작용하면서 서로 협력하는 대상은 아니었다. 그러나 4차 산업혁명 시대에는 기계가 인간의 활용 수단을 넘어 '하나의 독립된 주체'로서 노동 활동에 참여하게 될 것으로 전망된다. AI를 통해 기계가 스스로 '학습'을 하고 '의사결정'을 할 수 있게 되면서 인간과 같이 일하는 '협력자' 또는 '경쟁자'로 인정받게 될 것이다.

또 하나는 고용 유형의 다양화와 업무 방식의 변화에 관한 것이다. 디지털 기술의 발전은 '원격근무', '플랫폼 노동자', '프리랜서' 등 고용 형태의 다변화를 촉진할 것으로 전망된다. 디지털화에 따라 조직은 보다 민첩하고 수평적 혁신을 추구하는 형태로 변화해야 할 필요가 커지고, 업무도 그와 같은 변화에 대응하여 재설계될 것이다. 조직은 다양한 역량을 활용하기 위해 외부에서 인력을 조달하는 등 보다 개방적이며 다양한 방식을 활용할 것이며, 과업의 종류와 조직이 다양한 형태로 분화함에 따라 조직 및 업무 관리에서 디지털 기술의 활용도 점차 일반화될 것이다.

이와 같은 변화들은 노동시장에서 디지털 기술의 활용이 확산되면서 이미 시작되고 있다. 단, 우리의 생각보다 노동시장의 변화는 다소 더디게 다가오고 있었다. 현실에서는 다양한 사회적·제도적 요인이 노동시장의 급격한 변화를 막고 있어 일부 청년층을 제외한 대부분의 재직자는 4차 산업혁명으로 인해 무언가 큰 변화의 바람이 불고 있다는 것을 크게 실감하기 어려웠을 것이다(변순천 외, 2020). 그런데 2020년 초 그동안 인류가 한 번도 경험해 보지 못한 코로나19 사태가 발생했고, 모든 상황이 바뀌었다.

## 코로나19로 본격화되는 노동의 변화

일반적으로 사람이 새로운 기술을 신뢰하고 일상 습관으로 받아들이기까지는 우리의 생각보다 상당히 긴 시간이 걸린다. 자율주행 기술이 본격 도입되고 있는 지금 이 시점에도 고속도로에서 '하이패스' 단말기를 사용하지 않는 사람이 아직 20% 가까이 있다. 인터넷뱅킹이 보편화되었지만 아직 은행에서 대출을 받기 위해서는 인감증명서를 제출해야 한다. 업무에서도 크게 다르지 않다. 업무의 효율성을 획기적으로 높이는 좋은 기술이 개발되었다 하더라도 비용, 습관 등 여러 가지 이유로 그 기술을 사용하는 사람이 받아들이기 어렵다면, 생산성 향상을 가져오지 못하고 결국 유용한 기술로 자리 잡지 못하게 된다. 이러한 기술의 수용성의 문제로 노동의 변화 속도는 기술이 변화하는 속도를 즉각적으로 따라가지 못했던 것이 사실이다.

만약 개인이 새로운 기술과 업무 방식의 변화를 받아들일 수 있다 하더라도, 그것이 사회 전반으로 퍼지고 일상화되기까지는 훨씬 더 많은 시간이 소요된다. 신기술이나 혁신적인 서비스의 도입은 최근 공유차 서비스 '타다' 사례에서와 같이 기존 노동자의 고용 안정성을 침해하기도 하며 사회 갈등을 야기하기도 한다. 기존 노동자의 보호를 위한 법적·제도적 규제와 사회적 규범은 기술 변화에 따른 노동의 급격한 변화와 기술의 수용을 늦춘다. 특히, 우리나라와 같이 노동시장의 유연성이 낮은 국가는 노동의 변화 속도가 더욱 더딜 수밖에 없다.

그러나 최근 코로나19의 확산이 모든 상황을 바꿔놓았다. 여러 가지 이유로 새로운 기술 또는 서비스의 도입을 주저하거나 보류하던 기업이 이를 받아들일 수밖에 없는 불가피한 상황이 오게 된 것이다. 20년간 지지부진했던 원격의료에 대한 논의가 본격 시작되었고, IT 분야뿐 아니라 전 산업 분야에 걸쳐 원격근무를 적극 도입하려는 회사가 점차 늘어났다. 개인도 이제는 선택이 아니라 필수적으로 업무 방식을 변화시키고 디지털 신기술을 활용할 수밖에 없는 상황이 되었다. 재택근무를 한 번도 해본 적 없는 이들이 집에서 아이를 돌보면서 일을 하기도 하고, 화상회의가 생소한 40~50대 직장인도 줌ZOOM, 웹엑스Webex, 스카이프Skype 등의 원격회의 도구를 사용해 화상회의에 수시로 참여하기도 한다. 불편했던 부분에 적응하면서 사람도 변하고 업무 방식도 변하기 시작했다. 코로나19가 새로운 업무 방식을 받아들일 수밖에 없는 상황을 만들면서 다시 이전의 세상으로 돌아가기는 어려워졌다. 코로나19 사태가 노동의 변화와 혁신을 본격 가속화시킨 것이다.


공간의 자유가 주는 업무 현장의 변화

업무에 있어 코로나19로 인한 가장 큰 변화를 꼽는다면 '원격근무'의 본격화이다. 기업마다 처한 환경, 업무 방식과 근무 여건이 다른 만큼 단정

지어 말하기는 어려우나, 워라밸work-life balance이 점차 중요해지는 최근의 사회 문화 등을 고려하면 향후 원격근무가 지속적으로 확산되고 정착하리라는 것에 이의를 제기하는 사람은 많지 않을 것이다. 이와 같은 원격근무의 확산은 출퇴근에 소요되는 시간을 아끼고 집에서 편하게 일할 수 있다는 눈에 보이는 변화를 넘어서, 업무 방식과 조직의 운영에 근본적인 변화를 유도한다는 점에서 큰 의미를 갖는다.

지금까지 직장은 물리적으로 일원화된 공간에서 구성원이 상호작용을 한다는 데 큰 의미가 있었다. 구성원끼리 같은 공간과 시간 속에서 서로에게 필요한 지식이나 경험을 공유하면서 업무가 진행되었기 때문에 출근과 업무 시간 준수는 회사 생활과 업무 평가에 있어 가장 중요한 요소 중 하나였다. 하지만 원격근무는 이와 같은 물리적 공간과 시간의 제약을 풀어버렸다. 서로 다른 공간에서 원활한 의사소통이 가능하고, 시간을 공유하지 않고도 과업 수행을 위한 팀 단위의 활동이 가능하다는 것을 보여주었다. 과거 회사 생활에서 강조했던 끈끈한 정이 없어도 오히려 명확한 업무 지시와 과업의 세분화를 통해 더 효율적인 업무 수행이 가능하다는 인식도 확산되고 있다. 업무 시간이 주는 의미가 약해지면서, '노동력 투입' 중심에서 '산출 성과' 중심으로 업무 평가 기준을 바꾸고자 하는 노력도 점차 확대될 것이다.

원격근무의 확산은 조직 운영 방식의 큰 변화를 유도할 것이다. 전통적으로 우수한 역량을 갖춘 정규직 인재의 채용은 회사의 경쟁력 확보에 가장 중요한 전략 중 하나로 인식되어 왔다. 채용 이후 우수한 정규직의 활용 및 이탈 방지를 위한 인력 관리가 조직 운영의 핵심이었으며, 보유한 인력의 역량에 의존하여 한정된 업무를 수행할 수밖에 없었다. 하지만 원격근무 형태가 일반화되면 회사 '안'과 '밖'의 인적 자원에 대한 경계는 무의미해진다. 아이디어만 있다면 회사 내 인력의 역량에 크게 구애받지 않고 창의적이며 도전적인 업무 목표를 세울 수 있으며, 업무 목표 달성을 위해 내외부의 인적자원을 어떻게 조달하고 효율적으로 활용하는지가 조직 관리의 핵심이 될 것이다. 자연스럽게 기업의 주된 조직과 인력 운영 방식은 다양한 역량과 기술을 보유한 인력을 외부에서 적극 조달하고 활용하는 방식으로 다변화될 것이며, 과업의 아웃소싱 및 전문 계약직 등 외부 자원의 단기적 활용 빈도는 커질 것이다. 이와 같은 변화의 추이를 기반으로 플랫폼 노동과 긱 경제gig economy는 지속적으로 성장할 것이고, 기업에서 요구하는 인력 수요의 변화에 신속하고 민첩하게 대응하기 위한 '실리형 1인 창업 기업'도 증가할 것이다.

### 생활의 디지털화 속 노동의 가치 변화

코로나 사태로 AI 등 디지털 신기술이 노동에 침투하는 속도가 가속화되면서 노동의 가치와 인간 본연의 역할에 대한 논의도 확대되고 있다. 일부 대기업을 중심으로 도입되었던 AI 면접은 기업 전반으로 확산되고 있으며, 원격수업이 일반화되면서 AI 교사에 대한 거부감도 점차 사라지고 있는 분위기이다. 얼마 전까지만 해도 인간 고유의 영역으로 기계나 AI로 대체되는 것이 불가능하다고 여겼던 '사람에 대한 평가나 교육'과 같은 일까지도 대체될 가능성이 생겨나면서 미래 인간의 역할은 무엇인지에 대한 고민이 점차 커져가고 있다. 단순 반복적 업무가 아닌 다소 복잡한 차원의 의사결정까지 AI가 처리할 수 있게 된다면, 노동에서 인간 본연의 역할에 대한 회의감은 더 커져갈 수밖에 없다.

기술의 급격한 발전과 인간의 역할에 대한 논의에서 일반적으로 우리가 간과하는 것이 있다. 근본적으로 기계는 인간이 지정한 맥락에 따라 설정한 목표 안에서만 과업을 수행할 수 있으며 AI 또한 이와 같은 태생적 한계를 벗어나지는 못한다는 것이다. 인간은 기존의 틀을 깨고 새로운 지식을 창출할 수 있다는 점에서 기계와는 본질적으로 다르며 이는 인간이 무한한 상상의 영역에서 유연하게 대응할 수 있다는 것을 의미한다.

'노동'이 산업화 시기에는 '반복 가능한 전문화된 작업'으로 정의되었다면, 4차 산업혁명 시대에는 '인간의 고급 전문 지식 및 서비스가 관련 기계의 기술과 결합하는 형태'로 정의될 수 있을 것이다. 인간은 단순 반복되는 업무가 아닌 문제 해결, 소통, 해석, 디자인 등 창의적 역량이 필요한 과업을 수행할 것이며, 기계는 반복적·일상적 업무를 담당하면서 과업과 관련된 정보와 기술을 제공할 것이다. 이러한 맥락에서 딜로이트는 미래 사회에서 노동은 "새로운 가치의 창출" 또는 "기존 지식의 활용"이라는 두 가지 형태로 구분되며, 인간은 환경과 세계를 이해하며 새로운 가치를 만들어내는 방식의 노동을 담당하고 기계는 발견한 문제에 대한 대응을 계획하고 가장 효과적으로 해답을 제공하는 형태로 미래 노동이 분업화될 것이라 전망한 바 있다(Deloitte, 2019).

새로운 기술의 등장으로 많은 일들이 자동화되고 상품화될수록 사회적으로 인정받는 가치의 대부분은 문제를 발견하고 정의하는 행위에서 발생할 것이다. 따라서 미래에는 인간이 지식과 가치를 창조하면 기계가 그 지식을 활용하여 적용하는 상황이 보편화될 것이며, 인간과 기계의 역할이 나뉠 것이다. 만약 인간이 기계와 같은 영역에서 경쟁하고자 한다면 과거에도 그랬듯이 인간은 결코 기계를 이길 수 없을 것이다. 4차 산업혁명을 보다 큰 가치 창출의 기회로 활용하고 기계의 잠재가치를 실현하기 위해서 인간은 AI가 수행하는 의사결정의 자율성과 노동의 새로운 의미를 수용하고 기계와의 새로운 신뢰 관계 그리고 생산적인 관계를 형성하고자 노력할 필요가 있다.

### 미래 일자리를 위해 우리는 무엇을 준비해야 하는가

코로나19 사태로 인한 가장 큰 변화는 비대면 수요가 급증하면서 디지털 전환이 가속화된다는 것이다. 디지털화가 진전되면서 기업 간 생산성 격차가 점차 벌어지고 있기 때문에 향후 기업의 생존은 디지털 혁신과 직결될 것이다(Bajgar et al., 2019). 이미 상당수 기업이 과감히 혁신적 디지털 기술을 도입하고 있으며, AI, IoT(사물인터넷), 클라우드 서비스, 머신러닝 등 신기술 분야의 디지털 전문 역량을 갖춘 인력을 확보하기 위한 경쟁도 점점 치열해지고 있다. 디지털 전환의 속도가 더욱 빨라지고 신기술이 개발되고 도입됨에 따라 새로운 역량과 직업에 대한 수요는 지속적으로 창출될 것이며 시장이 원하는 역량을 보유한 사람에게 기회는 계속 찾아올 것이다.

우리가 주목해야 할 또 다른 흐름은 불확실성의 증가이다. 얼마 전까지만 해도 향후 5년, 10년 후 산업 전망, 경제 전망을 하는 것이 일반적이었으나, 지금은 1년 후를 전망하는 것조차 매우 조심스럽다. 미래에 대한 정확한 예측을 기반으로 사전에 대비하는 것이 어려워지면서, 상황의 변화가 생길 때마다 빨리 '적응'하고 유연하게 '대응'할 수 있는 인재에 대한 요구가 점차 커지고 있다. 과거에는 현재 얼마나 많은 기술을 보유했는지가 중요했다면 미래에는 앞으로 성장해 나갈 수 있는지 그 가능성이 더 중요해질 것이다. 의사소통, 협업, 기업가 정신과 같은 소프트 스킬을 기반으로 변화하는 직무에 유연하게 대응하고, 자기주도적으로 학습하고 관리하며 성장해 나갈 수 있는 사람이 '포스트 코로나' 시대의 인재가 될 것이다.

## 참고문헌

변순천 외. 2020. 「과학기술혁신 정책 아젠다 2030: 새로운 10년을 준비하는 과학기술혁신」. ≪KISTEP Issue Paper≫, 2020-02호(통권 280호).

Bajgar, M. et al. 2019. "Bits and Bolts: The Digital Transformation and Manufacturing." OECD Working Paper.

Deloitte. 2019. "The New Division of Labor: On Our Evolving Relationship with Technology." https://www2.deloitte.com/us/en/insights/focus/technology-and-the-future-of-work/the-new-division-of-labor.html (검색일: 2020.7.4).

WEF [World Economic Forum]. 2016. "The Future of Jobs: Employment, Skills and Workforce Strategy for the Fourth Industrial Revolution."

_____. 2018. "The Future of Jobs Report 2018."

World Bank Group. 2019. *World Development Report 2019: The Changing Nature of Work*. Washington, D.C.: World Bank.

제11장

# 디지털 전환에 따른
# 일자리 위기와 요구 역량

박가열 ｜ 한국고용정보원 미래직업연구팀 연구위원

코로나바이러스 감염증COVID-19(이하, 코로나19)은 우리의 일상생활을 일순간에 바꿔버렸다. 혹자는 이제 더 이상 코로나19 이전의 세상으로 돌아가기 힘들 것이라고 단언한다. 유럽에서 흑사병이 중세 사회의 종지부를 찍고 르네상스와 근대사회를 여는 데 일조했고, 스페인독감이 제1차 세계대전으로 인한 노동력 부족을 메꾼 자동화를 앞당겼다. 마찬가지로 코로나19나 혹은 우리가 예상치 못하고 있는 이후 변종 감염병은 우리 사회와 일자리에 심대하게 영향을 미칠 것이다.

사실 많은 현자들이 설파해 왔듯 세상은 끊임없이 변화해 왔다. 일의 세계는 세상사를 반영하여 비추는 거울이므로 이러한 만물의 변화를 담아서 끊임없이 변화하며, 이러한 일자리의 변화 속에는 동전의 양면처럼 위험과 기회가 늘 공존한다.

코로나19는 이른바 4차 산업혁명이라 일컫는 최근의 디지털 전환Digital Transformation의 혁신도 변화시키지 못하던 사회적 관행을 일순간에 사라지

제11장 디지털 전환에 따른 일자리 위기와 요구 역량 143

게 했다. 이와는 달리 끝을 모르고 번창하리라고 예상했던 산업을 절망의 늪으로 빠지게도 했다. 디자인이나 컴퓨터 프로그램 개발과 같이 프리랜서에 특화된 재택근무가 코로나19 이후 공공기관이나 대기업의 다양한 직종으로 널리 퍼지게 되었다. 이에 온라인 화상회의 개발과 네트워크 관련업체는 폭발적인 성장을 기록하며 일자리 창출에 앞장섰다. 반면에 지난한 세대 동안 글로벌 교류가 활성화되면서 나날이 번창하던 항공업은 순식간에 존폐 위기에 놓였다. 이의 여파로 그동안 수많은 청년들의 선망의 대상이던 비행기 조종사와 승무원들은 실업의 공포에 직면했다.

이처럼 일자리는 사회적 가치나 조류, 전염병과 기후변화 같은 생태 환경, 그리고 법, 제도, 정치 및 국제 관계 같은 다양한 변동 요인의 영향을 받아 새로운 기회를 맞이하기도 하고 심각한 도전에 직면하기도 한다. 이 장에서는 4차 산업혁명, 곧 혁신적 디지털 전환이 일자리에 미치는 영향을 먼저 살펴보고, 코로나19 이후 일의 세계에서의 변화와 미래에 창출될 직업과 요구되는 역량에 대해 차례대로 살펴보기로 한다.

## 4차 산업혁명, 디지털 전환과 일자리 영향

### 기술 발전과 일자리의 관계

인간은 자신의 생명 유지와 안전을 기본으로 사회적 교류와 심미적 문화생활을 영위하기 위해 도구와 기술을 끊임없이 발전시켜 왔다. 농기구와 가축을 활용하면서 먹을거리를 찾아 이리저리 방황하는 생활을 마감하고 한곳에 정착하는 생활이 가능해졌다. 증기를 에너지원으로 하고 기계를 생산 현장에 도입하면서 숙련 수준이 낮은 단순 기계조작원의 생산성이

**그림 11-1** 4차 산업혁명이란?

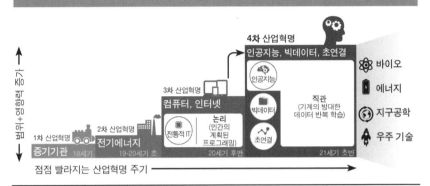

자료: 대통령직속 4차산업혁명위원회(2020).

높아짐에 따라 숙련도 높은 장인을 일터에서 내모는 탈숙련de-skill의 시기가 도래했다. 이후 노동과정에서의 동작을 세부적으로 분석하고 전기화electrification가 진전되면서 많은 제조 공정이 로봇을 활용하여 자동화될 수 있었다. 그리고 이제 빅데이터와 인공지능이 물리적 세계와 가상적 세계를 넘어 초연결됨으로써 초지능의 세계가 열리게 된 것이다.

그렇다고 발전된 기술에 인간의 일자리를 무조건 내주는 것은 아니었다. "일자리를 빼앗는 기계를 부수자"라는 러다이트 운동Luddite Movement이나 얼마 전 택시업계에서의 우버 도입 반대 운동에서 확인할 수 있듯이, 혁신적인 기술 발전으로부터 자신들의 일자리를 지키기 위한 인간의 저항은 역사 속에서 흔히 발견되는 공통된 현상이다. 대다수의 사회 구성원이 기술 발전에 따른 생산성 향상이 가져오는 성과에 동의하지 않는 이상, 이러한 기술혁신은 순순히 받아들여지지 않으며 정치 행위와 같은 사회적 조율 과정을 통해 수용 여부가 결정된다.

### 4차 산업혁명과 디지털 혁신

4차 산업혁명의 실체와 도래 시기에 대한 논란은 전문가들 사이에서 여전히 유효하지만, 이러한 4차 산업혁명의 밑바탕을 이루는 기술혁신은 디지털화된 정보통신 기술ICT 중 지능화된 정보 기술과 사물을 포함한 모든 것을 연결하는 네트워크에 신세를 지고 있다는 점에 대해서는 의견의 일치를 보고 있다. 즉, 디지털 데이터의 대량 수집, 저장 및 분석, 만물이 소통하는 사물인터넷과 저장 공간의 클라우드화, 컴퓨팅 능력의 획기적 발전에 따른 인공지능 알고리즘의 실시간 구현 및 인간을 닮은 로봇의 출현은 일자리에서 근본적인 변화를 불러오고 있다.

### 디지털 전환과 일자리 명암

최근의 디지털 기술혁신은 기존의 자동화와 컴퓨터 프로그램을 통한 판에 박힌 단순 반복적인 일자리의 대체뿐만 아니라 기존에 난공불락이라고 여겼던 판에 박히지 않은non-routine 업무 역시 위협하고 있다. 방대하게 축적한 디지털 데이터를 바탕으로 인공지능AI 기술을 활용해 정교하게 정의된 문제로 탈바꿈시킴으로써 패스트푸드점에서 주문받는 아르바이트생이나 대형 매장의 계산원, 그리고 발에 땀이 나도록 뛰어다니는 영업사원의 일감을 알고리즘으로 대체하고 있다. 한편, 디지털 전환은 앞서 거론했듯이 새로운 일자리 기회 역시 제공한다. 대표적으로 인공지능 전문가AI specialist 직업은 AI 개발과 관련된 기획, 데이터 구축, 모델링, 시스템 구현, 기술 영업 직무로 세분화되고 있고, 기술력과 전문성을 갖춘 인재에 대한 수요는 업종을 불문하고 폭증하고 있다. 데이터 분석가나 혹은 데이터 과학자로 일컫는 데이터 전문가 역시 모든 것이 디지털화되는 세상의 흐름과 함께 넘쳐나는 일감에 호시절을 맞이하고 있다.

# 코로나19 이후 일자리 변화

### 코로나19의 영향

코로나19는 전염성이 높으나 치명률은 낮은 특징이 있어 백신이 개발되지 않는 이상 장기간 지속될 가능성이 높다. 무더위가 오면 주춤할 것이라는 기대 섞인 예상과 달리, 코로나19는 2020년 8월 31일 현재 전 세계적으로 2538만 명이 넘는 누적 확진자를 발생시켰고(코로나보드, 2020), 85만 명 이상의 누적 사망자를 낳았으며, 우리나라의 경우 1만 9947명의 누적 확진자와 324명의 안타까운 죽음을 발생시켰다(코로나바이러스감염증-19, 2020).

이러한 코로나19의 특징으로 인해 일부를 제외하고 대부분의 국가에서 물리적 접촉을 회피하거나 방지하기 위한 '사회적 거리 두기social distancing'의 질병 확산 봉쇄 정책을 실시하고 백신 개발에 투자를 아끼지 않고 있다. 또한 경제 불황을 극복하기 위한 대규모 경기 부양과 사회안전망 강화 정책을 적극 시행하고 있다.

그럼에도 불구하고 2008년 금융위기 이후 공중보건에 투자를 축소한 국가들을 중심으로 피해가 큰 것으로 나타났다. 이번 사태를 계기로 감염병에 대한 의료 시스템의 신속한 대응 체계 구축과 마스크 같은 안전 필수품 제조업의 리쇼어링reshoring에 대한 필요성이 부각되고 있다.

이제 존재만으로도 의도치 않은 불안감을 제공하는 코로나19로 인한 불확실한 경제 전망과 일자리에 미치는 명암을 살펴보기로 하자.

### 코로나19 이후 경제 전망

코로나19로 인해 세계경제는 대공황 이후 최악의 불황을 겪을 것이라

**그림 11-2** 코로나19 이후 구조적 변화의 주요 흐름도

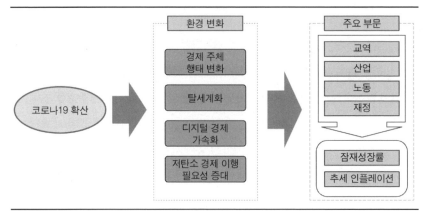

자료: 한국은행(2020: 1).

는 우울한 전망이 지배적이다. 1929년 대공황과 2008년 거품 금융에 의한 경제 위기 때와 달리, 지금 우리는 보이지 않는 적과 한 치 앞도 보이지 않는 안갯속에서 싸우고 있다.

코로나19는 글로벌 차원의 경제 불황을 초래하는 데 그치지 않고 경제 주체들의 행태를 급격하게 변화시킬 것으로 전망된다. 평범한 가계는 생계와 안전에 대한 위협을 겪으면서 위험 회피 성향을 높일 것이다. 반면 기업은 자가격리 같은 감염병 예방 조치로 생산 차질을 겪으면서 자동화 도입에 대한 유혹을 떨칠 수 없을 것이다. 한편 각국 정부는 위기 대처 과정에서 자국 중심으로 영향력을 강화하고 사회안전망에 대한 투자를 확대할 것으로 보인다.

2008년 금융위기를 계기로 고개를 든 탈세계화 움직임이, 이번 코로나19를 계기로 글로벌 공급망의 취약성이 드러나면서 더욱 심화될 것으로 전망된다. 디지털 혁신 기술의 가속화는 정보통신 기술ICT 기반 교역 확대

를 통해 탈세계화로의 전환을 강화시키는 계기로 작용할 것으로 보인다. 스마트 공장으로 대표되는 제조업의 스마트화와 서비스산업과의 융합이 활발히 전개되면서, 정보통신과 가상·증강 현실 기술에 기초한 비대면 산업과 친환경 신재생에너지 산업, 바이오 헬스 중심의 산업 구조로 전환이 가속화될 것으로 전망된다.

## 코로나19 이후 일자리 위기

미국의 로버트 라이시Robert Reich 교수는 코로나19의 창궐이 새로운 종류의 노동 계급 분화와 이를 통해 불평등의 심화를 가져올 것이라고 주장했다(Reich, 2020.4.26). 그가 말한 첫 번째 계급은 '원격 노동자The Remotes'로, 전문직, 관리직 및 기술직으로 노트북으로 장시간 근무하고, 화상회의 프로그램으로 회의하고, 전자 문서를 검토하며, 위기 전과 비슷한 수입을 번다. 이들 중 다수가 지루해하거나 불안해하나, 나머지 다른 계급에 비해 잘 견뎌낼 수 있다.

두 번째는 '필수 노동자The Essentials'로, 간호사, 재택 돌봄이나 보육 노동자, 농장 노동자, 음식 배달원, 트럭 운전사, 창고·운수 노동자, 약국 종사원, 위생 관련 노동자, 경찰관·소방관·군인 등이다. 이들 중 너무나 많은 사람들이 적절한 보호장비, 유급 병가, 건강보험, 학교 휴교 시 자녀 돌봄 등의 부족에 시달리고 있으며, 위험수당을 받을 가치가 있다고 한다.

세 번째는 '무임금 노동자The Unpaid'로, 이들 중 대다수가 소매점, 식당, 돌봄 노동과 같이 원격근무가 불가능한 대인 서비스에 종사하는 사람들이다. 이들은 가족을 부양하고 임대료를 내기 위해 현금이 가장 필요한데, 석 달의 지출을 감당할 충분한 비상금을 보유한 사람이 절반보다 적은 것으로 나타났다.

마지막은 '잊혀진 노동자The Forgotten'로, 밀집 수용된 이들에게 사회적 거리를 두는 것social distancing은 거의 불가능하다. 감옥이나 이민자 수용소, 이주민 농장 노동자 캠프, 아메리칸 원주민 보호구역, 노숙인 시설 등에 있는 사람들이 이에 해당하며, 코로나19 감염 위험이 가장 높다.

이처럼 노동시장에서는 여행, 숙박·음식, 도소매 산업 내 판매 영업직 등 대면 서비스 업무가 불가피한 직업군의 일자리가 타격을 받을 것으로 전망된다. 반면에 로봇이나 인공지능, 가상·증강 현실 등 디지털 혁신 기술을 활용한 산업을 중심으로 다양한 형태의 일자리가 창출될 것으로 전망된다.

코로나19 이후 사람들 간 대면 접촉이 기피되면서 미국의 대표적인 소매업체인 월마트는 바닥을 청소하는 데 로봇을 사용하고 있고, 병원을 청소하는 자외선 살균 로봇의 수요 역시 큰 폭으로 증가하고 있다. 사회적 거리 두기 지침에 따라 집 안에 머무르는 시간이 증가하면서 최첨단 정보통신(5G)과 가상(증강)현실 기술이 융합한 게임과 공연 문화가 활성화될 것으로 전망된다. 포켓몬고처럼 가상의 애완동물을 키우는 것은 물론이고, 박물관이나 고궁을 온라인상에서 방문할 수도 있고, 나아가 가상공간에서 콘서트를 열 수도 있다. 이러한 가상현실 기술이 게임 분야에서 가장 활발히 사용되고 있지만 향후 건축정보모델링BIM, 마케팅과 소매업, 항공우주 및 국방, 광고·가전·산업·의료 등 광범위한 분야로 확대될 것으로 전망된다.

한편, 정부는 데이터, 네트워크, 인공지능이 결합한 이른바 디지털 뉴딜을 통해 일자리를 창출할 예정인데, 인공지능 학습용 데이터를 수집·가공하고, 의료, 교육, 제조 등 연관 분야에서 새로운 비즈니스와 산업을 육성하겠다는 계획이다.

그림 11-3 디지털 뉴딜 데이터 댐 개념도

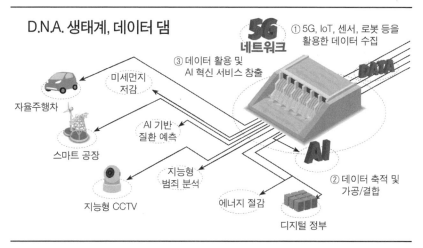

자료: 정부부처 합동(2020.7.15: 7).

## 코로나19 이후 요구되는 역량

앞서 살펴보았듯이 직업 세계는 기술의 발전과 환경 생태의 도전 속에서 사회적 합의의 산물인 정책과 제도, 문화를 반영하며 끊임없이 변화한다. 코로나19는 그동안 혁신적으로 발전하고 있던 인공지능, 로봇, 빅데이터, 정보통신(5G) 기반의 디지털 사회로의 전환을 재촉하고 있다. 이처럼 혁신적인 변화를 맞이하며 미래 사회에서 요구되는 가장 대표적인 역량은 "미래 예측력"과 "위기 대처 능력"인 것으로 나타났다(박가열 외, 2019). 기존에 위로부터 제시된 목표 수행을 위해 열정과 성실성만을 강조하던 시대에서 탈피하여, 앞으로 미래 사회에서 펼쳐질 다양한 위기 속에서 무엇이 중요한 문제인지를 인식하고 이에 대한 해결책을 찾아가는 능력이 무엇보다도 중요해지고 있다. 또한 앞으로 미래 사회에서는 디지털 문해력digital literacy이 일상생활을 하는 데 필수적인 역량으로 자리 잡을 것이며, 이것의 보유 여부에 따라 사회경제적 격차가 확대될 것으로 전문가들이 입을 모으고 있다.

정부는 급격한 디지털 전환기에 누구도 뒤처지지 않도록 학습할 수 있는 기회를 제공하는 정책을 가장 먼저 고려해야 할 것이다. 이를 통해 멀어져 가는 사회적 거리를 좁혀 포용적 국가를 건설할 수 있을 것이다. 한편 기업의 경우, 최근의 코로나19 위기를 빌미로 단지 이윤 추구를 위해 인간을 노동으로부터 소외시키는 것은 소탐대실의 결과를 낳을 것이다. 인간과 기계가 협업할 수 있는 작업 재설계를 통해 기업 본연의 사회적 가치를 실현하기 위한 기회로 삼아야 할 것이다. 끝으로 개개인은 끊임없이 변화하고 발전하는 기술과 사회의 변화에 발맞추어 자신이 서 있는 위치에서 요구되는 디지털 역량을 갈고 다듬기 위해 노력해야 할 것이다.

우리는 지금, 기술과 사회, 환경 생태가 상호작용하는 위기에 처해 있다. 코로나19가 던져준 일자리 위험에 대처하고 디지털 전환의 새로운 기회를 포착하기 위해 어느 때보다도 각 주체에 대한 상호 존중과 약해진 사회적 연대를 강화하도록 함께 힘을 모아야 할 것이다.

**참고문헌**

대통령직속 4차산업혁명위원회. 2020. "4차산업혁명위원회 주요성과 및 추진방향". https://www.4th-ir.go.kr/article/detail/354 (검색일: 2020.7.27).
박가열·박성원·이영민·이은수. 2019. 「4차 산업혁명 시대 미래직업능력 연구(II)」. 한국고용정보원 보고서.

정부부처 합동. 2020.7.15. "디지털 뉴딜, 코로나 이후 디지털 대전환을 선도합니다!" 보도
　　자료.
코로나바이러스감염증-19. 2020. "국내 발생 현황". http://ncov.mohw.go.kr (검색일: 2020.
　　8.31).
코로나보드. 2020. "코로나19 실시간 상황판". https://coronaboard.kr (검색일: 2020.8.31).
한국은행. 2020. "코로나19 이후 경제구조 변화와 우리 경제에의 영향". 보도자료.
Reich, R. 2020.4.26. "Covid-19 Pandemic Shines a Light on a New Kind of Class Divide
　　and Its Inequalities." *The Guardian*. https://www.theguardian.com/commentis
　　free/2020/apr/25/covid-19-pandemic-shines-a-light-on-a-new-kind-of-class-divi
　　de-and-its-inequalities (검색일: 2020.7.27).

# 제12장

# 포스트 코로나 시대의 심리적 방향성

### 행복의 가치와 척도가 변화하다

**김경일** | 아주대학교 심리학과 교수


## 포스트 코로나, 없던 변화인가 진행의 가속화인가

코로나……, 앞으로 많은 것들이 변화할 수밖에 없다는 이 준엄한 사실을 이제 받아들여야 한다. 더 이상 부인할 수 있는 사람도 거의 없다. 그래서 수많은 연구자들이 포스트 코로나에 대한 질문과 대답을 주고받고 있다. 따라서 심리학적으로도 우리가 무엇인가 배우고 느꼈으며 앞으로 어떤 것을 예측하고 대비하는 것이 그 무엇보다도 필요하다. 왜냐하면 전대미문의 일이 벌어질수록 역사에서 배울 수 있는 것이 많지 않기 때문이다. 따라서 1년이 채 되지 않는 지난 과거를 최대한 구체적이고 세밀하게 분석해야만 우리는 미래를 최소한이라도 가늠할 수 있다. 그리고 이를 종합하면 다음과 같은 결론에 대략적이나마 도달할 수 있다.

첫째, 개인과 사회가 느끼는 불안과 분노라는 감정이 어떤 것을 각각 요구하는지를 이해하는 것이 그 무엇보다도 중요하다. 그 가운데 공존과 협동을 지향하지 않는 사회가 얼마나 위험한지 역시 인식할 필요가 있다.

둘째, 행복의 척도는 오히려 공동체에서 각 개인의 것으로, 보다 구체적이고 효율적이며 지혜롭게 변화할 것이다. 또한 문화적 삶을 포함하는 것의 중요성이 그 무엇보다도 중요해질 것이다.

셋째, 재택근무와 원격학습으로 대변되는 비대면 커뮤니케이션은 이제 선택이 아니라 필수이다. 이로 인해 자율성이 그 무엇보다도 중요한 핵심 역량이 될 것이다.

기본적으로 예측되는 이 세 가지를 위해 국가와 국민, 그리고 조직과 그 구성원이 어떤 방향을 지향해야 하는지에 대한 고민이 진지하게 시작되었다.


## 불안과 분노를 이해하고
## 공존과 협동을 지향하는 사회의 중요성

### 불안은 사실을 요구하고, 분노는 진실을 요구한다

심리학의 수많은 연구를 종합해 보면 '불안은 사실을 알려달라는 감정이고, 분노는 진실을 말하라는 감정이다'. 최근의 코로나 팬데믹은 이를 그 무엇보다도 잘 알려주고 있다. 사실과 진실은 중첩될 수는 있겠지만 확연히 다르다. 사실事實, fact은 '실제로 있었던 일이나 현재에 있는 일'이다. 그래서 '이 작품은 특정 사실과 관련 없다'나 '어제 있었던 일을 사실대로 말했다'라는 식의 표현이 사용된다. 하지만 진실眞實, truth은 분명히 다르다. 왜냐하면 '거짓이 없는 사실을 의미'하기 때문이다. 따라서 진실이라는 단어는 '감춘다' 혹은 '밝힌다' 등과 같이 보다 더 숨기거나 드러내는 것과 같은 행위적 표현과 결부시켜 주로 사용된다.

따라서 사실과 진실 둘 중 무엇에 초점을 맞추느냐는 현재 처한 상황과 이후의 행동에 밀접한 관련성이 있다. 예를 들어, '사실에 충실하다'라는 표현을 쓸 때는 지금 일어나고 있는 일들을 최대한 '자세히' 알 수 있음을 의미한다. 일반적으로 '정보'라는 기능이 이 범주에 들어가며, 따라서 양적인 측면이 강하다. 반면, '진실을 밝힌다'라는 식의 표현은 지금 일어나는 다양한 사실들의 가장 근본적인 이유를 알아가는 것이다. 그래서 '원인'이라는 용어로 주로 표현되며, 당연히 양보다는 근본이나 질에 가까우며, 따라서 상대적으로 더 간결하다. 그런데 이 정보와 원인, 즉 사실과 진실은 인간의 두 종류의 감정인 불안과 분노가 각각 추구하고 원하는 바라는 점이 매우 중요하다.

사람들이 불안을 느낄 때는 언제일까? 정확한 걸 모르는 불확실한 상황에서 사람들은 불안을 느낀다. 수감자에 대한 기록들을 보면, 사형수가 사형 날짜를 모르면 극도로 불안해한다. 그런데 사형 날짜를 알면 두려워하거나 이제 끝날 자신의 삶을 슬퍼한다. 즉, 불안은 예측 불가능성 때문에 증폭되는 것이며 따라서 나쁜 결과라도 일정 수준 이상 예측이 가능해지면 상당히 완화된다. 심지어, 전투 후에 응급치료를 받고 후송 대기 중인 병사들은 약 25% 정도만이 진통제를 요구하는 것에 비해 비슷한 정도의 상처를 입은 일반 병원의 수술환자들은 80%가 넘는 비율로 진통제를 요구하는 것으로 조사되었다. 전투가 끝난 뒤 후송 대기 중인 병사들은 최소한 당분간 전투에 투입되지 않는다는 생각이 가능해지므로 불안이 완화되어 육체적 고통을 덜 느끼는 것이다. 이는 모르핀과 같은 진통제가 불안이 수반되는 통증에 대해 주로 효과를 지니는 것으로 파악되는 계기가 되기도 했다(Beecher, 1972). 따라서 불확실성이 해소되면 그 자체만으로도 상당한 불안 감소 효과가 있다. 차라리 현 상황을 인정하고 대비를 하거나 조심을 할 수 있기 때문이다. 상황이 불안하면 사람들은 그래서 어줍지 않은 위로나 격려보다 차라리 정확한 사실을 요구한다.

반면, 분노는 전혀 다른 기제를 통해 진행된다. 예를 들어, 사람들에게 현재의 사실을 알려줘도 그 사실 이면의 진짜 원인이 은폐되었다고 생각되면 대부분의 사람은 당연히 분노하게 된다. 가까운 현대사를 한번 되돌아봐도 많은 예를 찾아볼 수 있다. 사람들이 분노하고 있을 때 아무리 현재의 단편적인 사실과 관련된 정보를 제시해도 사람들은 광장으로 나온다는 사실을 우리는 잘 알고 있다.

코로나 때문에 불안이 엄습하고 있을 때 한국의 시스템은 최대한 현재 진행되는 사항과 발생하는 일들에 대해 구체적인 정보를 최대한 제공했으며, 이로 인해 우리 국민은 지혜롭게 자신의 에너지와 집단의 에너지를 적재적소에 사용할 수 있었다. 그래서 불안을 상당히 해소하는 효과를 취할 수 있었다. 하지만 포스트 코로나, 즉 이후 이 사태가 진정 국면에 들어가거나 완전히 해결되었을 때는 이 코로나가 한국에 어떻게 유입되고 확산되었는지에 대한 보다 근본적인 이유를 파악하는 담론들이 필요할 것이다. 이것을 거꾸로 하면 어떻게 될까? 사실적 정보가 필요할 때 섣부른 진실 캐기로 엉뚱한 곳에 분노의 화살을 돌릴 위험이 커질 것이다. 당연히 그 집단과 사회의 에너지는 불필요하게 소모될 것이고 긴급한 사안에 대한 대처 능력은 약화된다. 반대로, 진실을 알아야 할 때 여전히 '잘 넘어갔으니 그만이다'라고 하면 같은 일은 반복될 것이며 근본적인 개선은 요원해진다. 따라서 현재진행형인 코로나 팬데믹을 통한 심리학적 교훈은 분명하다. '사람들이 불안해하면 최대한 구체적인 사실을 충실히 알려줘야 한다. 하지만 사람들이 화를 내고 있다면 간결하더라도 가장 깊은 진실을 말할 필

요가 있다.'

## 협동과 공존을 지향하지 않는 사회는 악의적 창의성이 지배한다

코로나 시대를 각자도생各自圖生의 시대라고 많은 사람들이 말한다. 물론, 어느 정도는 사실이다. 하지만 그럴수록 협동과 공존의 시스템을 제대로 유지하는 것이 그 무엇보다도 중요하다. 배신과 약속 불이행이 난무하면 그 사회에 속한 피해자들이 어떻게 되는지에 대한 매우 의미심장한 결과들이 최근 속속 발표되고 있다. 게다가 그 양상은 우리가 전혀 예상하지 못한 방향으로 진행되기 때문에 더욱 경계해야 한다. 그 결과의 한 양상을 창의성 분야의 세계적 대가인 제임스 코프먼James Kaufman 교수는 '악의적 창의성'이라 부른다. 악의적이면서도 동시에 기발한 아이디어나 발상들을 잘 내놓는 능력의 일종이다. 그런데 네덜란드 암스테르담대학의 심리학자 마테이스 바스Matthijs Baas 교수 등의 최근 연구에 따르면, 사회적으로 배신당한 사람들은 그 이후의 무관한 일에까지도 상당히 높은 수준으로 이른바 '악의적 창의성'을 발휘한다. 예를 들어, 협동과 배신의 양상을 살펴볼 수 있는 죄수의 딜레마 게임에서 자신은 협력했는데 상대방이 나를 배신한 경우 내가 입는 피해의 양이 커질수록 사람들은 전혀 다른 내용의 무관한 과제에서 매우 놀라운 차이를 보였다(Baas et al., 2019).

예를 들어 '하나의 벽돌로 할 수 있는 독특한 용도를 모두 나열하라'라는 질문에 3분 동안 답을 하게 하면, 이전의 딜레마 게임에서 강하게 배신을 경험했던 사람들의 악의적 창의성이 강하게 증가한다. 별도의 평가자들이 창의적 아이디어의 양대 축인 유창성(얼마나 많은 아이디어를 냈는지)과 독창성(얼마나 남들이 내지 못한 아이디어인지)에 기초해 참가자들이 내놓은 답을 심사한 결과, 전반적인 유창성은 배신당한 크기가 작은 집단이 훨씬 더 우수했다. 반면, 강하게 배신당한 집단은 유난히 악의적인 아이디어의 독창성이 높았다. 즉, 협력했음에도 불구하고 사회적으로 배신당한 양이 큰 사람들은 더 좁아진 시야로 그 시야 내에서 악의적으로 생각한다는 뜻이다. 이러한 결과가 최근에 계속해서 보고되고 있음은 우리 사회가 단순히 조화롭고 민주적인 사회를 위해서라는 전통적인 관점에 더해 더 확장된 가치를 협동과 공존에 부여해야 함을 분명히 해주고 있다.

## 행복의 척도 변화와 문화적 삶의 중요성

### 사회가 강요하는 'WANT'에서 나의 'LIKE'로의 이동은 가속화된다

사회적 거리 두기로 대변되는 코로나 시대와 그 이후의 흐름은 행복의 척도에도 분명한 변화를 가속시킬 것으로 예측된다. 그 이유는 이른바 좋아함LIKE과 원함WANT의 차이가 생각보다 훨씬 더 명확하고 분명하다는 것에 있다(Xianchi, Brendl and Ariely, 2010). 예를 하나 들어보자. 일반적인 가족 간에도 흔히 일어나는 일이다. 아이가 놀이동산에서 다른 아이가 가지고 있는 풍선을 자기도 가지고 싶다고 졸라댄다. 그래서 비싼 돈을 주고 사주었더니 금세 싫증을 내고 풍선줄을 놓아버린다. 그럴 것을 왜 사달라고 했는지 부모 입장에선 괘씸한 생각이 들고 꽤 크게 혼내주는 상황이 이내 발생한다. 왜 이런 일이 벌어졌을까? WANT만 있고 LIKE는 없었기 때문이다. 주위의 다른 아이들이 가지고 있는 것을 보고 나만 가지고 있지 않은 상태에서 벗어나고 싶은 강렬한 욕구가 WANT를 즉시적으로 만들어낸 것이다. 하지만 자기 혼자 있는 상태나 주위에 그 물건을 가지고 있는 사람이 거의 존재하지 않을 때 그 WANT는 발생했던 속도 못지않게 빠르게 사라진다. 코로나 팬데믹에 있는 수많은 사람들이 바로 이 상황에 있는 것 아니 겠는가. 즉, 행복의 척도가 바뀔 것은 자명한 사실이다. 게다가 앞으로의 시대에는 사회적인 압력이나 트렌드로 인한 소비의 경향은 완연히 사라질 것이다. 그리고 자신이 본질적으로 좋아하는 대상에 더 구체적으로 집중 할 가능성이 높다. 그 결과로 이미 한 가지 상품이 대량으로 판매되는 이른 바 대박의 신화는 사라지고 다종소량多種小量의 개별 제품이 완판되는 경향 성이 가파르게 상승하고 있다. 이에 대비하는 기업의 자세도 미래의 성패 를 가름할 것이 분명하다.

**문화적 삶은 포스트 코로나 시대에 효율적인 만족감의 핵심이다**

코로나 팬데믹으로 인해 또 다른 종류의 행복 개념이 중요해질 것으로 예상된다. 이른바 '인정 투쟁으로부터의 해방'이 더욱 힘을 낼 것으로 예측 된다. 청년헤겔철학에서 비롯된 개념인 인정 투쟁을 두고 문화심리학자들 은 '타인들의 감탄을 통해 자아가 충족되는 허망한 삶'을 살지 말라고 조언 한다(최재천 외, 2020: 154~197). 즉, 인정 투쟁에서 벗어나라는 것이다. 지 금까지 사람들은 다른 사람의 인정을 받기 위해 치열한 삶을 살아왔다고 해도 과언이 아니다. 큰 집과 좋은 자동차 그리고 높은 학벌이나 지위를 간 절히 추구해 온 이유 역시 마찬가지이다. 이 모든 것이 타인의 감탄 어린 인정을 통해 자기를 확인하려는 마음에서 비롯된다. 이를 위해서는 끊임 없이 비교 우위에 서 있어야 한다. 그런데 이 비교라는 것만큼 인간의 행복 을 좀먹는 것이 없다. 따라서 심리학자들의 조언은 한결같다. 그 감탄 중 일부를 내가 하는 감탄으로 바꾸는 것이다. 그리고 나 스스로 나에게 만들 어내는 감탄은 주로 나의 행동에서 나온다. 예술 혹은 미학적 경험, 여행 그리고 독서 혹은 자기활동, 취미 등으로 인해 자기의 무언가가 발전되고 있음을 느낄 때 가장 잘 충족된다는 것이다. 그래서 문화적 삶은 앞으로 훨씬 더 중요해질 것이다. 그저 값비싼 공연과 전시회를 가는 것에서 그치는 것이 아니라 작고 소박하더라도 내가 직접 하는 문화적 행위로 확대될 것이다. 그리고 이는 우리를 안전하게도 만들며 절약하게도 만들어준다. 코로나 이전까지 추구했던 인정 투쟁에 몰입한 삶을 앞으로도 추구한다면 어떤 자원이든 이를 허용하기란 대단히 어려울 것이다.

## 핵심역량으로 더욱 중요시되는 자율성

예전에는 낯설고 드물었지만 코로나 팬데믹으로 인해 가장 일상이 된 장면이 바로 재택근무와 원격학습이다. 이러한 언택트untact 커뮤니케이션은 이제 인류의 새로운 삶의 방식이라고 해도 과언이 아니다. 그리고 이를 가능하게 하는 가장 중요한 구동력이 자율성에 있다는 것은 분명하다. 따라서 자율적 개인과 사회를 만들어내지 못하면 집단 전체가 붕괴하는 것을 막을 방법이 없을 것이다.

### 경계는 허물어지고 소규모 의사소통은 활발해져야 한다

포스트 코로나 시대에는 물리적 이동은 줄어드는 반면, 가족과 같이 가까운 주위 사람들과 접촉하는 빈도는 더욱 증가할 것이 분명하다. 그런데 이를 단순히 거대한 네트워크의 붕괴와 소규모 집단만의 결속 강화라는, 이른바 각자도생의 개념으로 이해하기에는 현대사회의 구조가 너무 복잡하다. 따라서 매우 정밀한 연구 설계와 포괄적인 변인들을 지닌 연구들을 통해서만 이후 사회의 변화가 예측 가능하다. 오이시와 케세비르(Oishi and

Kesebir, 2012)의 연구가 그 좋은 예이다. 이 연구에서는 다양한 종류의 집단에서 구성원들이 얼마나 잘 소통하고 만족스럽게 생활하는지를 해당 집단이 현재 지니고 있는 '자원의 양'과 구성원들의 유무형적 '이동'이라는 두 변인에 기초해 분석했다. 여기서의 이동은 사회적 신분, 기능적 역할 등을 포함한 다양한 종류의 집단 내 이동을 의미한다. 연구의 대상이 되었던 수많은 사회나 집단의 결과들을 요약하면 다음과 같다. ① 가진 자원이 별로 없고, ② 사람들의 이동이 적은 집단 내 사람들은 아주 가까운 친구나 동료에게 대부분의 시간과 노력을 집중할수록 삶에 대한 만족감이 높을 뿐만 아니라 맡은 일도 잘해내는 경향이 관찰되었다. 그 이유는 다음과 같이 설명된다. 자원이 적고 사람들의 내부 이동성도 떨어지는 조직 내 구성원들은 스스로 자신들의 결속력을 최대한 강화시켜 '지킬 수 있는 것들을 최대한 제대로 지키는 것'에 초점을 맞추는 것이 중요하기 때문이다. 이를 통해 불필요한 낭비와 손실을 최소화하여 경쟁 관계에 있는 다른 집단에 대해서도 상대적으로 유리한 위치를 지닐 수 있게 된다. 즉, 환경과 욕구 그리고 인적 네트워크 간에 이해관계가 서로 맞아떨어진 것이다. 예를 들어, 사업 확장성이 떨어지기 때문에 취할 수 있는 결과가 제한적인 분야나 시장에서는 기업이 내부적으로 최대한 단결하여 일해야만 생존율이 높아지는 것이 상식이다. 이런 현상은 기업이나 조직의 규모가 작을수록 강하게 나타난다.

반면, 어떤 사회, 지역 혹은 집단 내에서 ① 자원이 비교적 넉넉하고, ② 사람들의 이동성도 높은 상황이라면 이야기는 정반대가 된다. 이러한 조직과 상황에 있는 사람들은 지극히 친밀하고 밀접한 인간관계에만 몰입하는 경향이 현저히 떨어진다. 주위에 있는 극히 소수의 가까운 사람들에게 할애하는 시간과 노력을 상대적으로 먼 거리에 있기 때문에 느슨한 관계에 있는 사람들에게도 배분할 필요가 점점 더 커진다. 실제로 그렇게 해야만 더 행복하고 만족도가 높은 생활을 하며 일도 잘하는 결과가 대부분의 집단에서 관찰된다. 여기에도 분명한 원인이 당연히 존재한다. 이동성이 높은 조직 내에서는 혈연관계에 준하는 매우 친밀한 관계를 만드는 것이 쉽지 않을 뿐더러 그런 관계를 가졌다 한들 이미 형성된 높은 이동성으로 인해 와해되거나 멀어지기 십상이다. 게다가 이런 일이 일어날 때마다 감내해야 하는 상실감과 손실은 매우 크고 빈번하다.

그렇다면 코로나 팬데믹은 앞서 열거한 두 형태의 집단에 어떤 영향을 미칠까? 아마도 둘 모두를 강화할 가능성이 크다. 밀접한 소수의 관계 형성을 위한 전제 조건인 적은 자원과 이동성은 코로나 이전보다 소득이 줄어든 대부분의 가정이 해당할 가능성이 크다. 그리고 느슨하면서 다수의 관계 형성에 적합한 많은 자원과 이동성을 지닌 조직은 언택트와 비대면 그리고 재택근무가 강화되는 기업 조직으로 봐야 한다. 그렇다면 포스트 코로나 시대에는 가족 구성원 간의 친밀함은 이전보다 더 강화하면서도 대규모 조직 내에서 비대면성과 원거리 연결성은 더욱 증폭시키는 매우 상반된 형태의 길을 동시에 걸을 가능성이 크다. 물리적으로 위축된 이동성은 가족에 좀 더 초점을 맞추게 하고, 증강된 네트워크상의 이동성은 보다 확장된 연결성을 직무에 부여할 가능성이 매우 높기 때문이다. 다시 말하자면, 가족 같은 기업과 회사 같은 가정이라는 일종의 모호한 형태들은 앞으로 급격히 줄어들 가능성이 크다. 게다가 각각으로부터 얻는 삶의 질과 행복감이 만들어지는 과정 역시 전혀 다른 양상을 띨 것이다. 이를 위해서 우리는 어떤 노력을 해야 할까? 첫째, 레저와 문화적 체험을 더욱더 가족 단위로 향유할 수 있도록 해주는 사회적 배려와 구성이 필요하다. 반면, 직장에서는 자율성을 보다 더 확보하고 권위주의적 지시 구조를 대폭 개선하는 것이 생존의 필수 요소가 될 것이다.


## 나가며

이상의 내용을 요약해 보자. 첫째, 국가와 사회는 불안과 분노 같은 개별 구성원들이 다양한 형태의 단위로 표출하는 감정에 보다 정확하고 적절하게 대응해야 한다. 그래야만 공존과 협동이 가능한 사회의 유지, 더 나아가 지향이 가능해지기 때문이다. 둘째, 행복의 척도는 앞으로 많은 수의 대중이 사회적으로 공유하는 소수의 단일화된 잣대로부터 가파르게 벗어날 것이다. 그리고 각 구성원 개인의 고유한 가치와 선호도에 개별적으로 부합하는 훨씬 더 다양한 대상들로 다변화될 것이다. 셋째, 제한된 자원과 줄어든 이동성으로 인해 무엇보다도 중요해진 '적정한 삶'은 문화적 체험을 중요시하는 사회적 분위기 조성의 당위성을 높일 것으로 보인다. 넷째, 위축된 물리적 이동성과 확장된 온라인 연결성은 가족과 직장을 보다 더 본질적 기능에 부합하도록 만들 것이다.

그렇다면 여기서 진지하게 해볼 고민이 하나 있다. 앞에 열거한 많은 내용들은 코로나 이전에 전혀 없었던 욕구이거나 결코 형성되지 않았던 방향성들일까? 결코 아니다. 그보다는, 오래전부터 개인과 사회가 지속적으로 누적시켜 왔으면서도 표면적으로 강하게 드러내지 않았던 욕구들이다. 보다 가시적이면서도 적극적으로 표출되는 가속화의 관점으로 이를 바라보아야만 포스트 코로나 시대를 보다 더 지혜롭게 대비할 수 있을 것이다.

**참고문헌**

최재천 외. 2020. 『코로나 사피엔스: 문명의 대전환, 대한민국 대표 석학 6인이 신인류의 미래를 말한다』. 서울: 인플루엔셜.

Baas, M., M. Roskes, S. Koch, Y. Cheng and C.K.W. De Dreu. 2019. "Why Social Threat Motivates Malevolent Creativity." *Personality and Social Psychology Bulletin*, 45(11), pp.1590~1602.

Beecher, H.K. 1972. "The Placebo Effect as a Non-specific Force Surrounding Disease and the Treatment of Disease." in R. Janzen, W.D. Keidel, A. Herz, C. Steichele, J.P. Payne and R.A.P. Burt (eds.). *Pain: Basic Principles, Pharmacology, Therapy*. Stuttgart, West Germany: George Thieme.

Oishi, S. and S. Kesebir. 2012. "Optimal Social-networking Strategy Is a Function of Socio-economic Conditions." *Psychological Science*, 23(12), pp.1542~1548.

Xianchi, D., M.C. Brendl and D. Ariely. 2010. "Wanting, Liking, and Preference Construction." *Emotion*, 10(3), pp.324~334.

## 모든 진정한 배움의 끝은 변화이다

Change is the end result of all true learning

— 레오 버스카글리아 Leo Buscaglia —

미국 작가 레오 버스카글리아의 명언은 코로나19 이후 교육 변화의 흐름에 힘을 실어준다. 우리는 상당히 오랫동안 교실에서 교사와 학생이 모여 진행되는 수업 형태를 당연하게 여겨왔다. 정보통신 기술의 발전에 따라 온라인 교육 플랫폼이 등장하고 사교육 부문에서 인터넷 강의가 유행하기도 했지만, 대다수는 여전히 대면 수업 방식을 유지했다. 특히 공교육 부문에서는 이 전통적인 교육 방식이 절대 변화되지 않을 것처럼 보였다.

그러나 코로나19는 교육체계에 전례 없는 변화를 일으켰고, 사상 최초의 온라인 개학·원격 플랫폼 운영이 진행되었다. 제4부에서는 '진정한 배움의 끝은 변화'라는 말을 되새기며, 코로나19에 대응하는 온라인 개학과 같은 교육의 변화 양상을 논의하고, 포스트 코로나 시대의 교육의 방향을 전망한다.

제13장을 쓴 류태호 미국 버지니아대학교 교육공학 교수는 미래교육학자로, 『4차 산업혁명, 교육이 희망이다』를 저술한 바 있다. 13장에서는 4차 산업혁명 시대 및 포스트 코로나 시대의 교육 혁신 방향의 동일성을 제시하고, 학생·역량 중심 교육으로의 전환을 제시한다.

제14장을 쓴 김범수 서울대학교 자유전공학부 교수는 서울대학교 자유전공학부 캠퍼스아시아 사업단장, 통일평화연구원 부원장, 기초교육위원회 위원 등을 겸임하고 있으며, 서울대학교 자유전공학부 부학부장, 교육부 대학구조개혁 컨설팅 위원 등을 역임했다. 14장에서 김범수 교수는 코로나19 사태 전후 대학의 원격수업 현황을 논하고, 앞으로의 전망과 원격수업 시대 대학의 경쟁력 강화 방안을 제시한다.

제15장의 임철일 서울대학교 교육학과 교수는 서울대학교 미래교육혁신센터 소장과 교육행정연수원 원장을 맡고 있으며, 교수학습개발센터 소장, 한국교육공학회장, 한국기업교육학회장, 대학교육개발센터 협의회 회장을 역임했다. 15장에서 그는 비대면 교육의 현황을 설명하고, 블렌디드(blended) 학습의 확대, 피드백 시스템 개발, 맞춤형 조언 체제 도입의 필요성을 강조한다.

제16장을 쓴 배상훈 성균관대학교 교육학과 교수 겸 학생성공센터 센터장은 교육부 과장, 대통령실 교육비서관실 행정관을 역임했다. 그는 16장에서 대학과 관련된 교육정책 형성 및 시행에 참여했던 경험을 바탕으로 향후 대학 교육의 미래를 전망·분석한다. 비대면 시대의 대학 혁신을 공간·시간·학습·평가의 혁명으로 분류하여 논하고, 공유 대학을 제시한다. 끝으로 대학 혁신을 위한 정부의 대학 규제 개선이 필요함을 주장하면서 대학 간 교육과정 공유 등의 방안을 제시한다.

# 제13장

# 4차 산업혁명과
# 포스트 코로나 시대의 교육 혁신

### 학생 중심·역량 중심 교육으로의 전환

**류태호** | 버지니아대학교 교육공학 교수

코로나19는 교육 분야에도 막대한 영향을 미쳤다. 유네스코UNESCO(유엔 교육과학문화기구)가 발표한 바에 따르면, 2020년 4월 4일 기준 전 세계 194개국에서 무려 15억 명이 넘는 학생들이 휴교령으로 교육을 받지 못했다. 이는 유아원부터 유치원, 초중고 및 대학과 대학원을 포함한 전 세계 교육기관에 등록된 학생 중 91%가 넘는 학생이 코로나19로 인해 몇 달 동안 학교 수업을 못 받았다는 말이다(UNESCO, 2020).

세계보건기구WHO가 '감염병의 세계적 유행'이라는 뜻의 팬데믹pandemic을 선포한 코로나19로부터 교육의 피해를 최소화하기 위해 각국은 그동안 터부시해 온 온라인 수업의 빗장을 활짝 열어 가까스로 2020년 봄학기를 마쳤다. 하지만 안도의 한숨을 채 내쉬기도 전에 온라인 수업의 질 문제나 등록금 환불 등 또 다른 문제들이 여기저기서 터져 나왔다. 온라인 학습 환경에 최적화한 학생 중심의 온라인 교육을 제공하지 않고 기존 면대면 수업을 그대로 실시간 화상강의 프로그램을 통해 전달하는 원격강의remote instruction를 진행했기 때문이다(McKenzie, Lederman and Burke, 2020).

코로나19는 종식되지 않고 매년 유행하는 독감과 같이 앞으로 우리 삶과 함께할 것이라는 전망이 나오면서 온라인 교육의 확대는 코로나19 팬데믹 이후 교육 분야의 뉴노멀new normal[1]로 자리 잡고 있다. 하지만 종이책을 단순히 PDFportable document format 형식으로 디지털화하는 정도의 원격 강의의 확대는 교육에 더 큰 위기를 가져올 것이다.

지난 2016년 1월, 4차 산업혁명 시대의 도래를 선포한 다보스 포럼이 보고서 「일자리의 미래The Future of Jobs」를 통해 새로운 시대에 요구되는 10대 역량(복합문제 해결 능력, 비판적 사고 능력, 창의력, 인적자원 관리 능력, 협업 능력, 감성 능력, 판단 및 의사결정 능력, 서비스 지향성, 협상 능력, 인지적 유연력)을 발표하면서 학생 중심·역량 중심 교육의 중요성이 강조된 지 4년 만에 코로나19는 우리에게 교육 혁신을 위한 발걸음을 한 번 더 재촉하는 계기를 마련해 주었다(WEF, 2016).

학교에 가서 책상에 앉아 선생님의 수업을 듣는 것에 익숙한 우리에게 학생들이 집에서 온라인으로 수업을 듣는 모습은 교육에 있어서 가장 중점을 두어야 하는 것이 무엇인지 다시 한번 숙고해 보는 시간을 갖게 했다. 또한 온라인으로 진행되는 수업임에도 불구하고 정해진 시간표에 맞춰 정해진 시간에 정해진 수업의 동영상 강의를 수강하게 하는 모습을 지켜보면서, 지금까지 우리의 교육 속에 교사 중심·지식 전달 위주의 수업 방식이 얼마나 뿌리 깊게 자리 잡고 있는지를 깨닫게 되었다.

그런데 여기서 주목할 점은 4차 산업혁명과 포스트 코로나 시대가 가리키는 교육 혁신의 방향이 일치한다는 것이다. 4차 산업혁명 시대를 주도할

---

1  과거에는 비정상적이던 일이나 현상이 점차 정상이 되어가는 것을 뜻한다.

새로운 인재 양성을 위해서도, 포스트 코로나 시대에 교육의 본질을 되찾고 양질의 교육을 지속적으로 제공하기 위해서도, 학생을 학습의 주체로 되돌리고 학습 내용에 대한 개별 학생들의 이해도와 숙달을 향상시키며 핵심역량을 개발하기 위한 학생 중심·역량 중심 교육으로의 전환이 필요하다는 것이다.


## 학생 중심 교육으로의 전환

학생 중심 교육이란, 학생을 통제나 평가의 대상이 아니라 능동적이고 자기주도적인 학습의 주체로 보고 모든 교육과정이나 평가를 교사나 제도적 편의가 아닌 학생의 학습에 중점을 두고 운영하는 교육법이다. 그런데 너무도 당연한 말로 들리는 학생 중심 교육은 근대 공교육이 시작된 이후 150년이 넘게 교사 중심, 지식 전달의 주입식, 암기식 교육에 가려 있었다. 이런 문제를 바로잡고자 미국, 핀란드, 호주, 캐나다 등 교육 선진국에서는 코로나19 팬데믹 이전에 이미 학생 중심 교육으로의 전환을 진행했다.

핀란드의 경우, 현상 기반 학습phenomenon-based learning을 통해 학생 중심 교육을 시행하고 있다. 핀란드 국가교육위원회Finnish National Agency for Education가 2016년에 발표한 자료에 따르면, 핀란드의 현상 기반 학습은 하나의 현상을 주제로 각 개별 수업을 연계해 진행된다(Finish National Agency for Education, 2016). 예를 들어 기후가 주제인 경우, 과학 시간에는 기후의 종류와 발생 원인 등에 대해 배우고 사회 시간에는 기후가 우리 삶에 미치는 영향에 대한 토론을 진행하며 세계지리 시간에는 각 지역별 기후의 차이에 대해 배우고 음악과 미술 시간에는 기후가 음악과 미술에 미친 영향

**표 13-1** 미국 역량 중심 교육의 여섯 가지 기본 원칙

| |
|---|
| 1. 한 명의 교사가 교실 내 모든 학생들에게 똑같은 내용을 전달하는 기존 수업 방식은 지양하고 개별 학생들의 학습 동기나 목표에 따라 개인 맞춤형 학습을 지원한다. |
| 2. 정해진 수업 시간을 채우면 다음 학년으로 진학하는 시간 중심의 카네기 학점 방식이 아니라 학생들이 수업 내용을 이해하고 숙달한 정도를 증명함으로써 상급 학년 수업을 듣게 된다. |
| 3. 학생은 평가의 대상이 아니라 학습의 주체이기 때문에 학생 스스로 수업을 설계하고 학습 방법을 정하고 평가까지 진행할 수 있게 지원한다. |
| 4. 결과가 아닌 과정 위주의 평가를 한다. |
| 5. 교사는 설명하고 학생들은 그 내용을 받아 적고 시험을 통해 친구들과 등수를 경쟁하는 것이 아니라, 학생들끼리 협업 학습을 진행하고 학습한 내용을 친구들에게 설명하며 프로젝트를 중심으로 학습한다. (특히, 프로젝트 중심 학습 방식은 기본 원리에 대한 이해와 함께 실생활에 적용함으로써 단순히 암기 위주의 학습에서 벗어날 수 있게 지원한다.) |
| 6. 교육용 빅데이터를 활용한 개인 학생별 학습 현황 파악 및 분석을 통해 개별 학생들에게 어떤 지원이 요구되는지 결정하는 근거를 제공한다. |

자료: 류태호(2019).

에 대해 배워 학생들이 기후라는 현상과 개념을 종합적으로 바라보고 이해할 수 있도록 한다. 또한 핀란드에서의 수업은 교사가 아닌 학생들이 주도적으로 자신의 의견을 정리하고 발표하면서 진행되며 평가는 학생들의 이해를 돕기 위한 수단으로만 활용된다.

한편 미국의 경우에는 2015년에 오바마 행정부가 '모든 학생의 성공을 위한 교육법Every Student Succeeds Act: ESSA'을 제정해 각 주state나 교육구가 자율권을 갖고 학생을 위해 적합한 교육 방식을 채택해 운영할 수 있는 기틀을 마련한 이후, 와이오밍주를 제외한 49개 주가 역량 중심 교육을 통해 학생 중심 교육을 실시하고 있거나 준비 중이다(류태호, 2018). 미국에서의 역량 중심 교육은 여섯 가지 기본 원칙을 따르는데 그 내용은 〈표 13-1〉과 같다.

미국에서 가장 먼저 역량 중심 교육을 도입한 뉴햄프셔주 수업에서의 사례를 보면, 1년 단위로 학년을 구성하는 기존 학교 시스템과 달리 유치원부터 2학년(K-2)까지를 'primary tier', 3~5학년은 'intermediate tier', 6~8학년은 'middle tier', 9~12학년은 'high tier'로 구분한다. 즉, 1년간 30~40여 개의 학습목표를 달성하도록 커리큘럼을 구성하는 것이 아니라 3년 또는 4년간 10개 미만의 학습목표를 달성하도록 커리큘럼을 구성해 학생들이 충분한 시간을 갖고 학습목표를 성취할 수 있도록 한다.

예를 들어 수학 수업의 경우, 수학 교사, 수학 코치, 데이터 코치가 함께 수업을 진행하는데, 수학 교사가 기본 개념을 설명하고 나면 수학 코치는 개별 학생마다 이해하지 못하는 부분에 대해 이해할 수 있도록 코칭하는 역할을 수행한다. 데이터 코치는 학습 분석 시스템을 통해 개별 학생의 학습 현황을 파악해 수학 교사와 코치가 학생별로 적합한 학습을 진행하도록 지원할 수 있는 기준을 제공한다. 또한 수강 일수만 채우면 수업 내용에 대한 이해 정도와 상관없이 다음 학년으로 진급이 가능한 시간 중심의 카네기 학점 방식이 아니라, 수업 내용을 다 이해한 후에 진급하는 역량 중심 교육competency-based education의 증거 기반 학습evidence based learning 방식을 채택해 각 수업에 대한 학생들의 충분한 이해와 숙달을 지원하고 있다.

## 역량 중심 교육으로의 전환

역량이란 말은 4차 산업혁명 시대에 맞는 인재를 양성하기 위해 개인 핵심역량core competencies이 주목받으면서 그 중요성이 강조되고 있다. 평생직장의 시대에서 평생학습의 시대로 패러다임이 변하면서, 직업 분야를 옮길 때마다 새롭게 학습해야 하는 기술이나 지식보다 여러 분야에 적용이 가능adaptable하고 전환이 가능transferable한 핵심역량에 대한 관심이 증가하는 추세이다.

사실 역량competency과 능력competence은 모두 '역할을 부여하다'라는 뜻의 라틴어인 'competentia'에 어원을 두고 있어 자주 교차해서 사용되는 경향이 있다. 하지만 역량과 능력은 그 뜻이 명확히 다르기 때문에 구분 지어 사용해야 한다. 역량은 어떤 일이나 행동을 하는 것에 대한 자신감이나 잠재 능력을 의미하는 반면에, 능력은 무언가를 실제로 수행할 수 있는 숙련도나 능숙함을 의미한다(Yu and Richardson, 2015). 즉, 역량은 창의력, 의사소통 능력, 협업 능력, 비판적 사고력, 복합문제 해결 능력, 회복탄력성 등의 핵심역량을 말하고, 능력은 특정 업무를 수행하기 위한 기술과 지식 등을 포함한 직무 능력을 말한다.

따라서 역량 중심 교육은 세 가지로 분화되어 진행되고 있다. 첫째, 직무 능력에 대한 숙달과 숙련도를 향상시키기 위해 학습한 기술이나 지식에 대한 숙달을 증명해야만 다음 단계로 넘어가는 방식이다. 이는 수업 일수만 채우면 A, B, C, D 중 어떤 성적을 받더라도 한 과정을 마치게 하는 것이 아니라, 개별 학생에 따라 기술이나 지식에 대한 숙달이나 숙련도를 증가시키기 위한 맞춤형 학습을 제공한다.

둘째, 일반 수업을 진행하면서 학습목표와 학습 방법, 평가 방식 등 세 가지를 변화시켜 핵심역량도 함께 개발하는 방식이다. 예를 들어 물리학 수업에서 학습목표가 '물리학의 기본 원리를 이해한다'일 경우에, 교수자는 물리학의 기본 원리에 대해 지식 전달 위주의 강의식 수업을 진행하고 암기 위주의 평가를 진행하게 된다. 하지만 학습목표를 '물리학의 기본 원리를 이해하고 그룹 활동을 통해 실생활 문제를 분석하고 해결책을 제시한다'라고 변경해 보자. 교수자가 물리학의 기본 원리에 대해 설명하는 부분은 전체 학습 시간에서 작은 부분을 차지하게 되며, 그룹별로 실생활 문제의 원인을 분석하고 여러 물리학의 기본 원리 중 문제 해결을 위한 원리를 찾아 해결책을 제시하는 과정에 비중을 크게 두게 된다. 따라서 이 경우에는 수업의 속성과 핵심역량의 속성을 연결하는 맵핑mapping이라는 작업을 통해 물리학 수업을 수강하는 동안 복합문제 해결 능력, 분석 능력, 의사소통 능력, 협업 능력, 창의력 등 다양한 핵심역량을 개발할 수 있는 기회를 갖게 된다.

셋째, 창의, 의사소통, 협업, 비판적 사고 등의 핵심역량 개발에 집중하는 방식이다. 예를 들어 미네르바스쿨의 경우, 4년간의 대학 과정을 통해 기술이나 지식을 습득하는 것만이 목표가 아니라, 학생들이 졸업 시까지 ① 비판적으로 생각하기thinking critically, ② 창의적으로 생각하기thinking creatively, ③ 효과적으로 의사소통하기communicating effectively, ④ 효과적으로 상호작용하기interacting effectively 등 네 가지 핵심역량을 키우는 것을 목표로 하고 있다.


## 4차 산업혁명과 포스트 코로나 시대의 교육 혁신


4차 산업혁명에 이어 코로나19 팬데믹 상황이 발생하면서 각국의 교육 관련 연구기관들이 4차 산업혁명과 포스트 코로나 시대를 대비하기 위한 미래 교육 주요 키워드들을 앞다투어 발표했는데, 이를 종합해 보면 〈표 13-2〉와 같다. 그런데 우리가 앞으로 교육 혁신을 추진해 나가면서 가장 중요시해야 할 점은, 〈표 13-2〉에 명시된 아홉 가지 미래 교육 주요 키워드

**표 13-2** 4차 산업혁명과 포스트 코로나 시대의 미래 교육 주요 키워드

| 개인 맞춤형 학습<br>(personalized learning) | 역량 중심 교육<br>(competency-based education) | 학습 분석<br>(learning analytics) |
|---|---|---|
| 사회적 학습<br>(social learning) | 마이크로 러닝<br>(micro learning) | AR/VR/MR를 활용한<br>학습 |
| 게이미피케이션<br>(gamification) | 모바일 학습<br>(mobile learning) | 무크<br>(MOOC) |

자료: 저자 작성.

의 근간이 바로 학생 중심 교육이라는 것이다. 학생을 학습의 중심에 두지 않고 단순히 에듀테크 기술의 발달과 활용에만 치중한다면 결국 주입식 교육과 암기식 평가의 악순환은 계속될 것이다.

위기와 기회는 동전의 양면과도 같이 항상 우리에게 함께 다가온다. 동전을 손에 쥔 사람만이 동전의 앞면과 뒷면을 결정할 수 있듯이, 결국 4차 산업혁명 시대와 코로나19의 위기를 교육 혁신의 기회로 만드는 건 바로 우리 손에 달렸다. 그래도 다행인 것은 한국 교육개혁에 있어 여러 기회 요소가 있다는 것이다. 우선 우수한 교사진이다. 실력뿐만 아니라 교육에 대한 뜨거운 열정을 갖춘 교사들은 교육개혁의 성공을 위한 가장 중요한 열쇠가 될 것이다.

다음으로는 학부모들의 우수한 교육 수준을 들 수 있다. 특히 현재 초중고 자녀를 둔 학부모들은 아날로그와 디지털 시대 양쪽 모두의 경험과 기억을 간직한 세대로서, 아날로그 세대인 교사와 디지털 세대인 Z세대 학생들이 함께 발걸음을 맞춰갈 수 있도록 조정자 역할을 톡톡히 할 수 있을 것으로 기대된다.

또 하나의 기회 요소는 '2015 개정 교육안'을 통해 학생 중심·역량 중심

교육으로의 전환을 위한 밑그림을 그려왔다는 것이다. 우리가 지금 어떤 물감으로 어떤 색을 입히는지에 따라 우리 교육의 미래가 달라질 것이기에, 학생, 교사, 학부모, 교육정책 관계자 모두 머리를 맞대고 활발히 의견을 공유하며 그림을 완성해 간다면 한국은 코로나19 팬데믹 이후 4차 산업혁명 시대를 주도할 것이다.

**참고문헌**

류태호. 2018. 『성적 없는 성적표: '교육 혁명'의 새로운 주역, '역량 평가'란 무엇인가』. 서울: 경희대학교 출판문화원.

_____. 2019. 「미국 역량중심 교육정책 분석과 국내 역량중심교육에 대한 시사점」. ≪교육공학연구≫, 35권 2호, 289~311쪽.

Finnish National Agency for Education. 2016. "New National Core Curriculum for Basic Education: Focus on School Culture and Integrative Approach." https://www.oph.fi/en/statistics-and-publications/publications/new-national-core-curriculum-basic-education-focus-school (검색일: 2020.6.20).

McKenzie, L., D. Lederman and L. Burke. 2020. "Taking Colleges Online: How Smart Institutions and Their Leaders Can Approach Online Education Now and in a Postcoronavirus World." Inside Higher Ed Special Report.

UNESCO [United Nations Educational, Scientific and Cultural Organization]. 2020. "COVID-19 Educational Disruption and Response." https://en.unesco.org/covid19/educationresponse (검색일: 2020.6.25).

WEF [World Economic Forum]. 2016. "The Future of Jobs: Employment, Skills and Workforce Strategy for the Fourth Industrial Revolution." http://www3.weforum.org/docs/WEF_Future_of_Jobs.pdf (검색일: 2020.6.27).

Yu, T. and J.C. Richardson. 2015. "An Exploratory Factor Analysis and Reliability Analysis of the Student Online Learning Readiness (SOLR) Instrument." *Online Learning*, 19(5), pp.120~141.

제14장

# 원격수업 시대,
# 대학의 새로운 미래를 준비하자*

**김범수** | 서울대학교 자유전공학부 교수

## 갑작스럽게 다가온 미래

불과 1년 전만 해도 상상할 수 없었던 일반대학의 원격수업이 코로나 사태를 계기로 지난 2020년 3월 16일 개학과 함께 전국 대학에서 일제히 실시되었다. 개학 당시만 하더라도 조만간 오프라인 수업으로 전환될 수 있으리라는 기대도 있었지만 4~5월 들어서도 코로나19 확진자가 계속 발생하고, 특히 5월 초 이태원발 감염을 시작으로 소규모 집단감염이 계속 이어지자 거의 모든 대학들이 시험과 실험·실습·실기 수업을 제외한 대부분의 수업을 1학기 내내 원격수업으로 진행하는 것으로 방침을 정했다. 더 나아가 상당수 대학들이 코로나 사태의 장기화를 예상하고 2학기 수업도

---

\* 이 글은 ≪과학과기술≫ 통권 612호(2020.5)에 실린 필자의 「원격수업 시대, 대학의 새로운 미래를 준비하자」를 수정·보완한 것이다.

대부분 원격수업으로 진행했다. 이처럼 코로나 사태로 인해 먼 미래의 일로만 여겨졌던 원격수업이 갑작스럽게 우리 곁으로 다가와 현실이 되었다.

앞으로 코로나 사태가 안정되면 대부분의 학교 수업이 오프라인에서 이루어지겠지만 그렇다고 원격수업이 완전히 사라질 것 같지는 않다. 오히려 대학을 중심으로 원격수업의 확대는 불가피해 보인다. 이 장에서는 앞으로 포스트 코로나 이후 다가올 원격수업 시대를 대비하여 대학이 무엇을 준비해야 할지 살펴보고자 한다.

## 코로나 사태 이전 대학의 원격수업

원격수업이란 교수-학습 활동이 서로 다른 시간 또는 공간에서 이루어지는 수업으로, 시간을 기준으로 교수와 학습이 동시에 이루어지는 동시적 원격수업과 다른 시간에 이루어지는 비동시적 원격수업으로 구분된다. 최근 대학에서 많이 이루어지고 있는 줌Zoom을 활용한 실시간 화상강의는 전자의 예이며 무크Massive Open Online Course: MOOC와 같은 대중 공개 온라인 강좌 또는 녹화된 동영상 강의를 활용한 온라인 강의는 후자의 좋은 예이다.

교육부는 2018년 12월 방송통신대학, 사이버대학과 같은 원격대학이 아닌 일반대학에서 방송·통신 등을 활용해 이루어지는 원격수업의 품질 관리를 위해 '일반대학의 원격수업 운영 기준'을 발표했다. 이 기준에 따르면 원격수업 교과목이란 부분적으로 수업이 대면으로 진행된다 하더라도 중간·기말 고사 등 평가 활동을 제외한 교수-학습 활동의 70% 이상이 원격수업의 형태로 이루어지는 교과목으로, 교육부는 일반대학에서 개설 가능한 원격수업 교과목 수를 전공·교양 교과목을 별도로 구분하여 개설 총

교과목 학점 수의 20%를 초과하지 않는 범위 내에서 각 대학이 학칙으로 정할 수 있도록 허용했다(교육부, 2018).

교육부의 이러한 지침에도 불구하고 코로나 사태 이전 국내 대학의 원격수업 개설은 미미한 수준에 머물러 있었다. 실제 한국대학교육협의회 조사 결과에 따르면, 전국 213개 일반대학의 2019학년도 기준 온라인 강의 비중은 0.92%에 불과했다. 또한 중국인 유학생 1000명 이상인 17개 대학을 조사한 결과를 살펴보면, 2019학년도 기준 원격수업 교과목 개설 비율이 2%를 넘긴 대학은 건국대(4.66%), 성균관대(2.23%), 홍익대(2.01%) 등 3개 대학에 불과했다(신하영, 2020.3.10). 대부분의 대학이 '군 휴학 중 원격수업 학점 이수' 제도 운영 등을 위해 극소수 교과목만을 원격수업 교과목으로 개설하고 있었다.

뿐만 아니라 미국과 유럽 등을 중심으로 크게 활성화되고 있는 무크 강좌를 활용한 비동시적 원격수업, 온라인 수업과 오프라인 수업을 병행하는 '거꾸로 학습flipped learning'[1] 수업도 국내 대학에서는 거의 이루어지지 못하고 있었다. 실제로 2015년 한국형 무크로 시작한 K-무크의 경우, 2020년 11월 현재 약 900여 강좌가 등록되어 있고 이 가운데 42개 강좌가 학점은행 강좌로 지정되어 있으나 대학에서 학점 이수를 위해 활용되는 강좌는 극소수에 불과한 실정이다.

반면 외국의 경우 무크를 중심으로 한 온라인 교육 시장이 최근 급격히 성장하고 있다. 클래스센트럴Class Central에서 발간하는 「무크 리포트MOOC Report」에 따르면, 무크 강의는 2012년 코세라Coursera, 유다시티Udacity, 이

---

1  '거꾸로 학습'이란 학생들이 집에서 개별적으로 미리 준비된 온라인 강의를 듣고 스스로 학습을 진행한 후 오프라인 교실에 모여 동료들과 토론 등의 활동 수업을 병행하는 학습 방식으로 최근 기존 교육 패러다임을 바꿀 새로운 모델로 전 세계에서 주목받고 있다.

**표 14-1** 2019년 무크 현황

| 플랫폼 | 학생 수 (명) | 강좌 수 (개) | 학점 수 (점) | 학위 수 (개) |
|---|---|---|---|---|
| 코세라(Coursera) | 4500만 | 3800 | 420 | 16 |
| 이디엑스(edX) | 2400만 | 2640 | 292 | 10 |
| 유다시티(Udacity) | 1150만 | 200 | 40 | 1 |
| 퓨처런(FutureLearn) | 1000만 | 880 | 49 | 23 |
| 스웨이암(Swayam) | 1000만 | 1000 | 0 | 0 |

자료: Shah(2019.12.2)를 토대로 저자 작성.

디엑스edX 등의 출범과 함께 본격 시작된 이후 2015년 4200개가 넘는 강의가 개설되었고 등록 학생 수는 3500만 명에 달했다. 또한 2019년의 경우 약 1만 3500개의 강의가 개설되었고 등록 학생 수는 통계 자료가 불확실한 중국을 제외하고도 전 세계에서 1억 1000만 명에 달하고 있다(Shah, 2019.12.2). 사실상 모든 전공의 대학 강의가 온라인에서 무료로 제공되고 있는 실정이다. 더 나아가 전적으로 무크를 활용한 정식 학위 과정 숫자도 2013년 조지아공과대학교Georgia Institute of Technology가 처음 도입한 이후 2017년 9개, 2018년 38개, 2019년 50개로 계속 증가하고 있다. 〈표 14-1〉은 2019년 기준 무크를 제공하는 상위 5개 플랫폼의 학생 수와 강좌 수, 학점과 학위 수 등을 정리한 표이다.


## 코로나 사태 이후 대학의 원격수업

외국에 비해 미미한 수준에 머물러 있던 국내 대학의 원격수업은 이번 코로나 사태를 계기로 앞으로 크게 확대될 것으로 예상된다. 무엇보다 이번 사태를 겪으며 인프라와 조직 등을 정비한 대학의 입장에서 볼 때 원격수업 확대는 비용 절감 측면에서 유용한 수단이 될 수 있다. 잘 알려진 바와 같이 현재 한국 대학의 상당수는 2009년부터 시작된 정부의 '반값 등록금' 정책과 11년째 계속되어 온 등록금 동결 정책으로 많은 재정적 어려움에 직면해 있다. 이러한 상황에서 원격수업 확대는 인건비와 대학 운영 경비를 줄이는 데 매우 유용한 수단이 될 수 있다. 실제로 원격수업 확대는 강의실을 비롯한 교육 공간 수요를 획기적으로 줄일 수 있으며, 한 번 동영상으로 촬영한 강의의 반복 사용을 통해 인건비 등의 비용을 줄이는 데 기여할 수 있을 것으로 보인다. 또한 학생들의 수강 신청이 몰리는 일부 교양 과목과 기초과목의 경우 적정 수강생 수를 유지하기 위해 분반을 늘리기보다는 1명의 교수가 동영상으로 강의하고 튜터 또는 조교를 활용함으로써 인건비를 상당 정도 줄일 수 있을 것으로 보인다.

한편 학생들 입장에서도 일부 특정 과목에 국한된 상황이기는 하나 원격수업의 확대가 나쁜 것만은 아니다. 고등학교 때부터 소위 '1타 강사'의 인터넷 강의에 익숙한 학생들은 교육 내용이 정형화된 일부 기본 교과목의 경우 굳이 오프라인 수업을 통해 수강하기보다는 '1타 교수'의 동영상 강의를 편한 시간에 집중해서 듣는 것을 선호하고 있다. 또한 최근 줌을 활용한 실시간 온라인 강의에 대해서도 처음에는 준비 부족 등으로 불편하다는 반응이 많았지만 점차 시간이 지나며 어느 정도 적응이 되면서 온라인 강의 플랫폼에서 제공하는 기능을 잘 활용할 경우(실시간 설문조사 및 퀴즈, 동영상, 자료 공유 등), 오프라인 수업을 완전히 대체할 정도는 아니지만 관심과 집중력을 높이는 데 효과적인 교육 방식이 될 것 같다는 반응이 늘어나고 있다. 특히 집이 멀리 떨어져 있어 하루에 2~3시간 이상을 통학으로 허비하던 학생들은 원격수업을 통한 재택수업이 시간 관리와 편의성 측면에서 매우 유용하다고 주장하며 코로나 사태 종식 이후에도 원격수업의 지속적 개설을 요구하고 있다.

이처럼 고등교육의 공급자인 대학과 수요자인 학생의 이해가 맞아떨어지는 특정 분야 및 일부 교과목에서 앞으로 원격수업의 확대는 불가피해 보인다. 그리고 이러한 원격수업의 확대는 인구 절벽으로 인해 그렇지 않아도 대학 구조조정 압력에 직면한 한국 대학에 경쟁을 심화시키고 구조조정 압력을 증가시키는 요인으로 작용할 것으로 보인다. 상당수 수업이 온라인으로 이루어지고 재택수업이 가능한 상황에서 수도권과 지방 대학의 구분이 무의미해질 것이기 때문이다. 이제 앞으로 대학의 성패는 대학의 물리적 위치가 어디냐가 아니라 훌륭한 교육 콘텐츠를 교육 수요자인 학생들에게 얼마나 편하게 제공하느냐 여부에 따라 달라질 것으로 보인다. 마우스 클릭 몇 번만으로 세계 유수 대학 유명 교수의 강의를 집에서 편히 수강할 수 있고 더 나아가 학위마저 받을 수 있는 시대에 경쟁력을 갖추지 못한 대학은 점점 생존이 어려워질 수밖에 없다. 그렇다면 이처럼 원격수업이 확대되는 포스트 코로나 시대에 대학이 미래를 준비하기 위해서는 무엇을 할 것인가?


## 무엇을 할 것인가?

앞으로 다가올 원격수업 시대에 대학이 경쟁력을 유지하기 위해서는 무엇보다도 양질의 교육 콘텐츠를 교육 수요자인 학생들이 쉽게 사용할 수 있도록 사용자 친화적 서비스와 함께 온라인으로 제공하는 것이 중요하다. 이를 위해서는 우선 교육 콘텐츠 개발과 원격수업 인프라 확충을 위한 투자가 뒷받침되어야 한다. 실제로 지난 1년 동안 원격수업을 진행한 많은 대학에서 강의의 질이 떨어진다는 학생들의 불만과, 지원 인력이 부족하고 원격수업을 위한 환경이 조성되지 않아 학생들의 요구와 수준에 적합한 원격수업을 실시하지 못했다는 교수들의 불만이 지속적으로 제기되고 있다. 이러한 문제를 해결하기 위해 대학은 앞으로 원격수업에 대한 교수학습 방법과 정보를 공유하고 원격수업 콘텐츠 제작 지원 인력과 시설을 확충할 뿐만 아니라, 더 나아가 원격수업을 운영·관리하는 행정조직과 제도를 대대적으로 정비하는 등 다가올 원격수업 시대에 적극 대비해야 할 것으로 보인다(조인식, 2020).

그러나 더 중요한 것은 원격수업에 대한 교수들의 열린 자세와 전략적 마인드이다. 실제로 필자가 재직하고 있는 대학의 경우, 이번 코로나 사태로 원격수업이 전면 실시되기 이전까지만 하더라도 정규 교과목을 원격수업으로 운영하는 방안에 대한 교수들의 반응은 매우 부정적이었다. 2016년 '군 휴학 중 원격수업 학점 이수' 제도를 도입한 이후 실제 원격수업으로 운영된 교과목 수는 많아야 한 학기 두세 과목에 불과했다. 다행히 이번 코로나 사태를 계기로 교수들의 태도도 많이 변화하고 있는 것으로 보인다. 필자만 하더라도 처음에는 원격수업이 무척 낯설었지만 지난 1년 동안의 경험을 통해 나름 노하우도 생기고 학생들과 온라인으로 소통하는 방식에도 익숙해진 느낌이다. 앞으로 원격수업에 대한 교수들의 인식이 변화하는 가운데 대학은 원격수업을 어떻게 전략적으로 활용할 것인지, 그리고 오프라인 교육과 어떻게 연계시켜 시너지 효과를 창출할 것인지에 초점을 맞춰 미래 발전 전략을 수립해야 할 것으로 보인다.

이러한 점에서 애리조나주립대학, 조지아공과대학, 미네르바스쿨의 사례는 한국 대학에 많은 시사점을 준다. 우선 애리조나주립대학의 경우 2006년 온라인 수업만으로 학사 학위를 취득할 수 있는 프로그램을 처음 도입한 이래 프로그램을 계속 확대하여 현재는 사실상 거의 모든 학문 분야를 포괄하는 100여 개 이상의 전공에서 학사과정과 석사과정 온라인 정규 학위 프로그램을 운영하고 있다. 이들 프로그램의 1년 등록금은 전공과 과정, 애리조나주 주민 여부 등에 따라 다소 차이가 있으나 외국인의 경우 대략 연간 1만 5000달러로 오프라인 프로그램의 약 30~40% 수준이다. 2019년 가을학기 기준 전 세계에서 약 4만 5000여 명의 학생들이 애리조나주립대학 온라인 학위 과정 프로그램에 등록하고 있으며, 대학은 이들 프로그램 운영을 통해 매년 수억 달러, 우리 돈으로 매년 수천억 원의 추가 수입을 거두고 있다.

애리조나주립대학과 더불어 온라인 고등교육 분야에서 가장 혁신적인 대학으로 손꼽히는 조지아공과대학 또한 앞에서 잠시 언급한 바와 같이 2013년 온라인 무크 교과목 이수만으로 학위를 취득할 수 있는 정규 학위 프로그램을 처음 도입했고 현재 10개의 온라인 석사과정과 온라인·오프라인 혼합형인 3개의 하이브리드 석사과정 프로그램을 운영하고 있다. 이 가운데 가장 인기 있는 프로그램인 컴퓨터공학 온라인 석사과정Online Master of Science in Computer Science: OMSCS의 경우 2019년 가을학기 기준 약 30여 개 과목을 온라인으로 제공하고 있으며 전 세계 17개국에서 약 9000여 명의 학생이 등록하고 있다. 현재 원하는 사람은 누구나 무크를 통해 이 프로그램에서 제공하는 강의를 무료로 들을 수 있지만 학점 취득을 위해서는 1학점당 약 170달러를 지불해야 하며 더 나아가 정식 석사학위를 취득하려면 1인당 약 8000달러 정도의 비용을 등록금으로 납부해야 한다(Ledwon, 2020.5.31). 일반적으로 조지아공과대학 석사과정 학생들이 애틀랜타주 주민일 경우 약 1만 6000달러, 외국인일 경우 약 3만 5000달러의 등록금을 매년 납부해야 하는 것과 비추어 볼 때 상당히 저렴한 수준이지만 대학의 입장에서는 컴퓨터공학 온라인 석사과정 운영을 통해 매년 수천만 달러, 우리 돈으로 매년 수백억 원의 추가 수입을 거두고 있는 실정이다.

한편 2014년부터 신입생을 모집하기 시작한 미네르바스쿨은 모든 정규 수업을 온라인으로 진행하는 동시에 샌프란시스코, 런던, 베를린, 부에노스아이레스, 타이베이, 서울, 하이데라바드 등 세계 7개 도시에 위치한 기숙사 생활을 통해 동료들과의 교류, 문화 체험과 현장학습 등 오프라인에서만 가능한 교육을 함께 제공한다. 이처럼 온라인 강의와 오프라인 교육을 결합한 미네르바스쿨의 독특한 교육 시스템은 최근 전 세계적으로 기존 고등교육 패러다임을 대체할 새로운 모델로 각광받고 있다. 또한 학생들의 관심도 높아 2017년 입학 전형의 경우, 전 세계 약 170여 개 나라에서 약 2만여 명의 학생이 지원했고 이 가운데 382명만이 합격하여 합격률은 1.85%에 불과했다. 이러한 합격률은 하버드대학보다 더 낮은 것으로 개교한 지 채 10년이 안 된 미네르바스쿨이 전 세계 학생들로부터 많은 관심을 끌고 있음을 보여준다.

애리조나주립대학, 조지아공과대학, 미네르바스쿨의 사례는 코로나 이후 원격수업이 본격화될 때를 대비하여 국내 대학 또한 선제적 투자와 무크의 전략적 활용, 그리고 온라인과 오프라인 교육의 시너지 창출에 적극 나서야 함을 시사한다. 특히 인구 절벽으로 학생 숫자가 줄어드는 상황에서 재정적 어려움에 직면한 국내 대학들의 경우 무크를 활용하여 해외에서 새로운 교육 수요를 창출하고 이를 오프라인 교육과 연계하여 대학의 수익 사업으로 발전시키는 것이 무엇보다 중요하다. 실례로 학기 중에는 외국 현지에서 온라인으로 수업을 듣고 시설과 공간에 여유가 있는 방학 기간 중 한국에 와서 오프라인 수업을 병행하는 등의 방식으로 학위를 취득할 수 있도록 외국 학생들을 위한 맞춤형 프로그램을 마련하는 것이 필요하다. K-팝을 필두로 K-무비, K-드라마 등 K-컬처와 이번 코로나 사태를 거치며 'K-방역'에 대한 관심이 전 세계적으로 높아진 상황에서 우리 대학들이 원격수업을 전략적으로 잘 활용한다면 'K-교육'의 전 세계적 열풍 또한 기대해 볼 수 있으리라 생각한다. 방향은 이미 정해져 있다. 중요한 것은 누가 먼저 대학의 새로운 미래를 개척해 나아갈 것인가이다. 코로나 사태를 계기로 한국 대학에 새로운 혁신의 바람이 불기를 기대한다.

**참고문헌**

교육부. 2018. '고등교육법 시행령 제14조의2 관련 일반대학의 원격수업 운영 기준'.

신하영. 2020.3.10. "[원격강의 비생] 이 참에 풀자 … '온라인강의 20% 제한' 도마 위". ≪이데일리≫.

조인식. 2020. 「대학의 원격수업 관련 쟁점과 개선과제」. ≪NARS 현안분석≫, 147호, 1~14쪽.

Ledwon, H. 2020.5.31. "55 Legit Master's Degrees You Can Now Earn Completely Online." Class Central MOOC Report. https://www.classcentral.com/report/mooc-based-masters-degree (검색일: 2020.10.5).

Shah, D. 2019.12.2. "By the Numbers: MOOCs in 2019." Class Central MOOC Report. https://www.classcentral.com/report/mooc-stats-2019 (검색일: 2020.10.5).

제15장

# 포스트 코로나 시대, 학생들이 원하는 것

임철일 | 서울대학교 교육학과 교수

## 들어가며

4차 산업혁명을 대비하는 교육 담론을 단번에 갈아 치우는 세계사적 전환을 경험하고 있다. 코로나19 사태로 인하여 2020년 봄학기 동안 국내의 모든 대학이 하나의 예외도 없이 온라인 혹은 비대면 형태의 수업을 운영했다. 교수와 학생 모두 적지 않은 혼란과 어려움을 겪었지만 실시간 수업, 동영상 강의 수업 등을 통해 나름대로 학사 운영이 이루어졌다. 문제는 2020년 가을학기에도 여전히 온라인 방식의 교육이 대학에서 이루어지고 있다는 점이다. 따라서 현재의 문제뿐만 아니라 4차 산업혁명을 포함한 미래를 대비하는 교육 담론은 이제 포스트 코로나Post COVID-19를 고려하지 않을 수 없게 되었다. 담론의 핵심은 포스트 코로나 시대에 어떤 교육을 제공해야 하는가이다. 보다 구체적으로는 대학생들에게 어떤 역량을 어떻게 가르쳐야 하는가이다. 이를 위해서는 일단 코로나 대응 기간 동안 대학의 교수와 학생들이 직접 경험한 교육적 사태에 대한 성찰이 필요하다. 이 과정은 코로나 사태가 오기 전에 이미 시도된 교육적 혁신 노력들, 예컨대 무크Massive Open Online Courses: MOOC에 대한 비판적 이해와 연결하여 살펴볼 필요가 있다. 이를 토대로 포스트 코로나 시대의 학생들을 위해서 대학이 어떤 노력을 체계적으로 실행해야 하는가를 제시해 본다.

## 비대면 교육을 통해 무엇을 경험했는가?

코로나 사태가 교육에 던진 커다란 도전 과제는 기존의 지배적 교육 형태, 즉 정해진 시간과 공간에서 이루어지던 대면 교육 대신 온라인상의 비대면 교육을 최적의 형태로 실행하는 것이다. 이에 대한 국내 대학의 대응은 소수의 몇몇 대학을 제외하고는 대체로 성공적이었다고 볼 수 있다. 대학 정보화 사업의 일환으로 미국 MIT의 OCWOpen Course Ware의 영향을 받은 KOCW 및 무크의 국내 활성화 차원에서 진행된 K-무크 사업 등을 통하여 국내 많은 대학들이 이러닝 환경을 준비해 왔던 것이 주효했다고 볼 수 있다. 많은 대학에서는 동영상 강좌를 운영할 수 있는 학습관리체제learning management system가 실행되고 있었으며, 때마침 줌ZOOM과 같은 실시간 화상강의 지원 시스템을 자연스럽게 구입·통합하여 사용할 수 있었던 것도 유효했다. 이를 활용하며 초기에는 다소간 어려운 점도 있었지만, 단기간에 준비하여 실행한 비상 상황이었음을 고려할 때 나름대로 성공적으로 운영되었다고 볼 수 있다. 특히 실시간 화상강의 지원 시스템을 최단 기간에 대다수의 대학 교수들과 학생들이 총체적으로 경험하며, 혁신적이고 안정적인 원격교육 매체로서 그 가능성을 충분히 입증했다.

물론 이 과정에서 여러 가지 문제점도 나타났다. 무엇보다도 대면 형태의 실습이 필요한 의학, 공학, 예체능계 강좌의 경우 어려움이 있었다. 비대면 상황에서는 제대로 실습을 운영할 수 없기 때문에 결국 대면 형태의 수업을 제한된 조건에서 진행하는 것이 시도되었다. 또 다른 문제는 평가에서 나타났다. 평가의 공정성을 담보해야 한다는 기대가 있었기에 몇 가지 원칙을 적용해 온라인 평가를 진행했지만, 미흡한 준비 등으로 인해 부정행위가 나타나기도 했다. 결국 대면 형태로 시험을 진행한 경우도 적지 않았다. 마지막으로 학생들을 대상으로 이루어진 비대면 강좌 관련 설문조사(≪대학신문≫, 2020.6.1) 등에서 '상호작용의 부족'이 공통적으로 지적된 바 있다. 상호작용에 대한 기대는 대체로 학생들에게서 나온다. 기존 대면 수업에서 경험했던 기본적인 상호작용, 예컨대 수업 중에 이루어지는 질문과 답변 등이 비대면의 온라인 수업에서 구현되지 않은 것에 대해 불만을 제기한 것이다. 또 기존의 수업에서 자연스럽게 이루어졌던 동료 학습자들과의 팀 활동, 토의 활동이 이루어지지 않은 것에 대한 지적도 나타났다. 이 문제는 크게 두 가지 측면을 지니고 있다. 하나는 비대면 온라인 수업에서 최적의 상호작용을 확보하려는 교수의 철학 및 역량과 관련된다. 온라인 교육에서도 상호작용이 중요하다는 교수의 인식, 그리고 그것을 구현하기 위한 교수자의 다양한 노력과 효과적인 방법의 적용이 필요하다(임철일 외, 2020). 다른 하나의 측면은 학생들의 태도 및 역량과 관련된다. 온라인상에서 상호작용의 기회가 주어졌을 때, 학생들은 적극적인 태도를 보여주면서 적절한 도구와 기술을 활용하여 소통하고 협업하는 역량을 갖춰야 한다. 기존의 대면 교육에서 충분하지 않다고 평가받는 교수와 학생의 역량이 온라인 교육에서 갑자기 생길 수는 없다.

## 비대면 교육을 위해 어떤 노력을 해왔는가?

코로나19 사태로 인해 가히 모든 대학의 교수와 학생들이 전면적으로 경험하게 된 비대면 교육은 그 핵심적 특징에 있어서는 결코 새로운 것이 아니다. 원격교육, 이러닝이라는 개념과 실제는 오래전부터 있어 왔으며 (임철일, 2011), 2000년 초반에는 MIT에서 선언한 OCW가, 2010년 이후에는 스탠퍼드대학을 중심으로 시작된 무크가 확산되었다. 명문 대학의 강좌들이 온라인 형태로 일반인 누구에게나 공개된 것이다. 이는 세계적인 현상으로 전 세계에 퍼졌으며, 국내에서는 KOCW, K-무크와 같은 국가 주도의 사업으로 발전되어 왔다. 이처럼 기존의 원격대학 혹은 사이버대학이 아닌 일반대학에서 온라인 형태의 비대면 교육에 관심을 가진 이유는 어디에 있을까?

이는 원하는 누구에게나 교육을 제공해야 한다는 평등의 이념을 구현하려는 노력으로 볼 수 있다. 기존의 교육은 접근 기회의 제한성이라는 한계를 지니고 있었다. 경제적인 여유가 있거나, 시간과 공간 측면에서 접근이 가능한 사람들에게만 제공되었다. 그러나 디지털 기술의 발전은 이런 제한을 넘어서는 가능성을 보여주었고, 여기에 주목한 대학과 개인 그리고 공공기관에서 OCW와 무크 형태로 원하는 사람들에게 교육 자료를 공유하기 시작했다. 기본적으로 공개교육자원Open Education Resources: OER 운동의 일환으로 볼 수 있다. 한편, 무크에 대한 사람들의 관심과 사용의 증가는 단순히 OER이기 때문만은 아니다. OER로 제공되는 이른바 명문 대학의 강좌는 수준이 높을 것이라는 사용자의 기대가 있었기 때문이기도 하다. 이러한 기대에 부응해 여러 무크의 공급자들이 온라인 강좌 콘텐츠의 질적 향상을 위해 노력했고, 결국 대학의 온라인 콘텐츠가 질적으로 우수

할 수 있다는 인식 변화에 기여했다.

그러나 또한 무크는 온라인 교육이 가능하기 위해서 단순히 높은 수준의 온라인 콘텐츠를 제공하는 이상의 것이 필요함도 보여주었다. 몇 무크 강좌에서는 10만 명대의 대규모 학습자들이 등록은 했지만, 최종 수료율은 5% 내외에 그치는 결과가 나타났다. 다시 말해, 내용 제공 이상의 교육적 안내와 피드백과 같은 제도적 지원이 뒤따라야 함을 알 수 있었다. 이를 위해서는 무료가 아니라 비용을 부과해야 했으며, 수료증이나 학점을 받는 트랙을 따로 설정해야 했다. 즉, 수강생들이 일정 비용을 내고 온라인 콘텐츠 학습 이후에 과제 해결 등 추가적인 활동을 하고, 무크 기관은 이에 대한 피드백과 평가 등을 제공하는 형태가 되었다. 결과적으로 무크 수강을 통해 일반대학의 학점을 인정받거나, 특정 영역의 마이크로 학위micro degree로 발전하는 모습이 되었다.

일반대학이 무크에 동참하면서 온라인 콘텐츠를 제공하거나 학생들의 무크 수강을 학점으로 인정하는 동안 전혀 다른 혁신적 온라인 교육기관이 나타났다. 미네르바스쿨Minerva School이 바로 그것이다. 이 학교는 근본적으로 온라인과 오프라인을 통합하는 이른바 블렌디드 학습blended learning을 체계적으로 구현하면서 등장했다. 기존 대학은 오프라인에서 강의와 실습 등을 하면서 보조적으로 온라인 환경을 활용하는 형태를 취했기 때문에 기조는 여전히 캠퍼스 기반의 오프라인 교육이었다. 이에 비해 미네르바스쿨은 일반 강의를 최적의 상호작용을 지원하는 온라인 시스템을 활용하여 진행한다. 전통적인 강의실과 캠퍼스가 따로 없는 대신, 학생들은 전세계의 현장을 직접 방문하면서 실제 프로젝트를 해결하는 경험을 한다. 서울도 그러한 실제 현장 중 하나이다.

미네르바스쿨이 기존 대학과 차별화하면서 학생들뿐만 아니라 많은 대학들로부터 관심과 지지를 받게 된 데에는 두 가지 요소가 큰 영향을 주었다. 하나는 사회에서 요구하는 역량을 개발할 수 있도록 교육 환경을 제공한 것이다. 일반대학들도 역량 교육을 위해 새롭게 문제를 정의하고, 창의적인 해결안을 도출하고, 의사소통과 협업을 제대로 할 줄 아는 역량을 교육의 목표로 설정하는 것은 이미 하고 있었다. 그런데 미네르바스쿨은 그러한 역량을 실제로 획득하기 위해서 어떠한 교육 경험을 제공할 것인지를 면밀하게 설계하고 실제로 적용했다. 학생의 인지적 참여를 최적으로 이끌어내기 위해 강좌당 수강생 수를 20명 이내로 제한하거나, 최적의 교수 원리를 적용해 온라인 강좌를 운영한다. 그리고 학생들은 오프라인에서 전 세계의 기업 인턴십 프로그램 등에 참여하면서 실제 문제 해결을 경험한다. 온라인과 오프라인의 블렌디드 학습을 통해 토론 기반 교육 및 문제 중심 학습을 실제로 경험하는 것이다.

또 하나의 차별화된 요소는 이른바 '액티브 러닝 포럼Active Learning Forum: ALF'이라고 하는 온라인 학습 지원을 위한 혁신적인 학습관리체제learning management system를 개발·적용한 것이다. 기존의 학습관리체제는 출결 사항 확인을 기본으로 하면서, 온라인 강의 자료를 탑재하고 학생들의 비실시간 토론을 가능하게 하는 온라인 토론방 정도를 포함하고 있었다. 그러나 ALF는 20명 내외의 학습자와 교수자의 원활한 온라인 실시간 상호작용을 지원하는 것은 물론이고, 수업시간에 이루어지는 각종 활동 데이터, 퀴즈 성적 등을 바탕으로 교수자가 개별화된 피드백을 제공할 수 있는 기능을 갖추고 있다. 이른바 최적화된 학습 환경을 제공함으로써 기존 오프라인 강의실 수업에서도 구현하기 힘든 맞춤형 학습과 학습자 간 협업 학습을 제공하고 있다.

미네르바스쿨의 ALF 정도는 아니지만, 이번 2020년 코로나 사태 대응 차원의 비대면 수업에서 일반대학의 대다수 교수와 학생들이 온라인상에서 실시간 교육이 나름대로 가능함을 경험했다. 온라인 강좌를 운영하는데 있어서 줌이나 웹엑스WebEx와 같은 실시간 화상회의 시스템을 큰 무리 없이 효과적으로 사용하게 된 것이다. 이를 통해 다양한 디지털 자료를 공유하면서 온라인상에서 실시간으로 교수와 학생 간에 교육과 학습 그리고 상호작용이 원활하게 실행될 수 있었다.

그러나 이 경험의 과정이 너무나 급작스럽게 기대하지 않은 방식으로 나타났기 때문에 여기저기서 어려움과 불만이 나타났던 것도 사실이다. 예컨대 실시간 화상강의의 장점을 활용하여 학생의 적절한 참여를 이끌어내기보다, 일방적인 교수자 주도의 강의가 이루어지기도 했다. 또 강좌에 따라서는 온라인을 통해 수시로 학습 상황을 확인한다는 의도하에 학생들에게 요구하는 사항이 지나쳐서 학생들이 불만을 제기하는 경우도 생겼다. 그러다 보니 학생들이 실시간 강의보다는 동영상 강의 자료 수강을 더 선호하는 상황이 나타나기도 했다(≪대학신문≫, 2020.6.1). 새로운 시도가 최적의 형태로 운영되기 위해서는 보다 치밀하고 체계적인 대학의 노력이 필요하다.


## 향후 발전 방향

4차 산업혁명에 대비하는 대학의 노력이 이루어지고 있는 시점에, 코로나 사태로 인해 비대면 교육이 새로운 변수로 등장했다. 이 변인은 기존 대학들의 오프라인 중심의 교육 운영에 큰 변화를 요구하고 있다. 이제는 당연히 비대면 혹은 온라인 교육을 상시적인 교육의 한 가지 운영 형태로 고려해야 한다. 더 이상 강의실 내에서 대면을 통해 이루어지는 교육만을 고집할 수 없게 되었다. 기존의 교육 형태를 포함하여 온라인 교육 요소가 통합되는 이른바 블렌디드 학습 체제를 구축하여 상황과 요구에 따라서 융통성 있는 교육 환경을 제공해야 한다. 이를 위해서는 기존의 원격교육의 경험뿐만 아니라 무크 운영에 따른 성찰, 그리고 미네르바스쿨과 같은 혁신적 시도 등에서 확인된 시사점을 적절하게 활용해야 한다.

먼저 교육의 질적 수준을 확보하기 위해서는 단순히 콘텐츠의 개발과 접근 기회의 확대 이상이 필요하다는 점을 인식해야 한다. 기존의 오프라인 교육이든 아니면 온라인 교육이든 상관없이 효과적인 교육이 되기 위해서는 학습자의 수준을 고려한 상호작용 혹은 피드백 시스템이 확보되어야 한다. 여기서 피드백 시스템은 교수가 개별 학생에게 제공하는 조언 이상을 포함한다. 조교의 피드백을 포함하여 디지털 혹은 인공지능 기반의 맞춤형 혹은 적응형 조언 체제adaptive advisement system를 의미한다. 이 부분이 제대로 작동하지 않으면, 온라인 형태의 수업은 학생들에게 학습 소외나 무력감을 가져올 수 있다. 또한 대학들이 학생의 역량 개발은 책임지지 않으면서 학점과 학위만을 부여한다는 오명이 더욱 악화될 수 있다.

또한 무엇을 교육할지를 고려해야 한다. 학생들에게 4차 산업혁명을 대비하여 강조하는 역량, 예컨대 창의성, 4차 산업혁명과 전공 관련 교육, 소프트웨어 교육(김누리 외, 2017)과 함께 온라인 상황에서 효과적으로 소통하고 학습하는 역량을 교육적으로 다루어야 한다. 학생들이 졸업 후 직면하는 사회는 이미 여러 가지 형태로 온라인상에서 협업하고 소통하면서 업무를 처리하고 있다. 뿐만 아니라 지속적으로 새로운 지식과 역량 획득을 위하여 온라인으로 학습하는 것이 실제 이루어지고 있으며, 이러한 현상은 더욱 보편화될 것이다. 따라서 대학에서 학생들이 공부를 할 때 오프라인 형태의 교육만을 경험해서는 안 되며, 온라인 형태의 학습에도 노출되어 익숙해져야 한다. 요컨대 효과적으로 문제 해결 혹은 학습하는 과정에서 디지털 도구를 활용할 줄 아는 역량을 길러주어야 하는 것이다. 이를 위해서 대학은 기존의 교육 목표, 내용, 방식에 일대 변혁을 가해서, 학생들에게 다양한 방식의 온·오프라인 학습경험 기회를 제공할 수 있도록 해야한다.

더 이상 오프라인 형태로만 운영되는 대학을 기대할 수 없게 되었다. 온라인 요소를 포함하는 블렌디드 형태의 대학 운영 방식을 전면적으로 고려할 필요가 있다. 이 과정에서 최적의 교육 경험을 학생들에게 제공해야 한다는 이념과 가치를 더욱 강조할 필요가 있다. 마침 좋은 디지털 수단들이 우리 주변에 어느새 와 있다. 이를 활용하면서 학생들의 경험을 살펴보고 보완하면 기존의 오프라인 교육에서는 전혀 경험할 수 없었던 새로운 교육 지평을 펼칠 수 있을 것이다.

**참고문헌**

김누리·박숙희·전경원·표정민. 2017. 「4차 산업혁명과 대학교육에 대한 대학생의 인식」. ≪창의력교육연구≫, 17권 4호, 101~121쪽.

≪대학신문≫. 2020.6.1. "비대면 강의 만족도 조사". 서울대학교 신문사. http://pdf.snu news.com/2006/200601.pdf (검색일: 2020.6.15).

임철일. 2011. 『원격교육과 사이버교육 활용의 이해』, 2판. 파주: 교육과학사.

임철일 외. 2020. 「비대면 수업 설계 전략에 관한 탐색적 연구」. 한국교육학회 춘계 연차학술대회 발표 자료집.

제16장

# 언택트 시대, 대학 혁신의 길

## 공간, 시간, 학습, 평가 혁명과 공유 대학

배상훈 | 성균관대학교 교육학과 교수 및 교육과미래연구소 소장

## 들어가며

2020년 갑자기 찾아온 코로나바이러스는 우리 삶 곳곳에 변화와 충격을 주었다. 출퇴근 없는 재택근무가 늘어났고, 사람끼리 접촉 없이 일하는 방식이 새롭게 자리 잡았다. 기업은 효율과 이윤 못지않게 구성원의 건강과 안전에 신경을 써야 하는 시대가 되었다. 배달과 물류 산업, 제약, 원격의료같이 떠오르는 비즈니스가 있고, 항공이나 장거리 여행처럼 고전을 면치 못하는 분야도 있다.

교육에도 변화가 있었다. 의도치 않은 비대면 원격수업을 해야 했다. 디지털 양극화digital divide에 대한 우려는 현실로 다가왔다. 대학도 어려운 시기를 보냈다. 한 학기 모두를 온라인 강의로 채우는 초유의 사태를 맞았다. 교실과 칠판이라는 아날로그 환경에서 살았던 교수들은 디지털 시대가 부담스러웠고, 새로운 형태의 온라인 강의를 준비하는 데 시간을 쏟아

야 했다. 사회적 격리lock-downs를 경험한 학생들도 어렵기는 마찬가지였다. 쏟아지는 과제 속에 자기주도 학습의 중요성을 체험하고 있다. 각종 시험도 온라인 환경에서 이루어졌는데, 교수와 학생들은 평가의 타당성보다 부정행위 방지와 절대평가 같은 평점 부여 방식에 촉각을 세웠다.

하지만 코로나19는 대학에 선물도 주었다. 많은 교수와 학생들이 비대면 원격수업을 하고 여기에 참여하는 값진 경험을 했다. 이제는 어느 정도 테크놀로지에 대한 막연한 두려움도 가시는 분위기이다. 대학 차원에서는 코로나19가 앞당긴 온라인 원격교육을 대학 혁신과 접목해서 대학의 경쟁력을 강화하려는 움직임이 펼쳐지고 있다. 학령인구는 감소하고 대학 간 경쟁은 심화하는 상황에서 혁신은 생존을 위한 필수요건이 되었다. 이제 포스트 코로나 언택트 시대를 맞아 대학을 어떻게 혁신할지 생각을 모을 때이다.

## 언택트 시대와 대학 혁신의 길

### 공간 혁명

대학 캠퍼스는 정신과 문화라는 무형의 가치가 숨 쉬는 곳이다. 하지만 물리적인 공간으로서 캠퍼스가 가지는 특성도 무시할 수 없다. 왜냐하면 캠퍼스의 물리적인 모습은 구성원의 정신과 활동에 알게 모르게 많은 영향을 끼치기 때문이다(스트레인지·배닝, 2019). 즉, 캠퍼스 구성원은 건물 형태, 강의실 배치, 캠퍼스 상징물 같은 물리적 환경이 주는 비언어적 메시지nonverbal message를 일상에서 마주하고, 장소가 주는 느낌sense of place은 구성원의 활동과 생각을 제약하거나 촉진한다.

이렇게 볼 때 지금의 캠퍼스 모습, 즉 규격화된 강의실로만 이루어진 캠퍼스 구조는 교육적으로 그리 바람직하지 않다. 흡사 외부 세계와 격리된 네모난 방이 복도를 따라 늘어선 감옥과 유사하다는 말도 있다(유현준, 2018). 그런 탓인지 일부 교수들은 강의실에서 이루어지는 수업만이 교육이라는 생각에 머물러 있다. 창의적 인재를 키운다는 대학의 목표와 어울리지 않는 캠퍼스의 모습과 구조인 것이다.

2020년 봄학기에 대폭 확대된 비대면 원격수업은 캠퍼스 공간 구조를 어떻게 바꿀 수 있을지에 실마리를 주었다. 먼저 우리는 물리적 제약에서 벗어나 얼마든지 배움을 펼칠 수 있는 가상의 캠퍼스virtual campus가 있을 수 있음을 알았다. 대학을 단지 물리적인 장소place로만 이해하던 타성에서 벗어날 수 있었다. 나아가, 훌륭한 강의라면 온라인 기술의 힘이 빌려서 얼마든지 많은 학생이 참여할 수 있음을 깨달았다.

이에 따라 포스트 코로나 언택트 시대를 맞아, 전체 수업의 20% 정도를 비대면 원격수업으로 전환하는 다이어트를 제안한다. 비대면 강의와 대면 질의응답을 조합한 블렌디드 수업, 거꾸로 수업flipped class을 확대할 수도 있다. 그리하면 전통적인 강의실 숫자를 줄일 수 있고, 남는 장소는 다양한 학습과 활동을 위한 창조적 공간으로 바꿀 수 있다. 다닥다닥 붙어 있는 강의실을 창고형 창업 공간, 팀 프로젝트 학습을 위한 장소, 대학원생 연구실, 학생들이 쉴 수 있는 라운지로 재창조하자는 것이다. 20% 공간 혁명은 아날로그 시대의 '강의실형 대학'을 창의적 발상, 융합, 창조적 협업이 넘치는 '창의적 캠퍼스creative campus'로 바꿀 것이다. 캠퍼스 공간의 재구조화는 대학의 외형뿐만 아니라, 대학에서 이루어지는 활동까지 바꾸는 힘을 발휘할 것이다.

**그림 16-1** 한성대학교 상상파크. 학생들이 모여서 다양한 팀 프로젝트 활동을 수행하고 손수 만들어보는 경험을 하는 학습 공간이다. 공간 혁명으로 남는 강의실을 이러한 학습 공간으로 재창조할 수 있다.

자료: 한성대학교 제공.

**그림 16-2** 성균관대학교 학생 성공 스토리 특강. 성균관대 학생성공센터가 주최한 학생 성공 스토리 공모전에서 수상한 학생이 온라인으로 특강을 하고 있다. 집, 직장, 기숙사 등 여러 곳에서 150여 명의 학생이 접속해 활발하고 진지한 질의와 응답을 진행했다.

자료: 성균관대학교 학생성공센터 제공.

## 시간 혁명

새 학기가 시작되면 학생들은 수강 신청 경쟁에 돌입한다. 잠깐 사이에 수강 정원이 채워져서 신청조차 못 하는 일이 비일비재하다. 혹시 듣고 싶은 수업들이 같은 시간에 열리게 되면, 어쩔 수 없이 하나의 수업만을 선택해야 한다.

디지털 스마트 대학에서는 학생의 선택을 옥션 시간표에서 어느 정도 벗어날 수 있다. 온라인 저장 강의는 언제, 어디서나, 듣고 싶은 강의를 몇 번이고 들을 수 있기 때문이다. 학생의 학습 기회는 비약적으로 확대되고, 교수들이 공들여 설계한 수업에 훨씬 더 많은 학생이 참여할 수 있게 된다.

언택트 시간 혁명은 '평생학습 사회'를 실질적으로 구현하는 길이기도 하다. 모두 알다시피, 지식의 수명은 날로 단축되고 평생에 걸쳐 지식과 기술을 연마해야 하는 시대가 도래했다. 하지만 현실적으로 재직자가 일하다 말고 대학으로 이동해서 수업을 듣기 어렵다. 온라인 원격학습은 이런 문제를 해결할 수 있다. 재직자인 성인 학습자는 근무 시간일지라도 잠시 조용한 곳으로 옮겨서 강의에 접속하고 학습에 참여할 수 있기 때문이다. 대학들은 온라인 시간 혁명을 통해서 명실상부한 평생학습 기관으로서 역할을 확대하고 새로운 수입 모델도 창출할 수 있을 것이다. 이렇게 확대된 대학 기반 평생학습은 우리 사회 전반의 혁신으로 이어질 것이다. 예컨대 온라인 원격학습은 전국 곳곳에서 일하는 재직자들이 참여하는 '한국형 미네르바스쿨'을 만드는 데 기여할 수 있다. 각자 일터에서 접하는 문제를 가지고 온라인 플랫폼에 모여서 함께 해결해 가는 협동 학습을 하고, '삶'과 '학습'이 연결된 이상적 교육의 모습을 구현해 갈 수 있다. 최근 미국 스탠퍼드대학교가 추진하는 '오픈 루프 유니버시티Open Loop University'도 이러한 모습을 그리고 있다.

우리 대학들은 보다 강력한 인터넷 인프라와 정보통신 기술을 바탕으로 이를 능가하는 새로운 패러다임의 대학을 창출할 수 있을 것이다.

## 학습 혁명과 평가 혁명

대학에서 이루어지는 교수 학습활동과 교무 학사 행정의 디지털화digital transformation는 데이터 기반 학습 혁명과 학생 성공student success 시대를 앞당길 것이다. 예컨대, 필자가 있는 성균관대학교는 입학부터 졸업까지 학생들의 다양한 학습경험과 활동을 데이터로 축적하는 e-포트폴리오 시스템을 구축했다. 학생별로 어떠한 학습경험을 했고, 어떠한 역량과 학업 성과를 얻어서, 어디로 취업했는지를 보여주는 데이터 세트가 만들어진다. 이는 대학의 학습관리시스템LMS과도 연계되어 방대한 빅데이터가 된다.

대학은 이러한 빅데이터를 분석해서 학습 부진이나 중도 탈락 가능성이 큰 학생을 찾아내 미리 적절한 조치를 할 수 있게 되었다(대니얼, 2019). 선배들이 지나간 길을 분석해서 후배를 위한 맞춤형 학습 안내와 진로 지도를 할 수 있다. 또한 대학이 제공하는 많은 교육 프로그램의 효과성을 검증하는 것도 한결 쉬워질 것이다. 분석 결과를 바탕으로 대학이 추구하는 교육 목표에 이바지하는 프로그램을 선정하고 대학의 자원을 집중하는 스마트 혁신 대학으로 탈바꿈할 것이다.

물론 온라인 수업이 만병통치약은 아니다. 교육은 가르치는 사람과 배우는 사람 사이에서 일어나는 지속적인 상호작용과 교감을 바탕으로 벌어지는 복잡하고 미묘한 인간 활동complex human endeavor이기 때문이다(Dewey, 1938). 또한 온라인 비대면 학습이 성과를 거두려면 학생들의 자기주도 학습 태도와 교수들의 피드백이 중요하다. 그러나 성균관대 '교육과미래연구소'가 2019년 1학기와 전면적 온라인 수업이 이루어진 2020년 1학기를 비교한 결과, 학생들의 자기주도적 학습 정도는 크게 떨어졌다(배상훈, 2020). 그동안 우리 학생들이 수동적인 학습을 해왔음을 보여준 것이고, 시험공부 위주로 타율적인 공부를 해온 탓일 것이다. 위 조사에 따르면, 교수와 학생의 상호작용과 학생 간 협동 학습의 빈도도 낮아졌다. 아무리 온라인 원격학습의 장점이 많아도, 효과적인 교수 학습이 이루어지기 위한 조건이 갖추어지지 않으면, 교육 성과를 거두기 어렵다. 온라인 원격수업에 대해 막연한 환상을 갖기보다 그것의 교육적 효용성을 높이기 위해 차분히 준비하는 자세와 연구가 필요하다.

한편, 온라인 강의를 한군데로 모으면, 해외에 거주하는 외국인 학생까지 참여할 수 있는 글로벌 학습 플랫폼을 만들 수도 있다. 이를 통해 해외 대학과 공동 교육과정 운영도 가능하다. 이제 물리적 장소로서 캠퍼스는 사라지고, 캠퍼스 밖에서 또는 국경을 넘어 누구나 언제 어디서나 배움에 참여할 수 있는 학습 플랫폼 대학을 만들어갈 때이다.

한편, 학습 혁명은 평가 혁명을 수반할 때 더욱 효과를 발휘한다. 학생들을 한 줄로 세우고 서열을 매기는 상대평가는 협력과 공존을 중시하는 새로운 시대에 부합하지 않는다. 학습활동에 얼마나 열심히 참여했고, 어떠한 성취를 거두었는지를 평가하는 경험과 성취 중심 절대평가 체제로 나아가야 할 것이다. 또한 경직적이고 탈맥락적인 '학점'의 시대에서 벗어나, 꿈, 학습, 진로를 연결하는 '학습경험'의 시대를 열어가야 할 것이다. 학생의 다양한 학습활동과 흔적을 축적하고 기록하는 '디지털 학습 플랫폼'과 '학습경험 포트폴리오'는 '학생 성공student success'을 위한 교육적 구상을 실현하는 강력한 수단이 될 것이다.


공유 대학

마지막으로 온라인 원격학습의 확대는 대학 간 협력과 공유를 극적으로 높일 수 있다. 사례를 들어보자. 지방의 어느 대학은 수도권 대학과 교육 교류 협정을 체결했다. 양쪽 대학에 있는 교수들의 훌륭한 강의를 공유하자는 취지였지만, 그리 큰 성공을 거두지 못했다. 학생들이 다른 대학으로 이동해서 강의를 듣는 것이 어색하고 불편했기 때문이다. 장거리 이동에 따른 시간적·경제적 비용도 부담으로 작용했을 것이다. 하지만 가상의 '스마트 공유 캠퍼스'를 만들면 이런 문제를 어느 정도 극복할 수 있다. 바로 내 책상에서 다른 대학 교수님들의 강의를 쉽게 들을 수 있기 때문이다.

공유 대학이 활성화되면, 고등교육 생태계를 경쟁 중심에서 상생과 협력으로 바꾸는 계기가 될 수 있다. 평가와 퇴출 중심의 양적 구조조정 패러다임을 협력과 상생의 질적 구조개혁 패러다임으로 전환할 수 있다. 많은 대학이, 특히 지방에서 학생 충원에 어려움을 겪는 대학은 특성화된 강소 대학으로 생존해야 한다. 하지만 혼자만의 힘으로는 어렵다. 강한 분야를 중심으로 여러 대학이 참여하는 가상 캠퍼스를 운영하면, 대학의 특성화는 물론 재학하는 학생의 교육 기회도 획기적으로 확대할 수 있다.

국가 차원에서 볼 때 공유 대학의 확대는 대학 간 협력을 통한 고등교육의 경쟁력 강화를 유도할뿐더러 대학과 지역사회의 연계에도 이바지할 수 있다. 특히 학생 충원에서 어려움을 겪는 지방대학을 살리고 지역 소멸에 대응하면서 지역 혁신을 촉진하는 학습 플랫폼이 될 수 있다. 이를 위해서는 지역 대학을 중심으로 지방자치단체, 지역 기업의 진정한 파트너십이 뒷받침되어야 하고, 정부의 과감한 재정 지원도 있어야 한다.


## 나가며

존 듀이John Dewey는 경험과 성찰을 통해 학생이 성장하고 발전한다고 했다. 대학도 마찬가지일 것이다. 비록 의도하지는 않았지만, 2020년 한해 동안 우리나라 대학들은 디지털 세계로 이행하는 경험을 했다. 이제, 그 동안 겪었던 값진 경험을 바탕으로 대학의 혁신을 촉진하고 변화를 통한 성장을 도모할 때이다. 특히 대학과 정부의 역할이 중요하다.

대학들은 온라인 원격학습 플랫폼이라는 물리적 인프라의 구축은 물론, 이를 활용할 수 있는 전문가의 충원 등 대학 차원의 디지털 역량 강화에 힘을 쏟아야 한다. 또한 이러한 디지털 전환 시대를 맞아, 학습 참여에 있어 어려움을 겪는 학생이나 집단이 있는지도 점검해야 할 것이다. 무엇보다 교육과 학생 지도를 실제로 담당하는 교수들이 언택트라는 시대 흐름과 대학의 대응에 대해 이해하고 적극적으로 참여하는 것이 중요하다.

스마트 대학을 통한 대학 혁신이 실현되려면, 정부의 규제 개혁도 중요하다. 아날로그 시대에 만들어진 교원教員, 교지校地, 교사校舍 확보율 같은 대학 규제를 원점에서 검토하고 대폭 정비해야 할 것이다. 대학들이 스마트 캠퍼스를 만들고 다른 대학과 공유 교육과정이나 가상 캠퍼스를 구축하는 데 필요한 재정을 적극적으로 지원해야 할 것이다. 이는 비용이 아니다. 우리나라의 미래를 위한 투자라는 관점에서 접근해야 한다.

사람은 언제나 기존 상태로 돌아가려는 항상성恒常性을 지니고 있다. 유기체로서 대학도 예전의 상태로 돌아가려는 속성이 있다. 코로나바이러스가 물러가면, 언제 그랬냐는 듯이 다시 아날로그 환경으로 돌아갈 수 있다. 그러면 모처럼 다가온 대학 혁신의 기회도 사라진다.

1996년 OECD에 가입할 무렵, 우리나라는 세계 수준의 인터넷 강국으로 인정받았다. 2000년 초 디지털 교과서의 도입이 논의되기 시작했고, 2001년에는 '정보격차해소법'이 제정되었다. 이제 그동안 뿌린 씨앗을 바탕으로 언택트 시대의 교육 혁신을 구현하는 스마트 혁신 대학을 만들어갈 때이다.

**참고문헌**

대니얼, 벤(Ben Kei Daniel) 엮음. 2019. 『대학 혁신을 위한 빅데이터와 학습분석: 이론과
　　　실제(Big Data and Learning Analytics in Higher Education: Current Theory and
　　　Practice)』. 배상훈·권숙진·신종호·최재원 옮김. 서울: 시그마 프레스.
배상훈. 2020. 「코로나 19가 대학에 준 선물과 과제」. 2020년 한국교육학회 연차학술대회
　　　발표자료.
스트레인지, 카니(C. Carney Strange)·제임스 배닝(James H. Banning). 2019. 『캠퍼스 디
　　　자인: 학생이 성공하는 대학 만들기(Designing for Learning: Creating Campus En-
　　　vironments for Student Success)』. 배상훈 외 옮김. 서울: 학지사.
유현준. 2018. 『어디서 살 것인가: 우리가 살고 싶은 곳의 기준을 바꾸다』. 서울: 을유문화사.
Dewey, J. 1938. *Experience and Education*. New York: Kappa Delta Pi.

기계의 지능화, 데이터를 통한 연결, 기술의 융합이라는 4차 산업혁명의 어젠다는 오래전부터 제시되었고, 인공지능(AI), 블록체인, 사물인터넷(IoT), 가상현실(VR), 자율주행차 관련 연구가 활발히 진행되어 왔다. 우리 정부는 중장기 전략에 따라 스마트팩토리, 인공지능, 정밀의료 등의 기반 구축 사업을 통해 4차 산업혁명을 추진하기에 필요한 역량을 조성하고 있다. 아울러, 데이터 3법 개정 및 한국형 규제 샌드박스 도입 등을 통해 3차 산업혁명에 머물러 있는 규제를 개혁함으로써 4차 산업혁명 선도의 장애 요인들을 제거해 왔다. 이제 남은 일은 이동통신과 반도체에서 경험했듯이 정부가 조성한 4차 산업혁명 기반 위에서 산업계가 혁신에 전념하여 글로벌 리더가 되는 일이다.

그러나 코로나19는 대면 접촉을 제한하며, 밀폐·밀집·밀착 환경에서 이루어지는 전통적인 생산 및 소비 활동을 제약한다. 이에 따라 지역 및 세계 경제가 위축되면서, 4차 산업혁명으로 제조업을 업그레이드하여 국제경쟁력을 높이고자 하는 국가 차원의 노력이 빛을 보지 못하는 것은 아닌가 하는 우려를 낳고 있다. 그럼에도 불구하고 코로나19는 비대면 경제 및 사회 활동의 수요를 급증시켜, 이를 구현하는 4차 산업혁명이 오히려 도약의 기회를 맞고 있기도 하다.

우리는 이 상황을 어떻게 해석하고 위기를 기회로 만들기 위해 무슨 노력을 해야 할까? 이 질문에 답하기 위해 제5부에서는 우리나라의 기술 역량 및 혁신생태계 이슈, 포스트 코로나 시대 기술 발전의 향후 방향, 그리고 4차 산업혁명의 도약을 위한 과제를 살펴본다.

제17장을 쓴 임현 한국과학기술기획평가원(KISTEP) 기술예측센터 센터장은 R&D 예비타당성조사 및 기술예측, 기술영향평가 등을 주로 담당해 왔다. 그는 이 장에서 헬스케어, 교육, 문화 등 영역에서의 4차 산업혁명 기술 수요 및 발전 전망과 현재 우리나라의 4차 산업혁명 역량 및 핵심 과제를 설명한다.

제18장의 양희태 한동대학교 경영경제학부 교수는 LG CNS, 삼성경제연구소, 과학기술정책연구원 등 다양한 기관에서 쌓은 경력을 바탕으로 기술 수용, IT 규제 및 진흥 정책을 연구해 왔다. 18장에서는 코로나19 전후의 4차 산업혁명 기조를 비교하고 포스트 코로나 시대 4차 산업혁명 추진 방향을 기술·혁신생태계·규제의 측면으로 나누어 분석한다.

제19장의 김승현 과학기술정책연구원(STEPI) 혁신성장정책연구본부 연구위원은 혁신생태계 변화 전망, ICT·바이오 등 산업 혁신, 기술 기반 경제성장 등 주로 혁신 관련 전망 및 기술·산업 정책을 연구해 왔다. 19장에서는 포스트 코로나 시대 4차 산업혁명 도약을 위한 혁신 시스템의 전환으로 디지털 전환, 기업 및 산업 생태계 전환, 가치 전환의 필요성을 주장한다.

제20장의 강준모 정보통신정책연구원(KISDI) 디지털경제사회연구본부 연구위원은 ICT 융합 신산업 규제, 플랫폼·데이터 관련 법·제도 등 4차 산업혁명과 관련한 다양한 규제 연구를 진행해 왔다. 이 장에서는 비대면 산업과 밀접하게 연관된 실감형 콘텐츠, 데이터, 원격의료 분야의 규제 이슈를 중심으로 포스트 코로나 시대의 규제 개혁 방향에 대해 논한다.

# 제17장

# 4차 산업혁명
# 기술 발전 및 시장 수요 전망

임 현 ┃ 한국과학기술기획평가원 기술예측센터 센터장 및 선임연구위원

## 4차 산업혁명에 미치는 코로나19의 영향

코로나19라는 블랙스완이 우리 사회 전 영역에 걸쳐 불연속적인 변화를 촉진하고 있다. 코로나 팬데믹은 시스템적이라는 특성이 있어 파급효과가 특정 지역이나 특정 분야에 한정되지 않는다. 코로나19가 초래한 글로벌 환경 변화를 살펴보면 '비대면 사회로의 전환', '바이오헬스 시장의 도전과 기회', '위험 대응 일상화', '자국중심주의 강화' 등으로 요약할 수 있다 (임현 외, 2020). 이러한 환경 변화 중 디지털화를 기반으로 하는 4차 산업혁명에 크게 영향을 미치는 환경 변화는 '비대면 사회로의 전환'과 '자국중심주의 강화'를 꼽을 수 있다.

'비대면 사회로의 전환'은 우리 사회에 가장 중요하게 영향을 미치고 있는 환경 변화로, 코로나19로 인해 대면 접촉을 하지 않는 제품 및 서비스가 일상화되면서 디지털화는 더욱 가속화되고 있다. 초연결 및 초지능화의

디지털화를 기반으로 하는 4차 산업혁명의 개념은 국가마다 기관마다 다르게 사용되고 있다. 정보통신 기술 융합에 의한 제조업 혁신 중심의 협의의 개념에서부터 사물·공간·산업·사람 간의 연결·융합으로 사회·경제·생활방식에의 근본적 변화를 지칭하는 광의의 개념까지 혼재되어 왔다. 이러한 4차 산업혁명에 대한 다양한 정의에도 불구하고 코로나19가 발생하기 전에는 4차 산업혁명이 제조업을 제외한 다른 영역에서는 뚜렷한 변화를 이끌어내지 못했던 것이 사실이다. 하지만 코로나19가 초래한 위기 대응 과정에서 비대면 접촉을 통한 사회경제적 활동이 늘어나면서 4차 산업혁명이 제조업이라는 한정된 울타리에서 벗어나 헬스케어, 교육, 문화 등 모든 영역으로 확대되고 있다.

헬스케어 영역에서는 코로나19를 헤쳐 나오는 과정에서 의료의 디지털화가 가속화되고 있으며, 이를 보여주는 다양한 사례가 보고되고 있다. 정부가 대면 진료를 통한 환자와 의사 간 감염을 막기 위해 한시적으로 전화처방이 가능하도록 한 이후에 전화 처방을 받아 약국에서 약을 타는 경우가 급속하게 늘었다. 전화 상담 등 비대면 진료에, 2020년 6월 30일 기준으로 전국에서 총 4751개 의료기관이 참여하여 40억 원이 지급된 것으로 알려졌다. 코로나19 경증환자 치료를 위한 문경생활치료센터에서 촬영한 X선 차트가 원격진료 시스템에 의해 서울대병원에 있는 영상의학과 전문의에게 판독되는 등 성공적인 원격진료 사례가 보고되고 있다. 삼성전자가 2020년 4월 혈압을 측정하는 스마트폰 앱을 개발해 식품의약품안전처의 허가를 받는 등 실시간으로 생체 정보를 측정·분석할 수 있는 기술의 발전도 지속적으로 이루어지고 있다.

교육 영역에서는 '온라인 개학'이라는 사상 초유의 결정이 내려져 학교와 가정에서 혼란이 발생했다. 동시 접속으로 인해 서비스가 지연되고 획일화된 교육이 이루어져 온라인 교육의 콘텐츠의 질 보장에 대한 요구가 증가하고 있다. 학습 데이터와 인공지능 분석을 통한 개별화된 맞춤형 교육의 필요성이 증가하면서 국내 에듀테크 업체들의 기술 개발 및 해외 진출도 활발해지고 있다. 국내 인공지능 수학교육 플랫폼 회사인 노리Knowre는 국내뿐만 아니라 미국의 200여 개 학교에 맞춤형 수학 교육 서비스를 제공하고 있으며, 웅진, 교원 등의 에듀테크 회사들의 인공지능 적용도 활발히 진행되고 있다. 교육부는 한국형 온라인 공개강좌인 K-무크K-MOOC에 인공지능 교육 콘텐츠 개발을 추진하고 있으며, 2022년부터 공교육에 학습자 개인 맞춤형 학습 서비스를 제공할 예정이다. 사회적 격리로 대면 및 현장 교육이 축소됨에 따라 가상현실VR과 증강현실AR 기술을 활용한 실감형 교육 콘텐츠 개발에 대한 관심도 증대하고 있다. 마이크로소프트, 구글 등 글로벌 IT 기업들은 마이크로소프트 홀로렌즈MS HoloLens, 구글 글래스Google Glass 등 증강현실 글래스를 출시하고 서비스에 나서고 있다. 국내 기업들도 가상현실 및 증강현실 기술을 활용한 교육 콘텐츠 개발에 발빠르게 움직이고 있다. KT, LG유플러스, SK브로드밴드 등 통신사들은 코로나19로 인한 아이들 교육 환경 변화에 대응하고자 TV를 학습을 위한 도구로 활용할 수 있도록 키즈 콘텐츠 개발을 강화하고 있다. KT는 기존 학교에 구축된 와이파이WiFi 등의 인프라로는 대용량 콘텐츠를 수용하기 어렵기 때문에 5G 기술을 접목해 차세대 교육 서비스를 제공할 예정이다. 이를 위해 천재교육 등 교육 콘텐츠 전문기업 등과 협업을 통해 실감미디어 기술을 기반으로 B2B 사업을 추진하고 있다.

문화 영역에서는 사회적 거리 두기로 인해 스포츠, 공연 활동 등의 문화 산업이 타격을 받고 있다. 오프라인 문화 산업의 타격을 해소하기 위해 시청자가 스포츠, e스포츠, 공연 활동 등을 온라인에서도 현실감 있게 실시간으로 체험할 수 있도록 VR 방송, 3DTV 등의 기술을 활용한 실감 중계 서비스 시장이 확대되는 추세이다. 미국 통신사인 AT&T는 미국 프로야구 MLB를 멀티뷰로 생중계하고 있다. 방송업체인 넥스트VRNextVR는 미국 프로농구 NBA를 VR로 생중계하고 있으며, 사용자가 VR 헤드셋을 착용하면 360도로 모든 방향의 영상을 볼 수 있도록 서비스를 제공하고 있다. 최근 국내에서는 방탄소년단BTS이 온라인 생중계 공연을 진행했으며 전 세계 75만 명이 접속하여 250억 원의 수입을 올려 화제가 되었다. 4차 산업혁명이 문화 산업에 어떠한 변화를 가져오는지를 보여주는 대표적인 사례라 할 수 있다.

4차 산업혁명에 크게 영향을 미치는 또 하나의 환경 변화는 '자국중심주의 강화'이다. 코로나 팬데믹으로 인한 각국의 격리 및 봉쇄로 글로벌 공급망의 취약성이 드러나면서 자급자족 경제, 보호무역주의 기조 확산 등의 '자국중심주의 강화'가 중요한 환경 변화로 등장하고 있다. 트럼프 등 글로벌 리더들이 자국 정치에 몰입하고 있는 시대를 뜻하는 G0 시대라는 개념이 제시되고 있을 정도로 국제사회 공동의 문제를 해결할 글로벌 리더십은 사라지고 각자도생의 시대가 열리고 있다. 미국과 중국 간 무역분쟁이 격화되고 리쇼어링이 부상하고 있다. 특히 우리나라는 반도체, 디스플레이, 자동차 산업 등 국내의 주력 산업에서 글로벌 공급망 대비 국내의 소재·부품·장비 영역의 취약성이 발견되고 있다. 중국산 자동차 부품 조달 문제로 국내 완성차 업체의 조업 중단이 발생했으며 한국인 기술인력 입국 금지로 해외 공장 운영의 어려움을 겪고 있다. 이에 따라 제조 영역에서는 국내 공급망의 해외 의존성 탈피를 통한 자립화를 위해 산업 및 기업 생태계 육성의 필요성이 대두되고 있다. 글로벌 공급망의 변화에 대응하면서 장기간 경제 침체의 극복 수단으로 제조 비용을 감소하기 위한 제조 공장의 스마트화가 확산되고 있다.

## 우리나라의 4차 산업혁명 역량

과학기술 발전이 국가경쟁력의 핵심이 되고 있으며 과학기술 리더십 확보를 위한 국가 간 경쟁이 치열해지고 있다. 세계경제포럼WEF이 발표한 2019년 국가경쟁력 보고서에 따르면, 과학기술 부문에서 ICT 보급 부문과 혁신역량 부문에서 우리나라 순위는 각각 1위, 6위를 차지하는 등 상위권을 차지하는 것으로 파악된다(한국과학기술기획평가원, 2019에서 재인용). 2020년 IMD 국가경쟁력 평가에서도 2019년도 대비 과학 인프라는 3위를 유지했으며 기술 인프라는 22위에서 13위로 상승했다(기획재정부, 2020에서 재인용). 우리나라의 경제 규모를 감안할 때 과학기술 경쟁력이 상대적으로 괜찮은 편이라고 판단할 수 있다. 하지만 4차 산업혁명의 핵심 기술인 인공지능, 빅데이터 등에 대한 기술역량 및 생태계는 세계 주요국에 비해 상대적으로 열위에 있는 것으로 파악된다. 정보통신기획평가원IITP의 2018년도 ICT 기술 수준 보고서에 따르면, 인공지능 및 빅데이터의 기술 수준은 미국, 일본, EU, 중국 등 경쟁국 가운데 가장 낮은 것으로 평가되고 있다(정보통신기획평가원, 2018). 한국의 인공지능 기술 수준은 81.6%로, 전년도 기술 수준 대비 국내 인공지능 기술 수준은 성장하고 있으나, 미국 중심의 기술 발전 속도가 빨라 상대적 격차는 확대되고 있는 추세인 것으로 분석되고 있다. 빅데이터 기술의 경우도 한국의 기술 수준은 83.4%로, 경쟁국 대비 기술 수준이 가장 낮으며 기술 격차도 전년도 대비 확대되고 있는 것으로 평가된다. 빅데이터 수집·유통·처리 분야는 경쟁력을 높여 기

**표 17-1** 인공지능 및 빅데이터 기술 수준 평가 결과

| | | 한국 | | 미국 | | 일본 | | 중국 | | EU | |
|---|---|---|---|---|---|---|---|---|---|---|---|
| | | 2017 | 2018 | 2017 | 2018 | 2017 | 2018 | 2017 | 2018 | 2017 | 2018 |
| 인공지능 | 기술 수준 (%) | 78.1 | 81.6 | 100 | 100 | 83.0 | 86.4 | 81.9 | 88.1 | 88.1 | 90.1 |
| | 기술 격차 (연) | 1.8 | 2.0 | 0.0 | 0.0 | 1.4 | 1.8 | 1.4 | 1.5 | 1.0 | 1.4 |
| 빅데이터 | 기술 수준 (%) | 79.0 | 83.4 | 100 | 100 | 82.8 | 84.8 | 82.5 | 87.7 | 87.0 | 92.7 |
| | 기술 격차 (연) | 1.6 | 1.9 | 0.0 | 0.0 | 1.2 | 1.4 | 1.2 | 1.1 | 0.9 | 0.8 |

자료: 정보통신기획평가원(2018).

술 수준을 높여왔으나, 빅데이터 분석·활용 분야의 기술 수준이 낮은 것으로 분석된다.

영국 컨설팅 그룹인 옥스퍼드 인사이츠Oxford Insights는 2017년부터 정부의 인공지능 준비지수Government AI Readiness Index라는 조사 결과를 2년마다 발표하고 있다. 거버넌스, 인프라 및 데이터, 기술 및 교육, 정부 및 공공서비스, 총 4개의 상위 클러스터별로 11개의 지표를 만들어서 평가하고 있으며, 2019년도 결과에 따르면 한국은 일본(10위), 인도(17위), 중국(20위) 등의 같은 아시아 국가에도 뒤처진 26위를 기록했다. 11개의 지표 중 우리나라가 다른 국가에 비해 상대적으로 뒤떨어지는 지표를 살펴보면 개인정보 보호 관련 법 유무와 데이터 가용성인 것으로 분석된다(경제·인문사회연구회 외, 2019). 특히 4차 산업혁명의 핵심은 데이터 기반이기 때문에 양질의 데이터 확보 및 공유가 이루어지지 않는다면 4차 산업혁명의 국가경쟁력은 담보할 수 없다. 우리나라는 2014년 카드 3사 개인정보 유출 사태 등 다양한 개인정보 유출 사건을 경험하면서 높은 수준의 개인정보 보호 규제체

계가 확립되었으나, 개인정보 활용에 대한 인식 및 법적 근거는 미흡한 상황이다. 또한 우리나라는 미국처럼 전문가가 개인정보를 비식별한 후 재식별 가능성을 재량으로 판단하고 책임지는 신뢰 시스템이 구축되어 있지 못하고, 위험을 판단할 수 있는 현장 전문가도 부족한 상황이다. 최근 데이터 3법 개정으로 데이터의 수집, 축적·가공, 활용의 가치사슬을 활성화하여 4차 산업혁명의 시대를 본격화할 것이라는 기대가 모아지고 있다. 하지만 국내 많은 기업이 데이터 3법의 핵심인 가명화의 수준 및 활용에 대한 가이드라인이 없어서 활용을 주저하는 상황이 발생하고 있다. 특히 의료 정보는 식별 특징을 지워도 병명이나 나이 등으로 특정 인물이 식별될 가능성이 높기 때문에 가명화가 어려운 상황이다. 또한 의료 정보를 활용하는 과정에서 데이터 3법의 '개인정보 보호법' 개정안과 '의료법' 사이에서 충돌이 불가피할 것이라는 우려가 나오고 있다.

## 포스트 코로나 시대의 4차 산업혁명 전망

미래는 불확실하기 때문에 다양한 가능성이 존재한다. 특히 코로나19의 통제 여부에 따라 향후 우리에게 다가올 미래는 전혀 다른 상반된 모습일 수 있다. 코로나19의 억제 정책 실패로 전 세계적인 확산세가 지속된다면 대규모 기업 도산과 실업 발생으로 세계경제는 수년간 침체가 지속되어 4차 산업혁명에 대한 투자가 줄어들 수도 있다. 반대로, 치료제 및 백신이 개발되고 코로나19의 전 세계적인 통제가 이루어진다면 세계경제는 서서히 회복되고 4차 산업혁명에 대한 투자는 더욱 강화될 수 있을 것이다. 다양한 시나리오에도 불구하고 포스트 코로나 시대에 디지털화는 세계경제를 움직이는 중요한 변화 동인으로 남을 것이다. 데이터 기반의 경제는 성장할 수밖에 없으며 인공지능, 클라우드, 5G 네트워크 등이 중심이 되는 4차 산업혁명이 주도적인 역할을 수행할 것으로 전망된다. 글로벌 시장조사업체 보고서에 따르면, 4차 산업혁명 글로벌 시장은 2019년 717억 달러를 기록하고 16.9%의 연평균 성장률로 2024년에는 1566억 달러로 성장할 것으로 전망된다(Research And Markets, 2019). 코로나19로 인해 오프라인 사회활동이 온라인 활동으로 대체되면서 의료, 금융, 교육, 기업, 소매 등의 모든 영역에서 클라우드 서비스에 대한 수요도 지속적으로 증가하고 있다. 전 세계 클라우드 서비스 시장은 2019년 2648억 달러를 기록하고 16.4%의 연평균 성장률로 2027년에는 9275억 1000만 달러로 성장할 것으로 전망된다(Allied Market Research, 2020).

헬스케어 분야에서는 의료 시스템이 기존 치료 중심에서 예방 및 관리 중심으로 패러다임이 변화하여 건강 데이터의 수집 및 공유가 더욱 중요해질 것으로 전망된다. 의료 시스템의 디지털화가 가속화되어 개인 건강관리 등의 헬스케어 산업이 확대되며, 디지털 헬스케어는 진단의 부정확성과 불필요한 진료를 줄여 의료 비용을 절감할 수 있을 것으로 기대된다. 글로벌 헬스케어 IT 시장은 13.8%의 연평균 성장률로 2027년에는 5110억 6000만 달러로 성장할 것으로 전망된다(Meticulous Market Research, 2020).

교육 영역에서는 온라인 교육이 일상화되고, 원격수업 체제의 개선을 위한 인프라 확충이 보다 신속하게 추진될 것으로 예상된다. 비대면 의사소통 스킬이 중요해지고 성과 위주의 수평적 조직 문화로 바뀜에 따라 이러한 수요에 부응하는 교육이 더욱 중요해질 것이다. 개인 맞춤형 온라인 교육에 대한 요구가 증가하면서 에듀테크 산업의 활성화가 예상된다. 글로벌 스마트 교육 및 학습 시장은 17.9%의 연평균 성장률로 2027년에는 6801억 달러로 성장할 것으로 전망되며(Research And Markets, 2020), VR 및 AR 기술을 활용한 글로벌 교육 시장도 2025년에 126억 달러로 성장할 것으로 예상된다(범원택·김자영·김남주, 2019).

문화 영역에서는 비대면 생활의 확산으로 홈엔터테인먼트 소비를 유도하여 모바일 게임과 온라인 동영상 서비스OTT 소비가 늘어나고 이에 따른 AR/VR 등을 활용한 콘텐츠 수요도 증가할 것이다. 스포츠, 공연, 종교 등 다양한 문화 활동에서 비대면 실감형 서비스 제공이 증가되고, 글로벌 IT 콘텐츠 기업들이 제작·유통·소비에 주도적인 역할을 하며 문화 산업의 재편이 가속화될 것으로 전망된다.

제조 영역에서는 인공지능 및 빅데이터를 기반으로 가동되는 스마트팩토리의 상용화가 더욱 가속화될 전망이다. 글로벌 자동차 시장 분석 업체 LMC 오토모티브가 2020년 전 세계 자동차 생산 대수가 2019년보다 20% 줄어든 7100만 대에 그칠 것이라고 전망한 것처럼 코로나 팬데믹으로 인한 경기 침체로 자동차 등 제조업의 상황은 갈수록 어려워지고 있다. 기업들은 현 위기 상황을 생산구조의 효율화로 헤쳐 나가기 위해서 스마트팩토리의 상용화를 가속화할 것이며, 글로벌 스마트팩토리 시장은 2018년 750억 달러에서 2025년까지 1550억 달러로 성장할 것으로 전망된다(Global Market Insights, 2019).

**참고문헌**
경제·인문사회연구회 외. 2019. 「4차 산업혁명 시대 핵심기술 AI 경쟁력, 어떻게 확보할 것인가?」. 경제·인문사회연구회, 국가과학기술연구회, 한국공학한림원 주최 컨퍼런스 자료집(2019.10.29).

기획재정부. 2020. 「2020년 IMD 국가경쟁력 평가 결과 분석」.

범원택·김자영·김남주. 2019. 「VR·AR을 활용한 실감형 교육 콘텐츠 정책동향 및 사례 분석」. ≪정보통신산업진흥원 이슈리포트≫, 2019-15호.

임현 외. 2020. 「포스트 코로나 시대의 미래전망 및 유망기술」. ≪KISTEP 미래예측 브리프≫, 2020-01호.

정보통신기획평가원. 2018. 「ICT 기술수준조사 보고서」.

한국과학기술기획평가원. 2019. 「2019 세계경제포럼(WEF) 세계경쟁력 보고서: 과학기술 관련 부문 중심으로」. ≪KISTEP 통계브리프≫, 2019년 16호.

Allied Market Research. 2020. "Cloud Services Market by Service Type, Cloud Type, Enterprise Size, and Industry Vertical: Global Opportunity Analysis and Industry Forecast, 2020-2027."

Global Market Insights. 2019. "Smart Factory Market Size by Component, by Application, Industry Analysis Report, Regional Outlook, Application Potential, Price Trend, Competitive Market Share and Forecast, 2019-2025."

Meticulous Market Research. 2020. "Healthcare IT Market by Product, Component, Delivery Mode and End User: Global Forecast to 2027."

Research And Markets. 2019. "Industry 4.0 Market by Technology and Geography: Global Forecast to 2024."

_____. 2020. "Smart Education and Learning Market Size, Share and Trends Analysis Report by Age, by Component, by Learning Mode, by End User, by Region, and Segment Forecasts, 2020-2027."

제18장

# 포스트 코로나 시대
# 4차 산업혁명 전략의 변화

양희태 ┃ 한동대학교 경영경제학부 조교수

## 4차 산업혁명이라는 열풍이 불었던 지난 5년

2016년 1월 다보스 포럼에서 처음 '4차 산업혁명'이라는 용어가 등장한 지 어느덧 5년이 흘렀다. 그동안 4차 산업혁명과 관련해 학계, 연구계, 정치·경제계를 망라해 다양한 논의들이 진행되어 왔으나 실체와 개념, 사회적 파급효과에 대해서는 여전히 완전한 합의에 이르렀다고는 볼 수 없다. 그러나 분명한 사실은, 4차 산업혁명은 이전의 산업혁명들과 달리 '지능화'와 '연결성'을 기반으로 산업 전반의 혁신이 가능하고, 이를 통해 생산성과 효율성이 폭발적으로 증가할 수 있다는 기대감을 우리 모두에게 심어주었다는 것이다. 관련하여 GE의 전 CEO인 제프리 이멀트Jeffrey Robert Immelt 회장은 2016년 4월 서울을 방문해 4차 산업혁명, 사물인터넷IoT, 산업 인터넷 등은 모두 같은 의미이며 궁극적으로 생산성 향상을 추구한다고 언급했고, 이를 달성하려는 기업들은 과감한 변화를 받아들여야 한다고 강조했다(윤

**표 18-1** 산업혁명의 역사 및 특징

|  | 1차 산업혁명 | 2차 산업혁명 | 3차 산업혁명 | 4차 산업혁명 |
|---|---|---|---|---|
| 시기 | 18세기 후반 | 20세기 초반 | 20세기 중반 | 21세기 초반 |
| 핵심 변화 | 기계화 | 대량생산 | 정보화 | 지능화 |
| 범용 기술 | 증기기관 | 전기 | 컴퓨터/인터넷 | 인공지능/IoT |
| 생산 주체 | 사람 > 기계 | 사람 < 기계 | 사람 ≪ 기계 | 기계 |
| 통제 주체 | 사람 | 사람 | 사람 | 기계 |

자료: 저자 작성.

병효, 2016.4.15).

실제로 다수의 기업들은 2016년 이후 자신들을 스스로 '인공지능 기업' 또는 '데이터 기업'이라고 재정의하며 사실상 디지털 전환digital transformation 의 심화 과정으로 이해할 수 있는 4차 산업혁명의 트렌드를 따르기 시작했다. 많은 제조기업들이 인공지능을 기반으로 제조 공정을 자동화하고 있고(산업용 로봇, 스마트팩토리 등), 단순 제품 판매에서 데이터 분석 기반의 서비스(상태 진단 및 모니터링, 고장 사전 예측 및 수리 등)로 비즈니스 모델을 확장하고 있다. 의료, 법률, 금융 등 전문가들의 독점적 분야라고 여겨졌던 서비스 분야에도 인공지능이 도입되어 일부 업무를 대체하기 시작했고, 자율주행차, 무인매장 등도 인공지능 기술의 발전과 함께 점점 기능이 고도화되고 있다.

우리나라를 비롯한 세계 주요국 정부들도 4차 산업혁명을 새로운 도약의 기회로 삼아 다양한 정책을 수립·실행해 왔다(한국개발연구원, 2019). 4차 산업혁명의 개념적 기원으로 평가받는 독일의 인더스트리 4.0industrie 4.0을 시발점으로, 일본의 재흥전략과 신산업구조 비전, 중국의 중국제조 2025 와 인터넷 플러스, 차세대 인공지능 발전계획 등은 4차 산업혁명에 대한 국가 차원의 대응 전략으로서 생산성 향상과 신성장 동력 발굴 및 육성, 산업 구조 고도화, 글로벌 시장 확대를 목표로 했다. 우리나라도 2016년부터 2019년까지 매년 지능정보사회 중장기 종합대책, 혁신성장을 위한 사람 중심의 4차 산업혁명 대응계획, I-Korea 4.0 실현을 위한 인공지능AI R&D 전략, 인공지능 국가전략 등을 발표하며 세계 어느 나라보다 공격적으로 4차 산업혁명에 대응해 왔고, 2017년 9월에는 대통령 직속의 4차산업혁명위원회를 출범시켜 종합적인 국가 전략과 부처별 실행계획을 심의·조정하는 기능을 신설하기도 했다.

과히 4차 산업혁명의 광풍이 불었다고 해도 과언이 아닌 지난 5년이었다. 인공지능 및 관련 기술들의 발전과 이로써 이루어낸 혁신을 통해 우리는 기존 SF영화에서 보던 진보된 사회를 꿈꿀 수 있었고 경제적 재도약을 통해 보다 풍요로운 미래를 기대할 수 있었다.

## 예상치 못한 복병, 코로나19

2019년 12월, 전 세계는 예상치 못한 코로나19라는 복병을 맞닥뜨린다. 중국 후베이성 우한시에서 처음 보고된 이 바이러스는 세계 모든 나라들을 공포에 빠트렸고, 2020년 7월 기준 누적 확진자 수 1200만 명, 사망자 56만 명을 기록하고 있다. 신종플루의 0.3%보다 15배 이상 높은 4.5%의 높은 치사율로 정치, 경제, 사회, 모든 분야에 큰 타격을 주고 있는 코로나19의 확산 기세가 꺾이지 않는 가운데, 계절성 독감처럼 만성질환이 되어 뉴노멀new normal로 자리 잡을 것이라는 예상도 전문가들을 중심으로 나오고 있다. 다시 말해, 코로나19가 문명사적 전환점이 되어 우리의 일상이 이전과는 완전히 다를 것이라는 주장이다.

코로나19 확산 초기에는 인류가 바이러스로 인해 일상적으로 공포에 떠는 디스토피아적 예측이 우세했다. 2015년 TED 강연에서 인류에게 가장 재앙적인 위험은 전염성이 강한 바이러스이고 전 세계적으로 1000만 명이 넘는 사망자가 발생할 수 있다고 언급한 빌 게이츠Bill Gates는 이번 코로나19 사태와 관련해 특별 기고문을 발표하고 전 세계적인 공동 대응의 중요성을 역설하기도 했다(Gates, 2015.3; 2020.4.12).

그러나 점차 코로나19가 4차 산업혁명에 오히려 긍정적인 영향을 끼칠 것이라는 주장들이 대두되었다. 즉, 바이러스의 전파 가능성을 최소화하기 위해 비대면 서비스를 강화하려는 인류의 노력은 결국 인공지능과 로봇의 조기 확대를 촉진해 디지털 전환을 가속화하고, 궁극적으로 산업 생산성을 증대시킬 것이라는 긍정적 전망들이 여기저기서 나오기 시작한 것이다. 예를 들어 셰들레츠키(Shedletsky, 2020.5.12)는 제조업에서 5년간 경험할 수 있는 혁신들을 향후 1년 반 만에 볼 수 있으리라 전망했고, PWC 삼일회계법인(이은영, 2020)은 코로나19로 인한 대표적인 변화로 비대면 선호와 함께 금융, 유통, 외식, 레저, 제조 등 전 산업에 걸친 디지털화를 꼽았다.

어떠한 미래 모습을 상정하든 거기에는 코로나19에 대한 대중들의 우려와 이를 극복할 수 있다는 희망이 함께 투영되어 있다. 사실 포스트 코로나는 우리가 그동안 가보지 않은 길이기에 실상 어떻게 우리 삶에 영향을 끼칠지 예단할 수는 없다. 그러나 코로나19가 4차 산업혁명의 전개 방향성에 영향을 줄 수 있는 강력한 외생적 요인임은 분명해 보인다.

# 포스트 코로나 시대 4차 산업혁명 추진 방향

4차 산업혁명을 통해 디지털화된 미래 사회와 윤택한 삶을 꿈꾸던 우리는 코로나19라는 공동의 적 앞에서 상대적으로 낮은 단계인 안전에 대한 욕구 충족에 위협을 느끼게 되었다. 따라서 4차 산업혁명의 궁극적인 목적을 신성장 동력 발굴을 통한 산업 구조 재편 및 생산성 향상이 아닌 '지속 가능 사회 구현'으로 규정할 필요가 있다. 물론 이전에도 4차 산업혁명의 사회적 가치와 지속 가능 발전 관련 논의들은 있었다. 그러나 이제는 코로나19와 같이 인류의 안전에 직접적으로 위협을 가하는 요인들을 감안해 디지털 전환보다 지속 가능 사회 구현에 4차 산업혁명의 방점을 찍어야 한다. 따라서 4차 산업혁명을 추진하는 각국 정부와 기업 등 사회 구성원들은 전략의 우선순위를 조정하거나 선택과 집중을 해야 할 필요가 있다.

## 기술 측면

앞서 언급한 대로 4차 산업혁명과 기존 산업혁명을 구분 짓는 핵심 범용 기술은 인공지능이다. 그러나 인공지능과 연계·적용되는 기술군 및 기반 시스템으로 개념화되는 사이버물리시스템CPS을 고려하면 사실상 데이터를 수집하여 처리·활용하는 데 관련된 모든 기술들이 4차 산업혁명을 추동한다고 볼 수 있다. 4차 산업혁명을 처음 주창한 클라우스 슈밥Klaus Schwab이 밝힌 기술 동인도 무인운송수단·로봇공학·신소재·나노기술 등 물리적 기술과 합성생물학·정밀의료·웨어러블 기기가 포함된 바이오 기술, 사물인터넷·인공지능·클라우드 컴퓨팅·빅데이터 등으로 구성된 디지털 기술로 굉장히 포괄적이다(김석관 외, 2017).

따라서 포스트 코로나 시대에도 4차 산업혁명 관련 기술 포트폴리오 자체는 큰 변화가 없을 것으로 예상된다. 다만 비대면 서비스가 모든 산업에 걸쳐 빠르게 확산될 것이기 때문에 온라인 또는 가상공간에서 현실의 경험을 극대화할 수 있는 기술 개발에 우선순위를 둘 필요가 있다. 특히 업계와 대중의 기대에도 불구하고 아직까지 온라인 게임과 스마트 공장 등 산업 현장에서 부분적으로만 활용되고 있는 가상현실VR과 증강현실AR이 회의 등 커뮤니케이션과 교육, 의료, 여행 등에 적용될 수 있기 때문에 몰입도를 떨어뜨리는 낮은 해상도와 크기, 무게, 이동성 등 물리적 한계를 극복할 수 있는 제품 혁신이 시급하다.

또한 코로나19를 계기로 사람들의 목숨을 위협하는 팬데믹pandemic을 사전에 예측해 차단하고 효과적으로 환자들을 관리·치료하기 위해 인공지능을 보다 적극 활용해야 한다. 실제로 기계 학습은 발병 유형 분석 및 진단, 백신 및 치료제 개발 기간을 획기적으로 단축시킬 수 있어 국내외 제약사들과 미국, 중국 등의 글로벌 IT 기업들이 관련 연구를 진행 중이다. 물론 기계 학습의 특성상 결과의 정확도를 담보하기 위해서는 양질의 빅데이터 확보가 반드시 이루어져야 한다. 관련하여 영국 임페리얼대학의 세계보건혁신연구소 소장을 역임 중인 아라 다르지Ara Darzi 교수는 BBC와의 인터뷰에서 코로나19가 유행하는 지금이 대형 제약회사, 대학 연구실 등에 분산되어 있는 약물 데이터를 통합할 최적기이며 인공지능 전문가들이 쉽게 이 데이터에 접근할 수 있도록 지원해야 한다고 피력했다(Wakefield, 2020.4.18).

### 생태계 측면

포스트 코로나 시대에 혁신 생태계 주요 구성원들의 역할도 조정되어야 한다. 우선 K-방역의 성공 사례에서 볼 수 있듯이 정부는 국민의 기본

권리인 생명권, 안전권, 건강권 등을 보장하는 데 총력을 기울여야 한다. 특히 연구개발 측면에서는 최종 성공 가능성에 관계없이 산업계에서 관심을 가지기 어려운 고위험군의 기초연구에 예산을 집중 투입해 새로운 팬데믹에 적극 대비해야 한다. 이는 반대로 시장에서 자생적으로 진화·발전하는 성격이 짙은 응용 분야 연구는 산업계에 전적으로 일임할 필요가 있다는 뜻이기도 하다. 또한 국가 간 무역장벽이 높아질 것으로 예상되는 가운데에서도 전 세계에 흩어져 있는 의료·방역 관련 지식들을 통합적으로 활용할 수 있도록 각국 정부 및 연구기관들과 협력연구를 수행할 수 있는 토대를 마련해야 한다.

산업계는 코로나19를 비롯해 인류를 위협하는 다양한 난제들을 해결하기 위해 지속적으로 기술혁신을 추진해야 한다. 특히 4차 산업혁명의 주요 결과물들을 특허 등으로 보호하기보다 확산 및 공유를 통해 새로운 솔루션을 발굴하고 시너지를 창출하는 데 집중해야 한다. 또한 기업의 사회적 책임이 점점 더 강조되는 추세에 발맞춰 기본적인 영리 목적 외에 '지속 가능한 사회 구현'에 기여할 수 있는 방안을 전사 비전에 포함시키고 하위 전략으로 구체화해 실행해야 한다. 마지막으로, 정부가 전담할 고위험군 기초연구 외의 난제 관련 각종 응용 연구들은 단기적 수익성보다 장기적 발전 가능성 및 사회적 기여도를 고려해 주도권을 가지고 수행해야 하며, 필요한 경우 정부, 대학, 관련 연구소들의 협력을 이끌어내야 한다.

연구와 교육을 책임지고 있는 학계에도 변화는 요구된다. 우선 연구의 경우 중심축을 학술적 성과에서 실용적 성과로 바꿀 필요가 있다. 특히 과학기술에 특화된 대학들은 초기 설립 취지를 살려 산업계와 사회에 실질적 기여를 할 수 있는 응용 연구에 집중하고, 특히 포스트 코로나 시대에 정부, 기업과 보조를 맞춰 인류의 난제를 해결하는 데 기여해야 한다. 교육의 경우 이미 세계적인 트렌드가 된 인공지능 관련 커리큘럼 강화를 지속 추진하되, 알고리즘 고도화 등 기초연구뿐 아니라 새로운 응용 분야 발굴에도 힘써야 한다. 또한 포스트 코로나 시대에 보편화될 비대면 서비스를 선도하기 위해 온라인 강의 시청과 오프라인 실습·실험·토론이 접목된 플립러닝flipped learning을 다양한 방식으로 시도할 필요가 있다.

### 규제 측면

코로나19로 침체된 경기 부양을 위해 우리나라를 포함한 세계 주요국들은 환경 규제, 금융 규제 등을 이전보다 유연하게 적용하고 있다. 4차 산업혁명의 관점에서 본다면 이와 함께 원격의료 적용 범위 확대, 온라인 유통 등 비대면 서비스 활성화, 치료제·백신 개발 임상시험 기간 단축 등 코로나19와 같은 팬데믹 대응 차원의 규제 개선이 시급하다. 또한 4차 산업혁명의 기반 기술이면서 어느 산업에서나 활용성이 높은 인공지능의 성능 제고를 위해 데이터 활용 관련 규제를 개선해야 한다. 특히 우리나라의 경우 2019년 말 국회 본회의를 통과한 데이터 3법('개인정보 보호법', '정보통신망법', '신용정보법')이 2020년 8월 시행된 가운데 여전히 가명정보 활용 절차의 복잡성과 활용 요건이 엄격하다는 지적이 나오고 있어 시행령의 수정·보완 및 추가 입법이 필요하다.

# 4차 산업혁명을 통해
# 보다 안전하고 건강한 대한민국으로

2020년 7월 14일 정부는 코로나19로 인한 경기 침체와 지속적인 감염병 위기를 새로운 도약의 기회로 삼겠다는 의지를 담은 '한국판 뉴딜 종합 계획'을 발표했다. 그리고 4차 산업혁명의 중요성은 본 계획에 디지털 뉴딜이 그린 뉴딜과 함께 양대 축을 담당하고 있는 것으로 재확인되었다. 정부에서 언급한 바와 같이 한국판 뉴딜의 재정투자는 민간투자와 신산업 발굴의 마중물이 될 수 있다. 이를 기반으로 정부와 산업계, 학계·연구계가 포스트 코로나 시대가 요구하는 변화된 4차 산업혁명 전략을 충실히 이행한다면, 국민들이 안전하고 건강한 삶을 누리는 지속 가능 사회 구현을 기대해 볼 수 있을 것이다.

**참고문헌**

김석관 외. 2017. 「4차 산업혁명의 기술 동인과 산업 파급 전망」. 과학기술정책연구원.
윤병효. 2016.4.15. "GE 회장 '4차 산업혁명 시대, 한국기업 모든 걸 바꿔야 한다'". 《EBN》 https://www.ebn.co.kr/news/view/825904?kind=&key=&shword=%EC%82%AC%EC%9A%B0%EB%94%94&page=80&period=42 (검색일: 2020.7.10).
이은영. 2020. 「코로나19가 가져올 구조적 변화: 디지털 경제 가속화」. Samil Research Center. 《Samil Issue Report》, 2020.4.
한국개발연구원. 2019. 「4차 산업혁명의 사회·경제적 맥락 연구: 글로벌 및 한국의 관점에서」(정책연구 2019). 한국4차산업혁명정책센터.
Gates, B. 2015.3. "We Are Not Ready for the Next Epidemic." TED. https://www.ted.com/talks/bill_gates_the_next_outbreak_we_re_not_ready?language=ko (검색일: 2020.7.12).
_____. 2020.4.12. "Masks, Tests, Treatments, Vaccines: Why We Need a Global Approach to Fighting Covid-19 Now." *The Telegraph.* https://www.telegraph.co.uk/global-health/science-and-disease/masks-tests-treatments-vaccines-need-global-approach-fighting/ (검색일: 2020.7.12).
Shedletsky, A. 2020.5.12. "Due to Covid-19, Manufacturing Will Experience Five Years

of Innovation in the Next 18 Months." *Forbes*. https://www.forbes.com/sites/a
nnashedletsky/2020/05/12/due-to-covid-19-manufacturing-will-experience-five-
years-of-innovation-in-the-next-18-months/#781d3a702312 (검색일: 2020.7.12).
Wakefield, J. 2020.4.18. "Coronavirus: AI Steps up in Battle against Covid-19." BBC.
https://www.bbc.com/news/technology-52120747 (검색일: 2020.7.13).

# 제19장

# 포스트 코로나 시대
# 혁신 시스템 전환의 방향

**김승현** ┃ 과학기술정책연구원 혁신성장정책연구본부 연구위원

2019년 12월 신종 코로나바이러스 감염증COVID-19(이하 코로나19)이 발병한 이후 세계는 현재까지도 그 충격에서 벗어나지 못하고 있다. WHO는 역사상 세 번째로 팬데믹pandemic을 선포했으며[1] 글로벌 경제·사회로의 영향은 앞서 두 차례의 사례와는 비교도 되지 않을 정도로 클 것이라고 한다. 대다수의 전문가들은 더 이상 코로나19 이전의 시대pre-coronavirus era로 돌아가는 것은 불가능할 것이라고 예측하고 있다. 이는 우리가 더 이상 피해의 복구만이 아닌, 포스트 코로나라는 시대적 변화를 직시하고 이를 극복하기 위한 혁신 시스템의 전환을 체계적으로 준비해야 함을 일깨워 주고 있다고 볼 수 있다.

---

1   WHO는 홍콩독감(1968년), 신종플루(2009년)에 이어 2020년 3월 코로나19 관련 팬데믹을 선포한 바 있다.

# 뉴노멀 2.0 시대의 돌입과 4차 산업혁명 도약의 필요성

코로나19의 등장으로 세계경제는 뉴노멀 2.0의 시대로 접어들고 있다. 뉴노멀이란 지난 2007~2008년 세계 금융위기 이후 이어진 경기 침체에 따라 저성장, 저금리, 저소득, 저수익률 등이 세계경제 전반의 새로운 표준으로 자리 잡은 현상을 의미한다. 뉴노멀 2.0이란 최근의 코로나19를 통해 다시금 저성장과 고실업, 수요의 감소와 생산성 저하가 나타나는 경제 상황을 의미한다고 할 수 있다. 경제학자 조지프 스티글리츠Joseph E. Stiglitz는 최근 뉴노멀 2.0 시대의 도래와 관련하여 많은 경제적 가치가 사라질 것이며 회복은 매우 느리게 진행될 것이라 예견한 바 있다(Miller, 2020.5.13). 이전의 뉴노멀이 금융 시스템의 문제였다면 뉴노멀 2.0은 기존의 경제 위기와 더불어 팬데믹 상황에 따른 실물경제의 위기가 함께 작용하고 있다는 점이 큰 차이점이라 할 수 있다. 즉, 전염병에 따른 외출의 자제와 거리 두기, 재택근무나 순환근무의 확대 등으로 인해 대면을 통한 실물경제와 각종 사회 활동이 많은 부분 제한되면서 다양한 경제·사회 행위의 규모 자체가 축소될 수밖에 없는 상황에 직면한 것이다.

대면을 통한 실물경제활동이 제한된 상황에서 경제 위기를 극복하기 위해서는 대면 활동을 대체할 수 있는 다른 형태의 수단이 필요하며, 그 해법은 4차 산업혁명 기술의 파급과 확산에서 찾을 수 있다. 4차 산업혁명의 핵심은 가상cyber과 현실physical의 연계이며 경제 및 사회 활동에서 가상은 비대면 방식, 현실은 대면 방식으로, 연계는 플랫폼을 통해 구현이 가능하다. 4차 산업혁명 이전까지는 주로 온라인과 모바일을 중심으로 한 가상의 영역과 오프라인을 중심으로 한 현실의 영역이 각각 발전해 왔으며 이들 간 연계는 이루어지지 않거나 수동적이고 제한적으로 이루어져 왔다. 4차 산업혁명은 이들이 연속적이고 자동으로 연계되는 것이라 할 수 있다. 이를 우리의 사회 활동과 생산 및 소비 활동 관점에서 생각해 보면, 가상과 현실의 연계란 개인의 업무나 기업의 생산 활동, 소비자의 소비 활동이 끊기지 않고 환경에 따라 온라인과 오프라인을 오가며 연속적으로 진행되는 것을 의미한다.

이와 같은 4차 산업혁명 도약을 위해서는 비대면 방식의 구현을 가능하게 해줄 기술 레벨의 디지털 전환micro-level, 새로운 방식을 통해 제조와 서비스를 제공할 수 있는 기업 및 산업 생태계의 전환meso-level, 마지막으로 사람과 조직 전반의 사고방식과 지향점이 바뀌는 가치의 전환macro-level이 필요하다. 이러한 세 가지 전환은 모두 서로 다른 레벨의 혁신이라 할 수 있으며 결국 혁신 시스템의 대전환을 의미한다고 볼 수 있다(김승현 외, 2020).


## 혁신 시스템의 대전환

### 마이크로 레벨 혁신: 디지털 전환

디지털 전환이라는 용어는 1960년대 말부터 등장했으나 2014년 이후 인더스트리 4.0과 4차 산업혁명이 부각되면서 급격하게 확산되고 있다. 기술의 관점에서 디지털 전환은 정보통신 기술이 단순 자동화가 아닌 근본적으로 새로운 역량 창출에 활용되는 것이라 할 수 있으며, 기업 및 산업 활용 관점에서는 기업의 전략 자산을 디지털화하고 경쟁 우위를 확보하기 위한 활동이라 할 수 있다. OECD(2019)는 디지털 전환을 디지털 신기술을 적용해 비즈니스 방식을 변혁하는 복잡하고 다면적인, 그리고 급속히 전개되는 현상phenomenon으로 규정한 바 있다. 다양한 관점을 종합하면, 디지털 전환이란 기반 기술이 활용 및 적용되어 기존의 데이터와 콘텐츠가 디지털화되고, 기업의 생산과정이 개선되거나 새로운 제품, 서비스가 개발되며, 사회 및 경제 전반의 시스템 변화를 유도하는 현상으로 볼 수 있을 것이다. 주요 기반 기술로는 디지털 기술로 사물인터넷, 차세대 무선통신 5G, 클라우드 컴퓨팅, 빅데이터, 인공지능, 블록체인, 고성능컴퓨팅HPC 및 퀀텀 컴퓨팅QC 등을 들 수 있다(OECD, 2019).

디지털 전환을 이루기 위해서는 기반 기술을 통해 디지털 기술 생태계를 구축하는 것이 매우 중요하며(OECD, 2019), 이를 통해 개별 기술들이 다양한 조합과 상호 운용되는 것이 필요하다. 디지털 기술의 분류 관점[2]에서 볼 때 해당 기술들은 대부분 디지털 플랫폼 기술에 해당한다. 따라서 디지털 전환이 효과적으로 이루어지기 위해서는 디지털 플랫폼 중심의 기술 생태계를 조성하여 개별 기술들이 효과적으로 융합 및 확산될 수 있도록 하는 것이 필요할 것이다.

### 메소 레벨 혁신: 기업 및 산업 생태계의 전환

로저스(Rogers, 2016)는 디지털 전환에 따른 기업 활동 변화 영역을 고객, 경쟁, 데이터, 혁신, 가치의 다섯 가지로 구분하여 제시한 바 있다. 첫째, 고객 관점에서 기존에는 규모의 경제를 통한 단방향 판매 전략이 주가 되었다면, 이후에는 동적인 네트워크를 기반으로 고객과 양방향으로 연결되며 고객이 원하는 가치의 경제가 형성될 것이다. 둘째, 경쟁 체계는 이미

---

2  디지털 기술은 디지털 인프라, 디지털 플랫폼, 디지털 애플리케이션, 디지털 서비스의 네 계층으로 분류가 가능하다(김덕현, 2019).

정해진 영역(산업) 내 경쟁에서 탈산업 경쟁으로 확대되고 네트워크 효과로 인한 승자독식이 심해질 것이다. 셋째, 구조화된 데이터 중심에서 비정형 데이터 중심으로 가치의 무게중심이 변화되고 어디서나 데이터가 생성되며 이를 어떻게 가치 있는 정보로 전환하는지가 중요해질 것이다. 넷째, 완성되고 검증된 제품 중심의 혁신에서 프로토타입 단계의 출시와 테스트 및 검증에 기반을 둔 의사결정 중심으로 변화할 것이다. 다섯째, 하나의 가치로 최적화하기보다는 지속적인 가치 발굴이 필요할 것이다. 이러한 기업 활동의 변화를 위해서는 새로운 기업 혁신 생태계로의 전환이 필요하다. 제품과 서비스 측면에서는 제품의 서비스화 혹은 서비스의 제품화와 같은 제품과 서비스 간의 융합이 필요하며 이를 위해서는 조직 간의 연계 활성화가 이루어져야 한다. 비즈니스 모델 혁신을 위해서는 플랫폼 중심의 기업 생태계로의 전환이 필요하며, 특히 생산공정의 경우 스마트화(지능화)와 모듈화, 모듈 간 비선형적 다중 연결 확대가 이루어져야 한다.

기업 단위 생태계와 유사하게 산업의 구조와 산업 생태계 또한 전환이 촉진될 것이다. 기존 산업 단위의 경계는 붕괴되고 융합은 증가할 것이며 기존의 산업 구분에 포함되기 어려운 신산업들의 등장으로 산업 전반의 구조 전환이 촉진될 것이다. 특히 타 산업과의 협업과 융합이 기업 경쟁력 향상의 중요한 수단이 될 것이다. 이러한 변화는 산업 구조를 기존 산업별로 고착되어 있던 선형적인 가치사슬에서 다양한 상호 관계가 복잡하게 형성되는 생태계로 전환시킬 것이다.

기업과 산업의 혁신 생태계 변화는 공통적으로 개체(생산 모듈 또는 생태계 참여 주체로서의 기업) 간 연계와 협력을 증가시키고, 원청-하청과 같은 기존의 수직적 거래 관계를 보다 평등하게 하는 것을 포함한다고 볼 수 있다. 관계의 정립과 협력을 위해서는 플랫폼의 역할이 중요해질 것이며 생태계상의 플랫폼 리더의 역할이 증대되고 다양한 유형의 플랫폼 리더가 등장 및 경쟁을 하게 될 것이다(김승현 외, 2018). 따라서 기업의 생산공정 스마트화와 모듈화, 투명한 플랫폼의 구축과 연계 촉진을 위한 모니터링과 지원이 중요하다고 할 수 있다.

### 마크로 레벨 혁신: 가치의 전환

혁신 시스템의 최상위 레벨이라 할 수 있는 가치의 전환이란 거시적 관점의 혁신 방향성 변화라 할 수 있다. 디지털 전환이나 기업 및 산업 혁신 생태계 전환의 경우 대부분 인프라나 수단, 과정 혹은 방식의 전환에 가까운 반면, 가치의 전환은 무엇을 해야 하는지에 대한 근본적인 방향성을 의미한다. 이러한 관점에서 가치의 전환은 선도형 혁신과 사회적 혁신으로 나누어 볼 수 있다.

선도형 혁신이란 스스로 문제를 정의하고 도전적이고 탐색적인 혁신을 통해 새로운 제품과 서비스, 새로운 산업을 개척하는 것이라 할 수 있다. 그간 우리나라는 추격의 관점에서 이미 정해진 기술 혹은 제품 로드맵에 근거하여 생산 현장의 최적화를 통한 성장을 지속해 왔다. 이러한 효율성 기반의 생산방식의 한계는 이미 우리나라를 비롯한 유수의 선진국에서 제조업의 오프쇼어링이 나타나면서 확인되고 있다. 디지털 전환이 결국 온라인과 오프라인의 연계를 통해 효율성을 높여준다는 측면에서 기존의 노동생산성 측면의 비효율을 일정 부분 보완해 줄 수는 있을 것이다. 하지만 궁극적으로는 디지털 전환을 통해 새로운 제품과 서비스, 신산업을 창출하여 독보적인 글로벌 경쟁력을 가지는 것이 가장 중요하며 이를 위해서는 융합 환경 조성과 규제의 패러다임 변화가 필요하다. 즉, 전에 없던 새로운 제품과 서비스 개발을 위해 다양한 분야의 지식이 융합될 수 있는 정보와 데이터의 개방과 공유가 필수적이며, 프로토타입 단계에서 바로 실증과 구현이 가능하도록 제도의 파괴적 개선이 이루어지는 것이 매우 중요하다.

사회적 혁신은 다양한 혁신 주체가 모두 혁신 활동에 참여할 수 있는 환경이 조성되고 혁신 활동을 통해 이해관계자 모두의 만족과 편익이 증가하는 것이라 할 수 있다. 어느 정도의 성장과 의식 수준을 달성한 국가의 경우, 불평등을 전제하고 파이pie 크기만을 늘리는 성장 방식은 사람들의 불만을 증폭시킬 수 있으므로, 이를 보완할 수 있는 사회적 가치가 함께 추구되어야 한다. 이러한 혁신은 단순한 생산자와 공급자의 관계가 아닌 다양한 혁신의 주체들이 문제의 발굴과 해결 과정에 함께 참여할 수 있는 환경이 조성되고 이를 통해 사회적 혁신 네트워크가 형성되는 것을 의미한다. 기존의 오프라인 환경에서는 이러한 네트워크가 형성되고 상호작용을 하는 데 많은 제약이 있었으나 디지털 전환에 따른 플랫폼을 활용할 경우 많은 사회적 혁신 활동이 가능하게 될 것이다. 따라서 온·오프라인 연계 플랫폼 구축을 적극적으로 지역사회 전반에 확산할 필요가 있다.

## 혁신 시스템 전환을 위한 시사점

포스트 코로나 시대 4차 산업혁명 기반 혁신 시스템의 전환은 결국 디지털 플랫폼 계열의 디지털 전환 기술을 통해 혁신의 주체·영역·과정·대상의 경계가 허물어지고, 플랫폼 기반의 다양한 네트워크가 형성되는 생태계가 구현되는 것이라 할 수 있다. 관련하여 혁신 프로세스에서의 국가의 역할과 스마트 전문화에 대한 관심 또한 증가하고 있으며, 이러한 현상은 교차 전문화cross-specialization로 설명될 수 있다. 교차 전문화란 크로스

오버 방식으로 다양한 거점을 연결하여 유용한 지식과 능력의 풀을 향상시키고 이를 통해 경제적 다양화를 추구하는 것이다(Matthijs, 2015). 이를 위해서는 정책적으로 다양한 플랫폼을 통해 다양한 기술과 산업 간의 일반적이지 않은uncommon 상호작용을 촉진하는 것이 필요하다. 예를 들어, EU는 정책적으로 회원국 간의 디지털 시장 경계를 허물고 전 경제의 디지털화를 촉진하고자 디지털 단일시장전략Digital Single Market Strategy for Europe을 추진하고 있다. 이는 기존의 전자상거래로서의 디지털 시장뿐만 아니라 콘텐츠와 데이터, 시장 규범 및 산업·인프라 정책이 총괄적으로 디지털화되는 것으로 디지털 경제로의 본격적인 이행이라고 할 수 있다. 특히 기존에 추진 중이던 30여 개 이상의 디지털 산업 혁신 이니셔티브 간의 연계를 통해 생태계의 규모를 키우고 기술 표준이나 규제 부분의 공조 또한 확대하고 있다.

뉴노멀 2.0은 현재의 경제성장과 사회 안정에 있어 위기의 측면도 있지만, 혁신 시스템 전환을 위한 기회적인 측면도 크다고 볼 수 있다. 특히 우리나라의 경우 디지털 경제로의 이행을 위한 체계적인 준비를 통해 국제사회에서 재도약할 수 있는 계기를 마련할 수 있다는 측면에서 다음과 같은 준비가 필요할 것이다.

첫째, 기술의 관점에서는 보급과 구축 중심이 활용 중심으로 전환될 필요가 있다. 기존의 스마트화 지원은 대체로 개발된 시스템을 이식하고 구축하는 과정을 중심으로 이루어져 왔다. 4차 산업혁명의 시작점이라 할 수 있는 인더스트리 4.0이 연계와 활용을 위한 표준 및 시스템과 같은 기초적이고 근본적인 연구부터 시작된 반면, 국내는 기존의 자동화 보급과 유사한 시스템의 이식과 구축을 중심으로 진행되었다. 물론 이러한 측면은 국내의 열악한 제조 및 생산 활동의 환경과 수준을 높여주는 긍정적인 측면도 있으나, 구축 활동이 어느 정도 되어가고 있는 현재 시점에서 볼 때 구축 이후 어떻게 데이터를 생성 및 관리하고 활용할 것인지에 대한 측면은 아직도 준비가 부족하다고 볼 수 있다. 특히 현장 보급 중심의 정책을 보완할 수 있는 원리와 시스템에 대한 연구 중심의 정책이 함께 추진되는 것이 필요할 것이다.

둘째, 산업의 관점에서는 기존 산업별 프로세스 효율화가 아닌 장기적 관점에서 현재 존재하지 않는 산업들이 지속적으로 생겨나고 발전할 수 있는 산업 간 연계를 준비할 필요가 있다. 이를 위해서는 다양한 융합을 중개해 줄 수 있는 가상의 플랫폼과 연계 활성화를 위한 전문 컨설팅이 가능한 연계 지원 조직을 육성해야 한다. 즉, 기존의 산업이 생산관리 중심으로 이루어졌다면 향후에는 지식의 연계 관리가 매우 중요해질 것이며 이를 위한 가상의 통로로서의 플랫폼과 현실에서 도움을 줄 수 있는 인력과 조직의 양성이 필요하다.

셋째, 가치의 관점에서 선도적이고 새로운 가치를 담은 아이디어가 실생활로 빠르게 적용될 수 있도록 개방화된 혁신 환경을 조성하는 것이 필요하다. 4차 산업혁명이 본격화되는 미래의 혁신에서는 선도적인 제품과 서비스가 빠른 시간에 다양한 사용자를 통해 검증되고, 이를 통한 빅데이터를 선제적으로 구축 활용하는 것이 매우 중요해질 것이다. 특히 이 과정에서 다양한 이해관계자를 혁신 주체로 끌어들이기 위한 노력과 손쉬운 참여를 이끌 수 있는 플랫폼의 확산 또한 필요할 것이다.

마지막으로, 이러한 전환들이 궁극적으로 성장과 사회 발전으로 발현될 수 있도록 조화롭고 지속 가능한 혁신 생태계를 구축하는 것이 필요하다. 일례로 모바일 혁명을 이끈 스마트폰의 등장은 1993년 IBM의 사이먼이 최초이지만, 실질적으로 모바일 혁명의 시작은 2007년 아이폰 출시 이후였다는 점은 시사하는 바가 매우 크다고 할 수 있다. 사이먼이 실패한 이유는 단말기를 활용하고 지속적으로 발전을 이끌 인프라, 콘텐츠와 같은 생태계가 함께 구성되지 못했기 때문이다. 즉, 특정 분야의 기술 개발과 보급만으로 혁신 시스템 전반이 변화하는 것은 불가능하므로, 포스트 코로나 시대 4차 산업혁명이 뿌리내리기 위해서는 플랫폼 중심의 건전한 혁신 생태계의 조성이 함께 이루어져야 할 것이다.

**참고문헌**

김덕현. 2019. 『4차 산업혁명의 올바른 이해: 미래 기술-경제-사회 변화에 대한 줌아웃 (zoom out) 보기』. 서울: e퍼플.

김승현 외. 2018. 「디지털 전환에 따른 혁신생태계 변화 전망」. 과학기술정책연구원.

김승현 외. 2020. 「전환시대 지역혁신생태계에서 선도기업의 역할과 기여」. 과학기술정책연구원.

Matthijs, J. 2015. "Cross-specialization: A New Perspective on Industry Policy." Papers in Evolutionary Economic Geography (PEEG) 1519, Utrecht University, Department of Human Geography and Spatial Planning, Group Economic Geography.

Miller, R. 2020.5.13. "New Normal 2.0 for U.S. Economy Looks Awful, Long, Perilous." *Bloomberg*. https://www.bloomberg.com/news/articles/2020-05-13/new-normal-2-0-for-u-s-economy-looks-awful-long-and-perilous (검색일: 2020.7.1).

OECD. 2019. "Going Digital: Shaping Policies, Improving Lives."

Rogers, D. 2016. *The Digital Transformation Playbook: Rethink Your Business for the Digital Age*. New York: Columbia Business School Publishing.

# 제20장

# 포스트 코로나 시대의 규제 개혁

강준모 ǀ 정보통신정책연구원 디지털경제사회연구본부 연구위원

2016년 1월 개최된 다보스 포럼에서 처음으로 4차 산업혁명이 논의된 후 4년이 넘는 시간이 흘렀다. 그동안 우리는 데이터data와 네트워크network, 인공지능AI으로 대표되는 지능정보기술이 ICT 산업을 넘어 경제와 사회 전반에 적용되는 모습을 지켜보았다. 코로나19의 창궐은 4차 산업혁명의 이러한 변화를 더욱 가속화한다. 전염을 최소화하기 위한 봉쇄 조치lock-down, 그리고 어느 정도 확산세가 잦아든 이후에도 오프라인에서의 활동을 최소화하는 '사회적 거리 두기'가 이루어짐에 따라, 일상과 방역의 공존을 위하여 온라인·모바일 기반의 비대면 서비스에 대한 수요가 급격하게 확대되었다. 직장인과 학생 모두 모임을 최대한 자제하고 재택근무를 하거나 온라인 강의를 들었다. 생필품을 구매하거나 끼니를 때우는 단순한 경제활동조차도, 집 앞의 매장을 방문하기보다는 온라인 쇼핑·배달 서비스를 이용했다. 여가 활동에서도 여행이나 영화 관람 등 사람 간 접촉이 일어날 수 있는 활동은 위축되고, 게임이나 OTT 서비스를 이용한 콘텐츠 관람이 주

류로 자리 잡았다. 마이크로소프트의 CEO 사티아 나델라Satya N. Nadella가 말한 "코로나19로 2년간 일어날 디지털 변화가 2개월 만에 등장했다"라는 표현은 이를 잘 반영한다.

우리는 코로나 이전과 같이 오프라인 중심의 생활양식으로 돌아갈 수 있을까? 많은 전문가들은 코로나19가 완전히 종식되기보다, 독감처럼 계절성 유행병으로 주기적으로 찾아올 수 있음을 강조한다. WEF(2019)에서는 지구온난화의 영향으로 사스나 메르스 같은 대규모 감염병이 찾아오는 주기가 짧아지고 있음을 보인다. 이는 지금의 코로나19 유행이 지나가더라도 사람들이 여전히 유행병에 대한 두려움을 가질 것이며, 따라서 온라인·비대면 서비스에 대한 수요가 지속될 것임을 시사한다.

정부는 코로나19가 가져오는 실물경제의 충격을 극복하기 위한 일환으

**표 20-1** 5대 디지털 뉴딜 대표 과제

| 과제명 | 주요 내용 |
| --- | --- |
| 데이터댐 | • 공공 데이터 14만 2000개 개방<br>• 데이터 바우처 8400개 기업에 제공<br>• AI 학습 데이터 1300종 구축(~2025년) |
| AI 정부 | • 일반 국민 모바일 운전면허증 2021년 중 도입<br>• 민원서비스용 AI 국민비서 도입<br>• 공공 부문 5G 무선망 전환 및 공공 클라우드 센터 구축 |
| 스마트의료 인프라 구축 | • 디지털 기반 스마트병원 18개 구축(~2025년)<br>• 호흡기 전담 클리닉 1000개소 설치<br>• 비대면 의료 제도화 추진 |
| 국민안전SOC 디지털화 | • 도로, 철도, 공항, 하천에 디지털 관리 체계 도입 |
| 디지털트윈 | • 전국 3차원 지도, 지하 공간 지능형 관리시스템, 자율주행차용 정밀도로지도 구축 |

자료: 관계부처 합동(2020.7)을 토대로 저자 정리.

로 한국형 뉴딜 정책을 발표했다. 디지털 뉴딜, 그린 뉴딜, 안전망 강화의 세 꼭지로 대표되는 이번 정책에서 디지털 뉴딜은 데이터·AI 분야의 강화와 비대면 산업 활성화 지원으로 요약될 수 있다(〈표 20-1〉). 그러나 정책의 효과를 극대화하고 민간의 혁신 동력을 강화하기 위해서는 재정투자 외에도 디지털 전환을 가로막고 있는 각종 규제의 개선이 동반되어야 한다. 이에 이 장에서는 비대면 산업의 활성화와 직접적인 연관이 있는 실감형 콘텐츠 관련 규제와 데이터 관련 규제, 원격의료 규제를 통하여 포스트 코로나 시대의 규제 이슈에 대해 살펴보고자 한다.

## 실감형 콘텐츠 관련 규제
## : 기존 산업 중심 규제 체계의 문제

가상·증강 현실VR·AR 기술로 대표되는 실감형 콘텐츠 산업은 5G 시대를 맞아 스마트폰 이후 새로운 플랫폼으로의 가능성을 찾는 ICT 기업들이 새롭게 주목하고 있는 분야이다. 2010년대 스타트업이 주도하던 VR·AR 생태계는 이제 구글, 페이스북, 애플과 같은 ICT 대기업이 참여하면서 성장 가능성이 더욱 높아질 전망이다. 특히 코로나19 사태 이후, 현실과 동일한 경험을 통하여 비대면의 한계를 극복하기 위한 수단의 하나로 실감형 콘텐츠에 대한 기대가 커지고 있다.

실감형 콘텐츠의 적용 분야는 단순히 영상 콘텐츠 시청이나 게임에 그치지 않는다. 비주얼 캐피털리스트(Visual Capitalist, 2019.1.16)에서 실시한 조사에 따르면, 현실과 완전하게 단절되어 새로운 환경을 보여주는 가상현실은 B2C 분야에 강점을 보이나, 현실에 여러 정보를 입히는 증강현실

**그림 20-1** VR·AR 기술의 향후 활용 분야. 향후 VR·AR 기술이 어떤 분야에서 활용이 늘어날 것인가에 대한 응답 비중 (%).

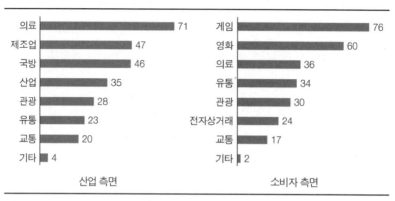

자료: Visual Capitalist(2019.1.16), 이자연(2019)에서 재인용.

은 의료나 교육, 제조업 등 산업적 용도로도 활발하게 사용될 것으로 전망된다(〈그림 20-1〉).

해외에서는 VR·AR 기술을 이용한 다양한 콘텐츠가 개발되어 시장에 출시되고 있다. 의료 분야에서는 교육 훈련과 시뮬레이션, 가상현실을 이용한 원격수술까지도 시도되고 있으며, 제조 현장에서는 AR 글래스를 사용하여 매뉴얼 확인부터 원격업무 지원과 협업, 시뮬레이션에 이르기까지 넓은 활용을 보인다. 교육 분야에서도 온라인 대학에서 가상현실 기술을 이용한 실험실을 구축하고 있으니, 코로나19 사태와 같이 대면이 어려운 상황에서 그 활용 가능성은 매우 클 것이다.

우리나라에서도 이렇게 다양한 실감형 콘텐츠를 활용할 수 있을까? 사실 원격의료 등 일부 분야를 제외하고 실감형 콘텐츠의 활용을 명시적으로 금지하는 규제는 없다. 그러나 VR·AR를 활용하는 사업에 필요하지 않은 시설·인력 규제나 기존 산업 중심의 인증 체계, 실감형 기술과 현실의 동일성을 인정하지 않는 규정은 VR·AR의 활용을 어렵게 만든다.

가령 디지털 치료제의 하나로 분류되는 재활치료용 VR 콘텐츠를 생각해 보자. 물리치료실에서 반복적으로 이루어지는 재활은 상당히 따분한 작업이다. 앱 개발자가 동기 유발을 위한 흥미 요소를 결합하기 위해 가상 현실과 결합하여 숲속을 산책하거나, 테니스 등 스포츠와 결합하는 앱을 만들었다면 이는 의료용 앱일까, 게임물일까? 치료라는 특정한 목적을 위해 개발되고 사용된다고 하더라도, 현행 법령하에서는 기능성 게임물에 해당하여 게임물 등급 분류를 받아야 한다. 양방향성이 있는 영상물을 게임 콘텐츠로 폭넓게 정의하고 있기 때문이다.

교육에서 활용하는 것은 어떠할까? 해외에서는 가상현실을 통해 중장비 운전 교육이 이루어지고 있으니, 실감형 콘텐츠를 통한 직업 교육이 그리 먼 미래의 일만은 아닐 것이다. 그런데 우리나라에서는 원격직업훈련 시설을 설립하기 위해서도 66제곱미터 이상의 사무실을 구비하고, 4명 이상의 운영 인력과 전업 강사를 고용할 것을 의무화하고 있다.

이러한 문제는 기존의 규제가 오프라인 환경만을 고려하여 만들어졌기 때문에 발생한다. 새로운 사업 모델이 나타나면 이를 법령에 반영하고 있다고는 하지만, 다양한 사업 모델이 신속하게 등장하는 4차 산업혁명 시대에 점진적인 개량으로 혁신의 속도를 맞추어갈 수 있을지는 의문이다. 필요에 따라 법령의 일부분을 고쳐나가는 땜질식 개량이 아닌, 원격·비대면 환경을 반영할 수 있도록 법령 체계 전체를 재검토해야 하는 시점인 것이다.

# 데이터 관련 규제: 활용과 보호의 조화

우리 국민들은 이번 코로나19 사태를 통하여 데이터의 중요성과 위험성을 절감했다. K-방역 시스템의 기본은 확진자에 대한 신속한 동선 추적이 핵심이다. 이를 위하여 정부는 통신기지국에 남아 있는 위치 정보와 신용카드 사용 내역, CCTV 정보 등을 수집해 분석한다.[1] 확진자의 동선은 접촉자를 파악하기 위해 공개된다.

그런데 이 과정에서 몇 가지 문제가 제기되었다. 하나는 과도한 개인정보 수집 문제이다. 감염병의 확산을 막기 위한 공익적 목적이라고 하더라도, 데이터를 어느 정도까지 수집할 것인지 결정해야 한다. 위치 정보와 카드 사용 내역 외의 다른 정보를 수집하면 확진자의 동선을 세밀하게 추적하고, 접촉자도 정확하게 가려낼 수 있다. 하지만 이 과정에서 정보 주체가 공개를 원하지 않는 행적이 누군가에게 알려지게 된다. 비식별화된 확진자에 대한 재식별 문제도 있다. 지금은 공개 기준(감염병 환자의 이동 경로 등에 대한 정보 공개 범위 안내)이 만들어져 있지만, 코로나19 대응 초기에는 개인을 특정할 수 있는 정보, 가령 확진자의 거주지나 직장명, 특이한 인적 사항 등이 공개되어 문제가 되었다.

확진자 동선 공개 사례는 데이터의 수집과 활용에서 발생하는 문제를 잘 보여준다. 개인정보의 수집을 어느 정도까지 허용해야 하는지, 비식별

---

1   코로나19 역학조사 지원시스템(EEIS)에서는 기지국 위치 정보와 신용카드 내역만을 사용하고, 개인정보의 과도한 침해 우려가 있는 CCTV 정보는 사용하지 않는 것으로 밝히고 있다(국토교통부, 2020.4.10). CCTV 영상의 확인은 발병 시 증상 여부와 확진자 기억의 정확성 등에 따라 추가적인 확인이 필요하다고 인정될 때에만 질병관리청과 지자체 역학조사관에 의하여 이루어진다.

화가 되었다면 공익적인 목적 외에도 이를 활용할 수 있는지, 그리고 비식별화된 데이터는 재식별이 될 수 있는지 등이 그것이다.

4차 산업혁명의 승패는 데이터를 어떻게 활용하는지에 있다 해도 과언이 아닐 정도로, 산업뿐만 아니라 공공과 사회 영역 전반에 걸쳐 데이터의 중요성이 부각되고 있다. 데이터의 산업적·사회적 활용을 뒷받침하기 위해 각국은 데이터 관련 법제 정비에 나섰다. 2017년부터 시행된 일본의 '개인정보 보호법'이나, 2018년부터 시행된 유럽연합의 '일반 데이터 보호 규칙GDPR'이 대표적인 예다. 우리나라에서도 기존의 개인정보 법제가 보호에만 치중하여 데이터의 산업적 활용이 불가능하다는 지적에 따라, 정부·기업·학계·시민 단체 등 다양한 분야의 전문가 논의를 거쳐 데이터 3법('개인정보 보호법', '신용정보법', '정보통신망법') 개정안이 마련되어 2020년 8월 6일부터 시행되었다. 개정된 법령에서는 개인정보의 개념을 명확화하고, 가명정보에 대해서는 정보 주체의 동의 없이도 활용할 수 있도록 허용하는 한편, 결합 전문기관을 통해서 서로 다른 개인정보 처리자가 보유한 가명정보를 결합할 수 있도록 하여 데이터의 활용 가능성을 넓혔다.

하지만 개정된 데이터 3법을 바라보는 시선은 싸늘하다. 데이터의 활용이 필요한 기업에서는 여전히 기준이 모호함을 지적한다. 우선 데이터의 종류에 따라서 적용되는 법령이 달라진다는 문제가 있다. 일반 개인정보는 '개인정보보호법'을 적용받지만 신용정보는 '신용정보법'이라는 별도의 법을 통해 다루어지는데, 개인정보와 신용정보를 결합하여 생성되는 데이터에 대해서는 두 법 중 어느 것을 준수해야 하는지 명확하지 않다. 가명정보의 처리나 활용에 있어서도 산업계는 어려움을 호소한다. 가명정보의 활용이 가능한 범위와 수준에 대한 논란, 가명정보에 대한 안전 조치나 위험 관리 기준의 부재, 개인정보 유출이나 재식별에 따른 과도한 법적 책임

**표 20-2** 주요국의 공간 정보 공개 수준

|  | 3차원 공간 정보 | 항공사진 | 위성영상 |
|---|---|---|---|
| 한국 | 90m (좌표 불포함) | 25cm (좌표 불포함), 30m(2차원 좌표 포함)~90m (3차원 좌표 포함) | |
| 미국 | 10m (전국), 1m (일부) | 0.3~1m | 15~30m |
| 유럽 | 25m | 2.5m | |

자료: 서기환 외(2019).

등은 여전히 데이터의 활용에 제약을 준다. 개인정보보호위원회에서 발표한 '가명정보 처리 가이드라인'이나 보건복지부의 '보건의료 데이터 활용 가이드라인'에서 가명정보와 관련한 모호한 사항들을 일부 해결했지만, 좋은 선례가 나오기 전까지 기업들은 여전히 가명정보의 자유로운 활용에 부담을 느낄 것으로 보인다.

반대로 시민 단체에서는 충분한 보호조치가 확보되지 않았다며 반발한다. 개정법이 개인정보자기결정권을 희생하여 개인정보를 기업의 돈벌이 수단으로 전락시킨다는 것이다. 또한 비식별화된 정보도 언제든지 재식별이 가능하기 때문에, 법령에 정의된 수준의 가명 처리만으로는 안전하지 않다고 주장한다.

데이터 활용의 어려움은 개인정보에만 그치는 것이 아니다. 자율주행차와 드론 등 미래 서비스의 개발을 위해서는 정밀도 높은 공간 정보를 확보하는 것이 필수이다. 그런데 우리나라에서는 '국가공간정보 보안관리 기본지침'에 따라 공간 정보의 제공을 강력하게 규제하고 있다. 〈표 20-2〉에서 보는 것과 같이, 3차원 공간 정보의 경우 민간에 공개하는 해상도[2]가

2  공간 정보의 해상도는 정보의 최소 단위, 가령 위성사진의 한 픽셀에 들어가는 실제 공간

90m에 불과할뿐더러, 좌표도 제공하지 않는다. 건물 한 층의 높이가 3m 정도인 것을 고려했을 때, 20층 아파트 한 채의 높이도 제대로 구별하지 못하는 수준의 정보인 셈이다. 2차원 영상도 좌표가 포함되면 30m 이상의 해상도를 가진 정보만을 얻을 수 있다. 정밀지도나 3차원 좌표를 획득하기 위해서는 국정원의 '보안관리규정'에 따라 보안성 검토를 거쳐야 한다. 반면 미국이나 유럽에서는 자세한 수준의 정보가 공개되어, 공간 정보의 산업적 활용이 원활하게 이루어지고 있다.

우리나라에서 공간 정보를 엄격하게 통제하는 이유는 북한 때문이다. 정밀 공간 정보를 공개하면 국가 안보에 위협이 될 수 있다는 것이다. 그러나 서기환 외(2019)에서 살펴본 바와 같이 이 논리에는 큰 허점이 있다. 네이버맵에서 마스킹되어 제공되는 국가 중요 시설에 대한 위성사진이 구글 맵스에서는 확인이 가능하고, 두 자료를 비교하면 한국 정부가 지정한 중요 시설의 위치를 파악할 수 있다. 게다가 구글 맵스에서는 우리나라의 좌표 정보도 쉽게 확인이 가능하다.

데이터와 관련된 일련의 논쟁은 신기술 규제가 처한 활용과 보호 사이의 딜레마를 보여준다. 모든 기술은 활용 과정에서 발생할 수 있는 위험을 가지고 있다. 등장한 지 오래된 기술은 누적된 경험을 통해 발생 가능한 위험의 종류와 정도를 예측할 수 있으므로, 위험을 적절하게 통제하면서 기술의 가능성을 최대한 살릴 수 있도록 규제의 수준이 결정된다. 그런데 혁신 기술과 이를 활용한 산업은 어떤 위험이 발생할지, 발생한 위험의 여파가 어느 정도일지 예측하기 어렵다. 위험을 파악하기 위한 충분한 경험이나 데이터가 쌓이지 않았기 때문이다. 더군다나 발전 속도가 빠른 ICT 분야

---

의 크기를 의미한다.

에서는 규제 문제가 더욱 크게 나타난다. 합의에 따라 결정된 규제 수준이 새로운 기술을 포용하지 못하기도 하지만, 반대로 기술 발전이나 데이터 축적량이 늘어날수록 기존 규제가 충분한 보호를 제공하지 못할 수 있기 때문이다. 가령 로셰·헨드릭스·몽조예(Rocher, Hendrickx and Montjoye, 2019)에서 보듯, 충분하다고 여겨졌던 비식별화 정도로 GDPR에서 요구하는 재식별 불가능성을 만족하지 못할 수도 있는 것이다.

그렇다면 시민의 권리 보호를 위하여 개인정보의 활용을 철저하게 통제해야 할까? 4차 산업혁명의 핵심은 데이터를 어떻게 활용하느냐에 있는데, 데이터의 활용을 제약하는 것은 산업 경쟁력 약화와 연결된다. 이미 우리나라의 강한 개인정보 보호법제가 빅데이터와 인공지능 활용 산업의 성장을 어렵게 만든다는 지적이 계속되는 상황에서, 외국의 기준보다 강력한 규제를 유지하는 것은 받아들이기 어려울 것이다. 그보다는 데이터의 활용을 통한 혁신 가능성을 열어주되, 발생할 수 있는 위험을 지속적으로 모니터링하고 문제가 생겼을 때 신속하게 대응하는 위험관리 체계를 구축하는 것이 4차 산업혁명 시대에 대응하는 올바른 정책 방향으로 생각된다.

## 원격의료: 이해관계자 갈등의 문제

코로나19를 비롯한 감염병은 국가 전체의 보건의료 시스템에 큰 부담을 가져온다. 코로나 환자들은 의심 환자라도 감염의 위험이 있기 때문에 일반 환자들과 격리되어야 하며, 환자의 치료를 위해 음압 병실·수술실과 같은 특수한 설비 외에도 방호복으로 무장한 의료진이 필요하다. 의료 설비나 인력은 필요에 따라서 쉽게 공급할 수 없으므로, 코로나19의 확산세가 높은 국가에서는 병상 부족으로 전체 의료 서비스가 마비되기도 한다.

코로나19로 일반 환자들이 의료 서비스를 적시에 받지 못하는 것도 문제이다. 코로나19 환자가 찾을 가능성이 높은 종합병원이나 내과, 이비인후과는 혹시나 하는 마음에 방문하기 꺼려진다. 우리나라는 대구·경북 지역을 제외하고는 초기 대응이 잘 이루어져 의료 시스템의 마비까지 이르지는 않았으나, 해외에서는 개인 병원이 코로나19를 이유로 휴업하거나 발열이 있는 환자의 진료를 거부하는 사례가 발생했다.

코로나19 사태 이전과 이후의 초과 사망자[3] 비율은 의료 서비스의 질적하락을 보여주는 지표이다. 통계청에 따르면 2020년 1분기 기준 초과 사망자는 전년에 비하여 전국적으로 6%가 증가했으며, 1차 유행이 발생했던 대구와 경북에서는 각각 10.6%, 9.5%의 증가세를 보였다. 해외는 더욱 상황이 심각한데, 해외 주요국의 코로나19로 인한 초과 사망자는 미국 16%, 영국 43%, 프랑스 25%가 증가한 것으로 나타났다.

해외에서는 비대면 원격의료를 활용하는 것으로 의료 공백을 최소화하고자 한다. 〈그림 20-2〉와 같이, ICT 기술은 위치 추적을 통한 접촉자의 추적에서부터 비대면 진료와 진단, 수술에 이르기까지 대면 의료를 보조하는 수단으로 사용될 수 있다. 이에 미국, 캐나다, 영국, 이탈리아, 독일, 남아공 등 여러 국가에서 원격의료와 관련한 규제를 완화하고 인프라와 앱 개발을 위한 투자를 실시했다(Webster, 2020).

우리나라에서도 이러한 비대면 원격진료를 허용할 수 있을까? 원칙적으로 한국에서 원격의료는 '의료법' 제34조에 따라 의사가 정보통신 기술

---

3  초과 사망(excess death): 평균적으로 기대되는 사망보다 더 많은 사망이 발생하는 상황을 가리킨다.

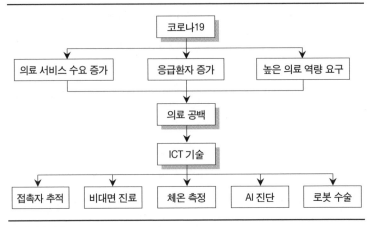

을 이용하여 다른 곳의 의료인을 지원하는 자문만 가능하다. 의사-환자 사이에서는 원격진료뿐만 아니라 원격 모니터링도 불법이다. 비록 정부에서 코로나19 사태에 대응하여 한시적으로 원격의료를 허용했으나, 코로나 사태가 종식된 이후 원격의료가 일상적으로 허용되기는 어려워 보인다.

원격의료 합법화는 규제 개혁의 가장 큰 걸림돌 중 하나인 이해관계자 갈등 문제와 연결되어 있다. 2009년 원격의료가 신성장 동력 중 하나로 정해진 이후, 정부에서는 '의료법' 개정을 통하여 의사-환자 간 원격의료를 합법화하고자 했다. 그러나 오진 가능성이나 의료영리화를 우려하는 시민사회의 반대 외에도, 원격의료의 허용이 대형 병원 쏠림 현상을 심화시켜 개원의의 폐업을 불러올 것이라는 이유로 의료계가 강력하게 반발하면서 여러 차에 걸친 '의료법' 개정 시도는 실패로 돌아갔다. 반면 대형 병원 중심의 병원협회는 불필요한 외래 진료를 줄이고 서비스 품질을 높이는 데 도움이 될 수 있다는 이유로 원격의료의 도입에 찬성했다. 이는 원격의료 허용이라는 문제가 기술 발전으로 안정성이 확보되면서 자연스럽게 해결되는 기술적인 이슈가 아니라, 지역 병·의원과 종합병원 사이에 상반된 이해관계가 조율되어야만 해결이 가능한 사회적인 이슈임을 보여준다.

문제는 원격의료를 무조건 금지하는 것이 능사가 아니라는 점이다. 글로벌 헬스케어 기업들이 원격의료와 관련된 서비스 모델을 지속적으로 선보이는 상황에서, 언어 장벽이 해결되고 나면 국가에 상관없이 원격의료를 이용할 수 있게 될 것이다. 미국의 원격의료 기업이 미국 유명 병원과 우리 국민을 직접 연결해 주는 원격의료 서비스가 등장하고 디지털 치료제를 이용하거나 가상현실을 접목한 재활치료를 받을 수 있는 상황에 맞닥뜨리고 나서 대응하려 하면 의료 산업의 경쟁력을 상실하는 상황에 직면할 수도 있다. 국민의 의료권이라는 기본적인 권리를 보호하는 관점에서 보면 해답은 더욱 자명하다. 의료계의 현명한 선택이 필요한 시점이다.


## 포스트 코로나 시대 규제 개혁의 방향

지금까지 실감형 콘텐츠, 데이터, 원격의료의 사례를 통하여 4차 산업혁명 시대의 규제 이슈에 대해 살펴보았다. 이는 오프라인·기존 산업 중심의 규제 체계 개선, 활용과 보호의 조화, 이해관계자 갈등 해결의 세 가지로 요약할 수 있다. 여기서 개별 규제에 대한 개선안을 논의하는 것은 적절하지 않을 것이다. 그보다는 4차 산업혁명 시대에 대응하기 위한 규제 개선의 일반적인 원칙에 대해 제언하고자 한다.

신기술을 수용하기 위한 규제 개혁을 위해서는 우선 규제 패러다임의 전환이 필요하다. 신기술을 적용하는 데에는 필연적으로 실패가 발생할 수밖에 없다. 그러나 무조건적인 규제 완화 또한 국민의 안전보장이라는 정부의 기본적인 역할을 저버리는 일이다. 활용과 보호 사이의 균형을 위해서는 사전 허용·사후 규제로의 전환에서 더 나아가, 정부가 모든 상황을 알고 통제해야 한다는 강박을 버리고, OECD(2015)에서 제안한 바와 같이 정부와 민간이 함께하는 공동 규제co-regulation나 민간의 자율 규제self-regulation와 같은 방식을 고려할 필요가 있다. 또한 규제의 방식에 있어서도 법으로 강제하는 방식보다 가이드라인이나 행위규범code of conduct과 같은 연성 규제를 적극적으로 활용해야 한다.

다음으로 비대면 산업을 수용할 수 있도록 현행 법령 전반에 대한 적극적인 재검토가 이루어져야 한다. 규제의 필요성을 원점에서 재검토하는 규제입증책임제의 도입은 환영할 만한 일이나, 이러한 검토가 신기술·신산업의 관점에서 제대로 이루어지고 있는지 의문이다. 검토를 수행하고 평가하는 담당자와 기존 규제 정비위원회의 위원이 원격·비대면 산업에 대한 이해가 부족한 경우 기존 법령의 경직성을 발견하지 못할 수 있기 때문이다. 또한 현재의 규제입증책임제는 조문별로 검토가 이루어지므로 규제 개선이 땜질식 처방에 그칠 가능성이 높다. 신산업 관련 규제 환경의 조성을 위해서는 선제적 규제 혁파 로드맵과 같이 미래 산업의 발전 방향을 짚어가며 법령 체계를 검토하는 제도의 전면적 확대가 효과적일 것으로 생각된다.

이해관계자 갈등 해결을 위해서도 정부가 적극적으로 나설 필요가 있다. 정부에서는 해커톤이나 '한 걸음' 정책을 통해 갈등의 조정을 시도하고 있으나, 이보다 더욱 적극적으로 조정자로서의 역할을 수행해야 한다. 경쟁 사업자 상호 간의 이익 조정이라는 관점에서 갈등 조정에 접근하려고 하면 문제의 해결은 요원하다. 이해관계자가 서로 한 걸음씩 양보한다는 것은 이상적인 경우에서만 가능할 뿐, 누군가에게는 생활이 걸린 부분이라서 절대 양보하려 하지 않을 것이기 때문이다. 신산업 발전을 위한 규제 개혁을 위해서는 그보다 시장 경쟁의 촉진과 소비자 효용 극대화라는 원칙을 고수하되, 구조적 변화로 인해 발생하는 기존 산업 종사자의 보호를 위하여 산업 체계를 정비하고 사회안전망을 확대하는 방향으로 접근해야 한다. 가령 원격의료의 경우, 상급 종합병원, 특히 메이저 5개 병원에 환자들이 집중되는 의료 전달 체계의 개선을 통해 동네 병원의 역할을 재구성하는 방향을 고려해 볼 수 있을 것이다.

마지막으로 사족처럼 당부하고 싶은 것이 있다. 기업의 입장에서 규제보다 더 무서운 것은 정부가 직접 서비스를 공급하는 것이다. 심판의 휘슬이 자주 울리면 경기의 맥이 끊기고 재미가 없어지지만, 심판이나 감독이 직접 경기를 뛰기 시작하면 선수들은 의욕 자체를 잃어버리기 마련이다. 이미 우리는 많은 분야에서 불필요한 정부의 개입을 목도하고 있다. 서울시의 따릉이나 경기도의 음식 주문 플랫폼을 필요한 정부의 개입으로 보아야 할까? 국민들이 무료로 혹은 저가로 서비스를 이용할 수 있는 것이 반드시 좋은 일일까? 이러한 서비스가 성립할 수 있는 것은, 서비스의 운영비용이 무료이기 때문이 아니라 세금이 투입되고 있기 때문이다. 다시 말해서, 이러한 공공의 직접 개입은 서비스를 이용하는 사람이 비용을 지불하는 시장경제의 기본 원칙을 위배하는 것이며, 이로 인하여 발생하는 비효율성은 경제의 활력을 좀먹는다. 자본주의 경제체제하에서 정부의 역할은 어디까지나 시장 조성자market maker가 되어야 하며, 정부의 개입은 시장 실패가 일어나는 영역에 국한되어야 할 것이다.

**참고문헌**

관계부처 합동. 2020.7. 「한국판 뉴딜 종합계획」.

국토교통부. 2020.4.10. 「코로나19 역학조사 지원시스템」. 온라인 언론 설명회 보도자료.

서기환·오창화·사공호상·김영훈. 2019. 「공간정보 융합산업 활성화를 위한 규제환경 개선 방안」, 기본 19-02. 국토연구원.

이자연. 2019. 「가상증강현실(AR·VR)산업의 발전방향과 시사점」. ≪KIET 산업경제≫, 2019년 2월 호.

OECD. 2015. "Industry Self Regulation: Role and Use in Supporting Consumer Interests." OECD Digital Economy Papers, 247.

Rocher, L., J.M. Hendrickx and Y.A. De Montjoye. 2019. "Estimating the Success of Re-identifications in Incomplete Datasets Using Generative Models." *Nature Communications*, 10(1), pp.3069~3077.

Visual Capitalist. 2019.1.16. "What Is Extended Reality(XR)?" https://www.visualcapitalist.com/extended-reality-xr/ (검색일: 2020.11.1).

Webster, P. 2020. "Virtual Health Care in the Era of COVID-19." *Lancet*, 395(10231), pp.1180~1181.

World Economic Forum [WEF]. 2019. "Outbreak Readiness and Business Impact: Protecting Lives and Livelihoods across the Global Economy."

제6부
분열과 협력의
갈림길

코로나19는 정치·경제·사회 등 광범위한 분야에서 국제 관계에 막대한 영향을 끼쳤다. 세계 여러 나라에서 입국 제한, 국경 폐쇄 등 사상 초유의 결정을 내리는 것을 지켜보면서, 대중은 정부가 자국민을 보호하는 것에 안도하면서도 급격한 반세계화에 당황하기도 했다. 코로나19는 세계화가 전염병의 급격한 확산을 몰고 오는 통로가 될 수 있으며, 글로벌 거버넌스가 이러한 대유행에 적절하게 대응하지 못할 수도 있음을 보여주었다.

최근 각국 정부는 국가 간 사람·물자·자본의 긴밀한 교류가 일상이 되었다고 믿었던 사회에서 언제든지 정책적으로 그 교류를 끊을 수 있음을 보여주었다. 코로나19를 마주하며 세계는 20세기 이후 꾸준히 진행되어 온 세계화를 지속할지 아니면 반세계화와 고립주의로 전환할지의 갈림길에서 고민하고 있다. 그렇다면 분열과 협력의 위태로운 갈림길에서 세계의 지도자들은 어떠한 지혜를 구해야 할까? 제6부에서는 당면한 국제 문제를 살펴보고 우리나라와 세계 여러 국가들이 나아가야 할 방향에 대해 모색하고자 한다.

제21장의 신각수 법무법인 세종 고문은 주이스라엘 대사, 주일본 대사, 외교통상부 제1·2차관, 국립외교원 외교안보연구소 국제법센터 소장 등을 역임했다. 그는 21장에서 거시적인 관점에서 코로나19로 인해 심화될 국제사회 문제, 포스트 코로나 시대의 국제 질서 및 한국의 외교 전략에 대해 논하며 '현명한(smart) 세계화'를 추구할 것을 주장한다.

제22장을 쓴 최병일 한국고등교육재단 사무총장 겸 이화여자대학교 국제대학원 교수는 한국경제연구원 원장, 한국국제통상학회 회장, 한국국제경제학회 회장 등을 역임했다. 국제무역·통상 분야의 전문가로서, 코로나19 전후 미중 경제전쟁의 양상과 두 국가 간 '불완전 휴전'의 의미, 미중 신냉전의 장기화 전망에 대한 견해를 밝힌다.

제23장의 홍윤철 서울대학교 의과대학 교수는 서울대학교병원 공공보건의료진흥원장, 세계보건기구(WHO) 정책자문관 등으로 활동해 왔으며, 코로나19 유행 이후 생활방역위원회 위원을 맡았다. 그는 23장에서 국제기구를 중심으로 한 보건 거버넌스의 강화와 세계 수준의 질병 대응 전략의 필요성을 강조한다.

제24장의 김태균 서울대학교 국제대학원 교수는 한국국제협력단(KOICA), 국제개발협력학회, 안민정책포럼, 지속가능발전위원회 등에서 활발히 활동해 왔다. 그는 24장에서 현재 글로벌 거버넌스의 정치적·경제적·제도적 한계를 분석하고, 한국 등 비교적 코로나19 사태에 우수하게 대응한 중견국 그룹이 선도하는 새로운 글로벌 프레임워크를 제안한다.

# 제21장

# 포스트 코로나 시대의
# 국제 정세 전망과 우리의 대응

신각수 │ 법무법인 세종 고문 / 전 외교부 차관

## 팬데믹 코로나19의 특징

팬데믹은 흑사병이 14세기 중반 유럽 인구의 3분의 1을 절멸시키면서 중세 질서를 뒤흔들어 르네상스의 길을 열었듯이 인류 역사의 물결을 크게 바꾸어왔다. 1918년 세계를 휩쓴 스페인독감도 제1차 세계대전 희생자를 훨씬 넘는 5000만 명의 희생자를 내면서, 뒤이은 대공황과 함께 전간기戰間期 세계의 어두운 경제사회 환경을 만들어 제2차 세계대전을 초래했다. 2019년 말 중국 우한에서 발생한 코로나19는 10개월 만에 4500만 환자와 120만 사망자를 냈고, 유럽·북미·중남미·중동·서남아시아 등 세계 전체로 퍼져 팬데믹이 되었다.

인간을 숙주로 하는 코로나바이러스는 세계화·도시화의 물결을 타고 인류에 전격전·스텔스전·게릴라전·무차별전을 벌이고 있다. 초기 중국의 은폐로 국외 차단이 늦었고 항공망을 통해 번지는 가운데 방역과 대응 실패로 독감보다 4배 빨리 전파되어 전격전을 방불케 했다. 높은 전염력을 가진 무증상 환자가 전체 환자의 약 30%에 달하여 차단이 힘든 스텔스전의 양상을 보였다. 밀집·밀접·밀폐 장소를 통하여 어디서든 쉽게 전파되고 경제를 위해 차단을 풀면 다시 급증하여, 뚜렷한 전선이 없는 게릴라전을 벌이고 있다. 동시에 성별·연령·소득·지역·기후에 관계없이 모든 인간을 공격하는 무차별전을 자행하고 있다.

외국 환자의 유입을 막는 국경 차단과 국내 방역을 위한 지역 폐쇄는 경제사회 활동을 제약하는 이동 제한immobility을 가져왔다. 세계 65%의 국가가 국경을 폐쇄했고, 2020년 세계 항공여객 수는 80% 감소할 전망이다. 2008년 세계 금융위기 4%, 2002년 사스 위기 0.4%에 비해 훨씬 큰 충격이다. 이로 인한 '세계적 거리 두기global distancing'는 지구 차원에서 사람·물자·서비스·자본·문화의 이동을 막으면서 2010년대 후반에 시작된 반세계화 경향에 힘을 싣고 국제사회에 정치·경제·사회·문화적 충격을 주고 있다. 코로나바이러스는 인류에 대한 보건 위협을 넘어 세계경제를 불경기로 몰아넣는 경제 바이러스, 다양한 가짜 정보·부정확 정보·역정보가 소셜미디어와 결합하여 인포데믹스를 가져오는 정보 바이러스, 농업 생산·유통에 지장을 주어 기아를 초래하는 기아 바이러스 등으로 변이하여 인류 문명에 큰 변화를 가져올 것이다.


## 코로나19의 영향

코로나19가 국제 정세에 미치는 영향을 평가하고 종식된 후의 세계를 조망하는 일은 코로나가 한창 진행 중이라 아직 이르다. 변화의 정도는 코로나19 종식까지의 기간, 경제적 파장의 깊이와 회복 경로, 인류 생활방식에 미치는 영향의 폭과 깊이, 주요 국가와 국제사회의 방역·경제적 대응 방식과 결과, 조정을 위한 국제 협력 정도 등 다양한 변수에 좌우될 것이다. 항체 형성을 통한 집단면역 달성 여부, 백신·치료제 개발 시기, 2·3차 유행 여부, 바이러스 변이 정도 등 불확실성도 많아 예측이 어렵다. 스웨덴·영국·네덜란드가 시도했던 집단면역 정책은 희생자가 많아 포기하거나 결과가 좋지 않다. 백신 개발은 빨라야 2021년 초로 실효성이 미지수이며 세계에 접종하려면 오랜 시일이 걸린다. 진압까지는 하버드대학이 2년을 상정했으나, WHO는 4~5년 또는 유행성 독감처럼 전염병으로 변해 오래갈 것으로 보았다.

코로나19가 기존의 추세를 더욱 가속하는 효과를 가져올지 아니면 국제 질서에 큰 변화를 가져올지는 의견이 엇갈리고 있다. 단기적으로는 위기에서 나타나는 '역사의 빠르게 감기fast forwarding' 효과가 예상되고, 중장기적으로는 다양한 효과들이 모여 구조적 변화를 가져올 것이다. 세계경제가 코로나19로 공급·수요·금융 모두 심각한 타격을 입으면서 제2차 세계대전 이후 가장 큰 위기를 겪고 있다. IMF는 2020년 세계경제 성장률을 −4.9%로 전망했는데, 3차 유행 가능성을 고려하면 더 나빠질 우려가 있다. 1930년 대 대공황 때 −10%, 2008년 세계 금융위기 때 −1%였음을 고려하면 매우 심각한 상황이다. 코로나19 종식 후 경제 회복은 시나리오별로 V 자형, W 자형, L 자형, 나이키 문양형 등 여러 전망이 있지만, 빠른 V 자형보다는 더딘 L 자형의 위험이 커지고 있다. 원상회복에 6년 걸린 2008년 세계 금융위기보다 파장이 복합적인 코로나19 위기가 회복이 더 더딜 것이다. 세계 금융위기 때 실시한 대규모 재정 투입과 양적 완화로 정부·기업·개인에 누적된 부채가 코로나19 대응으로 더욱 증가하면서 금융시장을 교란하고 재정 정책의 제약을 늘릴 것이다. 2019년 말 약 60조 달러의 대외 채무가 있는 신흥국은 2020년에 선진국보다 큰 경제 타격, 통화가치 하락, 수출 시장 축소, 해외 노동자의 송금 감소 등으로 G20의 일시 상환 유예 합의에도 불구하고 채무 위기의 적신호가 켜졌다.

코로나19에 대한 각국의 대응 능력과 이에 따른 경제적 영향은 상당한 편차를 보였다. 초기 정보 차단으로 대규모 확산을 경험한 중국은 권위주의적 통제로 조기 극복했다. 반면 시간적 여유에도 불구하고 제대로 대응하지 못한 미국은 세계 1위의 환자·사망자를 기록하고 실업자가 4000만에 달하는 심각한 타격을 입었다. 2020년 5월 조지 플로이드 사망 사건은 미국 사회의 뿌리 깊은 인종차별 문제를 부각하면서 양극화와 분열을 더욱 심화시켰다. 유럽도 코로나19 대응에서 심한 난맥상을 드러내면서 통치 능력의 열화 현상을 보였다. 가장 먼저 대규모 환자가 발생한 이탈리아에 대한 유럽 국가들의 벽 쌓기는 유럽의 단결과는 거리가 멀었고, 유럽통합의 상징인 EU도 제구실을 못 했다.

팬데믹 대처를 위한 방역·경제 회복 등 정부의 역할이 증대하면서 권한 강화로 이어져 권위주의의 확산 여지를 넓혔다. 방역을 위한 검사·추적 과정에서 전자 장비를 통한 인권 침해와 빅브라더 감시 사회의 위험이 커졌다. 비대면이 중시되면서 사이버 공간의 중요성이 커졌고 사이버 안전에 더욱 신경을 써야 하는 상황이 되었다. 한편 미국에서 코로나19로 올해 약 50만 명의 출산 감소가 예상된다는 것처럼, 경제난은 인구문제에도 영향을 미칠 것이다. 이동 제한으로 인한 농업 생산 감소, 유통 문제와 주요 식량생산국의 수출 통제 등은 식량 위기 위험을 안고 있다. 개도국 경제난으로 난민이 증가하고 무력 충돌의 위험이 커져 정세 불안 가능성도 경계해야 한다. 한편 코로나19가 사스, 메르스 등과 함께 환경오염과 기후변화로 인한 동물 서식지 파괴에서 비롯되었다는 점에서, 기후변화 방지와 환경 보호에 대한 관심도 높아질 것이다.

## 국제 질서의 변화와 전망

이런 복잡한 날줄과 씨줄이 엮어낼 포스트 코로나 국제 질서는 어떤 모습을 띨까? 첫째, 미중 경쟁 관계가 더욱 가속화될 것이다. 미국이 중국을 전략적 경쟁국이자 수정주의 세력으로 보아 초당적으로 견제하면서 미중 단층은 무역, 기술, 대만, 홍콩, 남중국해 등으로 확대일로이다. 특히 트럼프 대통령은 코로나 대응 실패, 경제 악화, 인종차별 문제 등으로 국내정치적 어려움에 처하면서 중국 책임론으로 대립각을 높였다. 중국은 마스크 외교와 전랑 외교로 미국의 지도력 부재로 인한 공백을 공략하고 있다. 미국은 2020년 5월 대중전략보고서를 통해 구체적 대응 방안을 발표했으며, 인도태평양으로의 군사력 재배치, 경제번영네트워크EPN 구축 등 미중 탈동조화가 더욱 강화될 것이다. 발병원인 중국은 조기에 수습하고 2개월 여유가 있던 미국은 대응에 실패하면서, 미중 전략 경쟁은 더욱 가열될 전망이다.

둘째, 미중 대결로 혼란에 빠진 국제 질서를 제3자의 입장에서 조정할 유럽도 분열로 제 역할을 기대하기 어렵다. 유럽은 브렉시트로 이미 타격을 받았지만 코로나19 대처에서 더욱 문제점을 노출했다. 유럽 통합은 동서·남북 유럽의 경제 격차, 동구에서의 권위주의 확산, 우파 민족주의의 반이민과 배외주의, 재정 정책의 부조화 등으로 힘을 잃은 상황이다. 러시아와 중국의 유럽 내 약한 고리 공략도 불안 재료이다. 최근 국별 선호도 여론조사에서 이탈리아의 경우 중국이 미국을 앞서고 홍콩 '국가보안법'에 관한 유엔인권이사회 결의에서 다수 유럽국이 이탈한 사실은 향후 유럽의 단합된 대응이 간단치 않음을 말해준다.

미국이 신고립주의와 미국 우선주의로 지도적 역할을 벗어나려 하는 가운데 중국도 코로나19 초기 대응과 같이 '책임 있는 이해당사국'의 자세와는 거리가 멀고 미국 대신 국제 공공재를 제공할 의사와 능력도 없다는 점에서, 코로나19는 국제사회를 '킨들버거 함정'에 빠트릴 위험을 높이고 있다. 미국이 압도적인 군사력을 제외한 다른 분야에서는 다양한 주요국들이 경합하는 중층적 다극 구조로 바뀌면서 혼돈의 G제로G0 세계로 향하는 변화가 가속될 전망이다. 국제사회에서 각자도생의 풍조와 함께 지정학의 귀환과 강대국 정치가 힘을 얻게 될 것이다.

코로나19로 전후 세계의 자유와 번영을 이끈 자유주의 국제 질서의 기반 침하가 더욱 진행될 것이다. 자유주의 국제 질서를 이끈 북미, 유럽, 일본 등이 코로나19 대처에 부진하고 경제적으로도 장기 불황의 '일본화' 위험에 노출되면서 민족주의, 포퓰리즘, 보호주의, 배타주의 등이 기승부릴 우려가 커졌다. 정부의 권한 강화가 권위주의의 대두를 조장하여 민주주의가 후퇴하고 코로나19 이후 경제 회복이 늦어지면 세계경제의 거시적 조정도 더욱 어려워질 것이다. 세계경제의 침체는 개도국 경제에 충격을 주어 사회 기반을 약화함으로써 극단주의를 조장하여 테러, 내전, 무력 충돌의 위험이 증가할 것이다. 그리고 2030년까지 예정된 유엔 지속개발목표SDGs의 추진에도 어려움이 예상된다. 낮은 성장률과 기후변화 대응이 가져올 에너지 소비 감소로 에너지·자원 가격이 하락하여 자원 의존 개도국의 경제를 압박할 것이다. 결국, 지정학적 리스크 증가로 경제 번영에 필수인 안정된 안보 환경이 흔들릴 우려가 있다.

코로나19의 가장 큰 희생양은 세계화일 것이다. 제1차 세계대전 이전에 있었던 1차 세계화는 영국과 독일 정치인의 관리 실패로 군국주의, 민족주의, 제국주의의 격랑 속에 종결되었다. 코로나19 방역은 국경을 차단하고 항공망을 중지시켜 세계화를 뒷받침해 온 이동성을 직격했다. 세계화를 견인하던 글로벌 공급망이 코로나19로 취약성을 드러내면서 앞으로는 효율보다는 안전을 중시하여 중국의 비중을 축소하고 지역·국내로 공급망을 단축하며 공급처를 다변화하는 방향으로 공급망이 재조정될 것이다. 각국이 자국 경제를 우선하면서 보호주의 유혹에 휘말려 다양한 무역장벽이 세워질 우려가 크다. 또한 의약품, 의료 장비, 반도체, 희귀 광물 등 전략물자들은 국내 생산·비축이 강화될 것이다. 사람의 이동이 제약되면서 인력 부족을 외국인 노동자, 이민으로 해결하는 데도 지장이 초래되고 교육·과학기술 협력도 위축될 전망이다.

## 우리의 대응

포스트 코로나 시대의 국제사회는 이전보다 개방성이 줄고, 성장이 떨어지며, 조정이 힘들고, 더 혼란스러우면서 뼈대가 약한 세계가 될 전망이다. 이런 변화에 잘 대응하기 위해서는 '지정학적으로 취약하고 대외 의존도가 높은 분단된 중견 국가'의 국익 확보에 초점을 맞추어야 한다. 첫째, 코로나바이러스의 빠른 진압이 국제사회의 당면 과제이다. 모든 국가가 진압하지 않으면 종식되지 않는 글로벌 이슈라는 점에서 국제 협력이 필수이다. 한국은 K-방역의 성공을 통해 민주적 방식으로도 대처할 수 있다는 청신호를 주었다는 점에서 국제 협력의 선도적 역할을 모색해야 한다.

둘째, 우리가 혼돈의 대전환기를 잘 헤쳐 나가기 위해서는 최근 외교 환경을 재정비해야 한다. 한미동맹은 북핵, 방위비 분담, 전작권 전환 등 현안을 둘러싼 불협화음을 해소해야 한다. 수교 이래 최악 상태인 한일 관계는 강제 동원 문제의 해결을 통해 빨리 정상 궤도로 되돌리고, 사드 후유증이 가시지 않은 한중 관계도 정상화를 서둘러야 한다.

셋째, 미중 경쟁의 격화에 따른 새로운 장벽의 출현 위험에 대비해야 한다. 우리는 미국에 안보를 의존하고 중국에 경제를 의존하는 어려운 상황에 놓여 있다. 글로벌 공급망 재편을 잘 활용하여 시장을 다변화함으로써 대중 경제의존도를 줄이고 대중 기술 격차를 유지하기 위해 노력해야 한다. 시장은 중국 비중이 크지만 기술·자본·네트워크는 미국이 중요하고 경제의 기초는 안보에 있다는 점에서 한미동맹을 기조로 대처해야 한다. 다만 미중 경쟁과 관련된 사안이 모두 영합 게임은 아니므로 국익, 가치, 원칙 등을 고려하여 사안의 본질에 맞게 판단해야 한다.

넷째, 우리의 경제 번영을 뒷받침해 온 것은 자유주의 국제 질서와 세계화이다. 이미 찬바람이 불기 시작한 것을 코로나19가 더욱 가속하고 있는 형국이다. 중견 국가인 우리는 유사한 이해를 가진 유럽, 일본, 호주, 캐나다, 멕시코 등과 함께 자유주의 국제 질서를 유지·발전시키고 세계화의 문제점을 보완하는 '현명한smart 세계화'의 길을 찾아야 한다.

다섯째, 팬데믹은 국제경제 질서의 변동 가능성을 크게 높였다. 대외 의존도가 높은 우리 경제는 세계경제의 성장 퇴조, 수요 감소로 인한 경기 침체, 과잉 유동성과 부채로 인한 금융위기 우려, 4차 산업혁명 가속화 등에 유연하게 선제 대응할 수 있도록 국내 경제 여건을 재정비해야 한다. 교육·노동·규제·복지 분야의 과감한 혁신이 요구된다.

코로나19는 불확실성으로 인류를 시험하고 있다. 초기 방역 실수를 잘 극복하여 모범 사례를 구축한 우리는 코로나19가 최종 진압될 때까지 과학 중시, 국내 합의, 국제 협조, 혁신을 기반으로 차분히 대처함으로써 위기의 대전환기를 국가 발전의 기회로 바꾸어야 할 것이다.

제22장

# 코로나19 시대, 미중 경제전쟁

**최병일** ∣ 한국고등교육재단 사무총장

2020년 1월 15일, 미국과 중국은 2018년부터 시작된 무역전쟁을 휴전하는 1단계 합의에 서명했다. 중국 정부가 우한발 코로나19를 공식 인정하기 바로 직전이다.

2019년 11월에 우한에서 최초 발견된 것으로 보도된(Ma, 2020.3.13) 코로나19는 중국의 철저한 은폐 속에 꽁꽁 숨겨졌다. 중국 당국은 최대의 명절 춘절을 맞아 코로나 진원지인 우한에서 500만 명이나 이동한 후인 1월 하순에야 코로나바이러스를 공식화했다. 자신이 감염된 줄 모르는 감염자들이 세계 곳곳으로 이동한 다음이다. 중국은 세계를 지옥문 앞으로 끌고 갔다.

왜 중국은 코로나19를 은폐했을까? 미국은 중국과 2019년 12월 초에 무역협정 1단계에 합의했다. 전면적인 합의가 아닌 '1단계' 합의인 이유는 보조금, 국영기업, 사이버 보안 등 국가 주도 중국 경제체제의 핵심적인 쟁점들을 해소하지 못했기 때문이다. 중국이 미국과 최종 담판을 진행하는 그

때, 이미 코로나19는 우한에서 발생했고 중국 당국은 알고도 이를 숨겼다.

미국과 중국이 서로 상대방을 불신하고 있음을 잘 알고 있는 상황에서 왜 중국은 불신을 완화시킬 수 있는 '공개'가 아닌, 불신을 더 악화시킬 '은폐'를 선택했을까? 만약 코로나19를 공개한다면 합의가 물 건너간다고 계산했기 때문일까? 일단 은폐하고 무역 합의를 이끌어낸 후 그다음에 공개해도 미국은 이를 수용할 수밖에 없다고 생각했을까?

상대는 거래를 위해서는 무엇이든지 할 수 있는 트럼프이다. 게다가 그는 2020년 대선에서의 재선을 위해서 중국과의 무역 합의라는 전리품이 필요했을 것이다. 만약 중국이 그 시점에서 코로나19의 진실을 공개했다면, 트럼프는 이것을 레버리지leverage 삼아 당장 중국에 더 큰 양보를 요구했을 것이다. 팽팽한 기싸움을 해온 트럼프 대통령과 시 주석인데, 중국의 자존심이 엄청나게 손상되었을 것은 물론이고.

중국의 전략적 은폐는 그들이 계산한 결과를 가져오지 못했다. 코로나19가 중국의 문제가 아닌 미국과 유럽의 문제가 되면서 상황은 꼬이기 시작했다. 중국은 뒤늦게 지역 봉쇄라는 초강압적 조치로 사태 수습에 나섰지만, 3월부터 코로나19는 미국과 유럽을 휩쓸기 시작했다. 보이지 않는 코로나 팬데믹의 무차별 공습에 그들은 전혀 준비되어 있지 않았다. 중국이 마스크, 의료 장비, 의료진 제공이라는 외교 공세를 펼쳤지만, 서구는 중국의 원죄를 용서할 수 없었다.

인류 공동의 적인 코로나19 위기 앞에 미국은 무역 협정 1단계로 어렵게 마련된 휴전의 분위기를 살려서 중국과 협력할 수도 있었지만, 중국에게 뒤통수를 맞았다는 배신감은 '중국 때리기China bashing'로 이어졌다. 집권 기간 내내 글로벌 공공재보다는 국내 정치적 거래의 계산에만 골몰해온 트럼프 대통령으로서는 전혀 이상할 것이 없는 수순이었다. 무역합의문에 서명한 잉크가 마르기도 전에 미중 갈등은 더 격화되었다. 미국 내 사망자가 급증하면서 미국은 코로나 중국책임론을 들고 나왔고, 중국은 정면으로 반발했다. 여기에 홍콩의 민주화 시위를 강압적으로 통제하려는 중국과 반발하는 미국은 충돌 국면으로 치닫고 말았다.


## 미중 경제전쟁이라는 뉴노멀

코로나 사태는 중국판 세계화에 동승한 대가가 어떤 것인지 적나라하게 보여주었다. 코로나 사태 초기부터 확진자가 급증했던 이란과 이탈리아의 경우를 보라. 서방의 제재를 피하려는 이란은 중국 자본의 영향권에 들어갔고, 이탈리아 북부 고급 디자인 브랜드 공장은 중국인 노동자들이 접수한 지 꽤 되었다.

중국을 '세계의 공장'으로 하는 글로벌 공급망이 형성될 수 있었던 것은 무역 확대를 통한 중국의 성장이 결국에는 중국의 정치적 자유를 가져올 것이라는 미국의 기대가 있었기에 가능했다. 그런 기대에 따라 미국은 중국의 세계무역기구WTO 가입을 허용했다. WTO 가입 이후 G2로까지 부상한 중국은 거대해진 경제력을 군사력으로 투사하면서 동아시아에서 미국을 밀어내고 제국주의 시대 '굴욕의 100년'의 역사를 되돌리려 한다.

중국은 부가가치가 낮은 조립 공정에 만족하는 '세계의 공장'을 뛰어넘어, 경제 강국, 기술 강국이 되려고 한다. 미래를 선도할 핵심 10개 분야를 선정하여 중국산 점유율을 2025년까지 70% 수준으로 끌어올린다는 '중국제조 2025'는 기술 패권을 추구하는 중국의 진격 명령이다(계획이 발표되던 2015년, 중국산 점유율은 10% 이하였다). 디지털 대전환기에 중국은 핵심 기반 기술인 5G, AI, 빅데이터에서 강자로 부상했다.

어느새 턱밑까지 추격해 온 중국의 기세에 미국은 충격과 전율을 느끼고 있다. 2019년 1월, 미국 상원 정보위에 제출된 미국 정보국의 「세계 위협 평가 보고서」(DNI, 2019)는 군사적으로 민감한 자본집약적 고기술 분야에서 미중 간 격차가 급속도로 줄어들고 있다고 지적했다. 이제야 미국은 깨달았다. 체제가 달라도 거래하다 보면, 결국 중국은 서구 체제로 수렴할 것이라는 그들의 기대는 환상에 불과했다는 것을(Gingrich, 2019). 중국은 처음부터 변할 생각이 없었다는 것도 분명해졌다. "중국 공산당 지배 체제는 자유무역 질서를 이용해 정치·경제·군사적 영향력 확대에만 치중했다"라고 2020년 5월 미국 백악관의 「대중국 전략적 접근」 보고서는 쓰고 있다 (White House, 2020).

미중 관계는 1979년 국교 정상화 이후 최악을 향해 내려가고 있다. 도널드 트럼프 미국 대통령이 중국의 불공정 무역과 첨단기술 탈취를 이유로 중국산 수입품에 고관세를 부과하자 중국이 보복관세로 맞대응하면서 시작된 관세를 무기로 하는 무역전쟁은 시작에 불과했다. 전선은 기술, 투자, 인재, 정보, 금융으로 확대되고 있다. 중국의 공장과 미국의 시장이 연계되었던 미중의 협력 관계는 적대적인 경쟁 관계로 변모했다. 미중 경제전쟁은 뉴노멀new normal이다.

## 미중 기술전쟁

미중 경제전쟁의 핵심 전장은 기술이다. 중국의 핵심 기술 공급처이자 인력 양성과 과학기술 학습 기지였던 미국은 중국과의 연결고리를 끊으려고 한다. 미 의회는 여야 초당적 합의로 중국 자본의 미국 기업 인수를 통한 기술 획득에 대한 감시를 강화하는 법안을 통과시켰다. 폭발적으로 증가하던 중국 자본의 미국 기업 인수는 트럼프 행정부 출범 이후 확연히 축소되었다.

중국을 대표하는 세계적 통신기업 화웨이 적색경보령이 요란하게 울리고 있다. 기계-기계의 통신을 가능케 하는 5G 기술을 미국이 아닌 중국 기업이 구현하고 있다는 사실은 미국에게는 '제2의 스푸트니크 쇼크'이다(최병일, 2020). 미국은 일찌감치 화웨이는 중국 정부의 통제하에 있는 기업이며, 화웨이 장비를 사용한다는 것은 미국 안보에 위협이 된다는 결론을 내린 바 있다(U.S. House of Representatives, 2012). 5G가 아닌 4G가 시장에 도입되기 직전이다.

미국은 화웨이 5G 장비의 미국 내 사용 금지는 물론이고, 다른 국가들에게도 화웨이 금지 대열에 동참할 것을 압박하고 있다. 미국의 압박에도 화웨이 금지령 동참에 유보적인 태도를 보이던 영국 등 주요 유럽 국가들이 코로나19 이후 미국 쪽으로 선회하고 있음은 중국에게 뼈아픈 반전이다.

미국 연방수사국FBI 국장 크리스토퍼 레이Christopher Wray는 "중국은 국영기업, 민간기업, 학자, 유학생 등 모든 수단을 총동원하여 미국의 정보, 연구개발, 혁신 기술 등 지적자산을 훔쳐가려는 장기적인 계획을 지속적으로 추진해 오고 있다"라고 공개 강연에서 주장했다(최병일, 2020). 중국 학자들의 미국 비자가 취소되고, 미국 대학에 입학 허가를 받은 중국 본토 출신 학생의 숫자는 확연히 감소하고 있다. 세계적 권위를 인정받는 미국 텍사스의 엠디 앤더슨 암센터MD Anderson Cancer Center가 중국 정부를 위해 스파이 행위를 했다는 혐의로 소속 과학자가 해고되고, 의학 분야의 막대한 연구 자금을 관리하는 미국 국립보건원NIH의 예산 지원을 받는 대학, 연구소에서 해외 기술 유출 혐의가 있는 연구자들을 색출하는 작업을 벌이고 있음은 첩보영화의 한 장면이 아닌 실제 상황이다.

코로나19가 급속히 확산되던 2020년 2월, 하버드대학의 찰스 리버Charles Lieber 교수가 미국 사법 당국에 체포되었다. 중국 정부의 해외 인력 확보 계획인 '천인계획'에 포섭되어 중국 우한공대와 자의적으로 연구 협력을 해오면서도 미국 정부에 허위 진술했다는 혐의다. '천인계획'은 미국의 지식재산권을 중국으로 불법 유출하는 통로로 지목되어 오던 터였다.

## 미중 경제전쟁, 어디까지 갈 것인가?

미국은 중국과의 관계를 리셋하려고 한다. 기울어진 운동장, 편파적인 심판, 무용지물이 된 경기 규칙, 모든 것을 싹 바꾸려고 한다. 국가 안보를 이유로 중국의 미국 기업 인수에 제동을 걸고, 미국 내 중국 유학생, 방문 학자들의 스파이 행위를 공개적으로 색출하고 있다. 중국 유학생에 대한 비자 발급을 제한하고 미국 증시에 상장된 중국 기업을 퇴출시킬 법안의 입법화가 속속 진행되고 있다.

미국의 초강경 압박에 중국은 참호를 깊게 파고 지구전으로 맞서고 있다. 미국의 봉쇄에 맞서 중국은 자국 소비시장 키우기와 기술 자립으로 맞서고 있다. 동시에 주변국이 미국 쪽에 줄서기 하는 것을 필사적으로 막으려고 하고 있다. 중국은 자신의 시장을 무기로 경제 보복도 서슴지 않을 태세이다. 구조적 경기 하락세가 이미 진행 중인 중국에게 미국과의 연결고리 해체는 중국 경제를 더 어려움으로 몰고 갈 요인이다. 미국의 중국 봉쇄가 오히려 중국 기술 자립의 계기가 될 것이라는 전망도 있다.

2020년 1월 미국과 중국이 한 1단계 합의는 불안한 휴전에 불과하다. 보조금, 국영기업, 사이버 보안 등 중국 체제의 근본적인 문제는 여전히 남아 있다. 트럼프 행정부는 동맹들과의 협력 관계 속에서 중국을 압박하기보다는, 동맹을 따돌리면서 미국의 일방적인 힘만 믿고 중국 문제를 해결하려고 했다. 2020년 미국 대선 결과에 따라 일방적 접근 방식은 동맹과의 연결을 강화하는 쪽으로 점차 변화할 가능성도 있다. 중국에겐 더 부담스러운 압박이 될 것이다.

미중 경제전쟁은 트럼프의 전쟁이 아니다. 트럼프 뒤에는 '더 이상 중국을 이대로 둘 수는 없다'는 미국의 초당적인 합의가 있다. 퓨Pew 여론조사(Pew Research Center, 2020)에 따르면, '중국에 대한 미국인의 반감 지수'는 역대 최대이다. 2020년 3월 조사에서 66%가 '중국이 싫다'고 답했다. '좋다'는 응답은 26%에 불과했다. 2013년부터 '반중국' 응답자 비율이 '친중국' 비율을 압도하기 시작했다. 2013년은 시진핑의 집권 첫해이다. '신형 대국 관계'를 내세워 중국을 아시아 지역의 패권 국가로 인정하라는 중국의 공세적인 대외 정책이 본격화되고, 중국의 개혁과 개방이 확연히 후퇴하기 시작했다는 분석이 봇물처럼 터져 나오기 시작한 그 시점이다.

미중 경제전쟁은 패권 경쟁, 체제 경쟁, 가치 경쟁이란 거대한 빙산의 일각에 불과하다. 이 전쟁의 끝에는 어느 한쪽이 상대를 압도하든지, 아니면 둘이 팽팽한 균형을 유지하는 결말만이 기다리고 있다. 미국과 중국을 경제전쟁으로 내몰고 있는 핵심 갈등은 협상으로 해결하기는 어렵다. 중국 스스로 경제체제를 바꾸지 않는 한 어떤 합의도 미봉책, 지연책에 불과하다. 이런 이유로 미중 신냉전은 장기화할 것이다.

미중 경제전쟁의 향방은 절대적인 힘, 전략, 지속 가능성, 체제의 탄력성, 고통 감내 능력이 결정할 것이다. 미중 신냉전이 본격화되면 세계경제는 미국 중심축과 중국 중심축으로 나뉠 가능성도 있다(Choi, 2020). 체제가 달라도 거래할 수 있다던 시대는 이제 박물관으로 보내어질 운명이다.

**참고문헌**

최병일. 2020. 『미중전쟁의 승자, 누가 세계를 지배할 것인가?』, 개정증보판. 서울: 책들의 정원.

Choi, B. 2020. "Global Value Chain in East Asia Under 'New Normal': Ideology-Technology-Institution Nexus." *East Asian Economic Review*, 24(1), pp.3~30.

Director of National Intelligence [DNI]. 2019. "Worldwide Threat Assessment of the US Intelligence Community 2019."

Gingrich, N. 2019. *Trump vs. China: Facing America's Greatest Threat*. New York: Center Street.

Ma, J. 2020.3.13. "Coronavirus: China's First Confirmed Covid-19 Case Traced Back to November 17." *South China Morning Post*.

Pew Research Center. 2020. "Spring 2020 Global Attitudes Survey."

U.S. House of Representatives. 2012. "Investigative Report on the U.S. National Security Issues Posed by Chinese Telecommunications Companies Huawei and ZTE." https://stacks.stanford.edu/file/druid:rm226yb7473/Huawei-ZTE%20Investigative%20Report%20(FINAL).pdf (검색일: 2020.5.30).

White House. 2020. "United States Strategic Approach to the People's Republic of China." https://www.whitehouse.gov/wp-content/uploads/2020/05/U.S.-Strategic-Approach-to-The-Peoples-Republic-of-China-Report-5.24v1.pdf (검색일: 2020.5.30).

# 제23장

# 포스트 코로나 시대 국제기구의 역할

홍윤철 | 서울대학교 의과대학 예방의학교실 교수

## 세계화의 위험, 팬데믹 시대를 열다

현대사회는 각국 내의 산업화에 그치지 않고 전 세계를 하나의 시장으로 묶고 전 세계의 소비자를 대상으로 생산과 판매가 이루어지는 '세계화의 시대'에 본격적으로 들어가고 있다. 세계화란 교역과 교류가 과거와는 비교할 수 없을 정도로 늘어나면서 국가라는 영역과 경계가 무너지고 전세계가 하나의 공동체로 연결되는 과정이다. 그런데 세계화는 전염성 질환의 새로운 유행을 가져오는 계기가 될 수도 있다(홍윤철, 2020: 85~91).

예를 들면, 1999년 8월 뉴욕시에서 까마귀의 사체들이 발견된 것과 거의 같은 시기에 심한 근력 약화가 동반된 뇌염 환자들이 보고되었다. 아프리카의 나일강 서부에서 처음 발견된 웨스트나일바이러스가 지역 간 교류가 활발해지자 아메리카에 진출해 조류를 통해 사람에게까지 질환을 일으킨 것이다. 웨스트나일바이러스는 아메리카에서 서식지를 더욱 넓힌 후 나

중에는 유럽뿐 아니라 아시아와 오스트레일리아에 이르기까지 퍼져 나갔다. 2009년에 세계적으로 유행한 신종플루는 돼지를 숙주로 하던 바이러스가 사람에게 독감을 일으킨 것이다. 원래 돼지에 서식하던 바이러스가 사람에게 옮겨온 이후 사람끼리도 전염될 수 있는 형태로 변이가 생기고 국가 혹은 지역 간 왕래가 잦아지면서 이를 이용해 대유행을 일으킨 것이다.

웨스트나일바이러스나 신종플루 등은 동물에서 온 바이러스가 사람에게 전염성 질환의 유행을 일으킨 경우들이다. 지난 1만 년에 걸친 문명의 시기에 인류는 상당히 많은 강력한 전염성 질환을 경험했는데 이는 대부분 동물에 있던 균이 사람에게 옮겨온 것이다. 따라서 앞으로도 이러한 가능성은 얼마든지 있다고 볼 수 있다. 왜냐하면 아직까지 개발되지 않은 지역이 상당히 있고, 동물과의 접촉은 더욱 늘어날 것이고, 세계화와 함께 사람 간 교류 또한 훨씬 빈번해질 것이기 때문이다. 특히 기후변화로 기온이 상승하면서 얼었던 땅에 갇혀 있던 새로운 바이러스나 세균이 나와 곤충이나 동물을 통해 사람을 감염시킬 가능성도 상당히 많다. 또한 현재 예측하는 대로 생태계 다양성이 줄어들고 동물종도 다양성이 감소하면, 병원균의 서식 환경이 나빠지고 병원균과 숙주의 균형이 깨져 숙주를 동물에서 사람으로 바꿀 가능성이 높아진다. 그리고 사람이 새로운 병원균의 숙주가 되면 세계화된 현대사회에서는 신종 전염병이 광범위하게 유행할 가능성이 높아진다.

2002년 11월 중국의 광둥성에서 고열과 함께 폐렴 같은 호흡기질환 증상을 나타내는 질환이 발생했는데, 이는 곧이어 홍콩, 싱가포르, 베트남 그리고 캐나다까지 확산되었다. 숙주 동물이 분명히 밝혀지지는 않았지만 박쥐나 사향고양이에서 바이러스가 옮겨와서 병을 일으킨 것으로 추정되고 있다. 8000명이 감염되고 800명이 사망한 다음에 소멸되었으나 치사율이 높아서 중증급성호흡기증후군SARS(사스)이라는 진단명을 갖게 되었고 원인균은 변종 코로나바이러스로 확인되었다. 2015년 5월에 한국에서 유행한 중동호흡기증후군MERS(메르스)도 중동의 낙타에서 옮겨온 코로나바이러스가 일으켰다. 이러한 새로운 감염병은 과거에는 없었을 뿐 아니라 그 유행도 이제는 일부 국가에 국한되지 않는다는 것을 알 수 있다. 2019년 말 중국 우한에서 발병한 이후 팬데믹을 이루면서 한국뿐 아니라 전 세계를 공포로 몰아넣고 있는 코로나19는 감염병 유행에 있어서 예외가 될 수 있는 국가는 거의 없다는 것을 여실히 보여주고 있다. 실은 그뿐 아니라 마치 감기처럼 드물지 않게 찾아오는 인플루엔자는 이미 국경 없는 질환이 되어 지구상 어느 한 지역에서 발생하면 곧 다른 지역으로 유행이 퍼져 나가고 있다.

## 질병 유행에 대한 세계적 전략의 필요성

20세기 중반 이후 광범위한 예방 접종 프로그램 시행 덕분에 1977년 세계보건기구WHO는 천연두를 박멸했다고 선언했다. 예방 접종 프로그램은 홍역, 소아마비, 디프테리아, B형 간염 등과 같은 많은 질환들을 예방해 전염성 질환의 발생을 줄이는 데 상당한 기여를 했다. 예방 접종의 성과와 함께 페니실린 같은 항생제의 사용으로 전염성 질환을 포함하여 전체 감염성 질환의 치료에 있어서도 큰 성과를 이루었다. 그러나 항생제로 병원균을 정복해 조만간에 감염성 질환을 종식시키고자 했던 희망은 항생제 내성균의 등장이라는 복병을 만나면서 다시 움츠러들었다. 병원균은 항생제라는 독성 환경을 맞아 대부분 사멸하지만 일부에서 유전자 변이가 생겨서 항생제의 독성 환경에도 사멸하지 않는 균종이 생겼던 것이다.

사실 병원균이 후손을 만들어내는 속도는 무척 빠르기 때문에 유전자 변이로 생긴 항생제 내성균은 처음에는 그 수가 적다 할지라도 급속히 증식해 퍼질 수 있다. 특히 진료 현장에서 항생제가 남용될 뿐만 아니라 가축 사육이나 물고기 양식을 하는 경우에도 항생제가 무분별하게 사용되면서 항생제 내성균은 광범위하게 퍼져 나가고 있다. 병원성 박테리아뿐 아니라 바이러스나 말라리아원충 같은 병원균에 있어도 항생제 내성이 점차 늘어나고 있다. 이와 같이 과거의 병원균이 항생제 내성이라는 무기를 갖추고 다시 위세를 떨치고 있기 때문에 적어도 상당 기간은 감염성 질환의 극복이라는 목표를 완전히 달성하기는 어려울지 모른다. 그런데 항생제 내성과 같은 문제는 특정 국가나 지역 차원의 문제라고 할 수 없다. 세계화되고 있는 오늘날, 항생제 내성을 갖고 있는 병원균이 특정 지역에만 국한해 존재한다고 볼 수 없기 때문이다. 한편 감염성 질환을 종식시키기 위해서는 백신 개발이 필수적인데 일부 국가에서만 백신 접종이 이루어진다면 백신은 지역적 불균형을 심화시킬 뿐 아니라, 백신 접종이 이루어지지 않은 곳에서 감염이 지속되면 돌연변이에 의해 새로운 균종이 생기고 이는 또다시 백신 접종을 받은 지역에 재유행을 일으킬 것이다. 따라서 새로운 항생제나 백신의 개발과 함께 항생제 내성균의 발생을 억제하기 위한 종합적인 대처 방안과 지역 수준을 넘어 세계 수준의 전략이 필요하다.


## 국제기구의 강화를 통한 거버넌스 확립

질병의 양상이란 기본적으로 문명의 발달 단계에 따라 정해진다. 그런데 각 지역의 역사적 발달 단계가 다르고 문명이 전파되고 건축된 경험과 시기가 다르기 때문에 지역 간에도 질병의 양상이 다르게 나타날 수 있다. 현재 지구상에는 남아메리카의 히위족과 같이 수렵·채집 생활을 영위하는 가족공동체 혹은 씨족 중심 사회가 남아 있어 아직도 만성질환을 본격적으로 겪지 않은 사람들이 있다. 그리고 현대화된 도시 문명을 누리면서 만성질환을 본격적으로 겪고 있는 선진국들도 공존하고 있다. 이렇게 서로 다른 사회 발전 단계와 질병 양상에 대처하기 위해서는 질병에 대처하는 전략도 각 사회에 맞게 달라져야 한다.

한편 인류의 문명 전체를 살펴보면 일정한 방향의 발전 단계를 거치는 것을 알 수 있다. 일부 여건이 안 좋았을 때, 예를 들어 심한 가뭄이 들었을 때 농경을 하다 수렵·채집으로 돌아간 경우들이 예외적으로 있기는 하지만, 농업혁명과 산업혁명을 거쳐 현대사회로 들어서는 기본 방향은 변함이 없었다고 할 수 있다. 따라서 일정한 역사 발전 방향이 있고 각 단계의 질병 경험이 있기 때문에 각 단계에 맞는 질병 예방 관리 전략을 채택하는 것이 바람직하다.

단면적으로 보면, 지금 지구상에는 다양한 양상의 질병 단계가 있고 이에 맞는 다양한 전략을 채택하는 것이 맞을 것이다. 그러나 다양한 질병들이 지역 간에 서로 영향을 주고받는다는 점과 함께 질병 단계가 일정한 방향으로 변천해 간다는 점도 고려해야 한다. 선진국의 만성질환 문제와 사하라 이남 지역의 영양 결핍 문제는 서로 공존하고 있으나 이는 서로 다른 발전 단계를 나타내는 것이지 질병의 양상이 지역 간에 근본적으로 차이가 있는 것이 아니다. 사하라 이남 지역도 얼마 지나지 않아 결국 선진국의 만성질환 유행을 경험하게 될 것이기 때문이다.

따라서 각 지역이 처해 있는 상이한 역사 발전 단계에도 불구하고 세계화 추세는 서로 다른 단계별 전략을 통합적으로 관리하는 거버넌스 체계가 필요함을 뜻한다. 그리고 거버넌스 체계는 국가 간, 지역 간의 긴밀한 공조가 필요하다. 세계화 추세와 함께 국가라는 틀 안에서 계획되고 수행되었던 보건의료 서비스 역시 변화하고 있다. 많은 나라가 의료 접근성 및 사회환경이 낙후되어 있으면서도 선진국의 고도화된 의료 기술을 도입하기를 원한다. 이는 국가 내에서 보건의료의 양극화를 초래하지만 또 다른 측면에서는 의료의 세계화를 가속화하는 현상이기도 하다.

이제는 이러한 양극화와 세계화의 문제를 본격적으로 다루어나가는 세계적 수준의 질병 대응 전략이 필요하다. 우선적으로는 각 국가 내에서 보건학적 우선순위를 정하고 감당할 수 있는 비용으로 접근 가능한 기술과 도구를 지역사회 공동체에 적용해 국가 간 건강과 질병 수준의 차이를 줄이는 데 초점을 두어야 한다. 그다음 단계로는 의료의 세계화를 기반으로 지구적인 차원에서 질병 종식의 전략을 만들어가야 한다.

1980년에서 2010년 사이에 전염병 발생 횟수가 세 배 이상 증가했다(Smith et al., 2014). 신종 전염병은 이제 인류의 생존과 번영을 위협하는 매우 중요한 요인이 되었다. 따라서 이러한 전염병의 위험을 완화하기 위해서 지금보다 훨씬 강화된 지구 차원의 대응 전략이 필요하다. 여기에는 신종 전염병 조기 경보 시스템, 여행 및 국경 통제, 신속한 백신 개발과 배포 등에 대한 공통 프로토콜과 같은 전 세계적으로 조정된 메커니즘이 있어야 한다. 특히 저소득 국가의 의료 시스템은 취약해서 신종 전염병의 유행에 독자적으로 대처하기에는 한계가 있다. 이들 국가들이 의료 재난을 극복할 수 있도록 광범위한 국제 노력이 필요하다.

국제적 협력이 없다면 신종 전염병으로 초래된 위기에서 빠져나와 회복하는 것이 더욱 느리고 약할 것이다. 따라서 질병을 종식시키기 위한 실질적인 조치 중 하나는 세계적 수준의 전략을 수립하고 집행해 나가는 거버넌스 체계의 강화, 즉 세계보건기구나 세계은행 등 국제기구를 중심으로 한 보건 거버넌스의 강화라고 할 수 있다. 코로나19는 글로벌 시스템의 역할에 대한 시험대이다.

**참고문헌**

홍윤철. 2020. 『팬데믹: 바이러스의 습격, 무엇을 알고 어떻게 준비해야 하는가?』. 서울: 포르체.

Smith, K.F. et al. 2014. "Global Rise in Human Infectious Disease Outbreaks." *Journal of the Royal Society Interface*, 11: 20140950.

제24장

# 포스트 코로나 시대의
# 국제 협력 복원 시나리오

**김태균** | 서울대학교 국제대학원 교수 및 부원장

## 들어가며: 위험사회의 세계화

독일의 사회학자 울리히 벡Ulrich Beck은 1990년대에 '위험사회Risk Society' 론을 주창하며 국가가 경제적 합리성 중심의 시장 논리에 매몰되어 점차 무력화되어 가는 신자유주의적 현상을 성찰적으로 비판했다(Beck, 1992). 1999년에는 후기 근대화 과정에서 처하게 되는 위험사회에 대한 경종이 유럽과 미주 대륙에 있는 이른바 글로벌 북반구global north 국가들에 이어 글로벌라이제이션을 통해 전 세계로 퍼져 나가는 '글로벌 위험사회world risk society'를 강조한 바 있다(Beck, 1999). 글로벌 수준의 위험은 단순히 단일 국가 수준을 넘어 이동하는 기후 환경·난민·재난재해 등의 초국경 위험 요소를 확장하는 현상뿐만 아니라 이를 국제사회가 적절하게 대응하지 못할 때 발생하는 글로벌 거버넌스와 국제 협력의 위기까지 위협한다.

이러한 글로벌 위험사회의 도래는 2019년 12월에 중국 우한에서 시작

한 코로나19라는 사상 초유의 신종 감염병이 전 세계적인 팬데믹 현상으로 확산되면서 다시 한번 확인되었다. 코로나19의 발발과 이에 대한 피해는 세계의 지역마다 차별성을 보이고 있지만, 사스SARS와 메르스MERS의 경험이 있는 한국, 홍콩, 싱가포르, 대만 등의 동아시아 국가들을 제외하고는 사실상 전 세계 모든 지역이 팬데믹으로 지속적인 위험에 노출되고 있다(김태균, 2020). 선진국 클럽인 G7은 사스의 경험이 있는 캐나다를 제외하고 모두 코로나19의 최대 피해국으로 구분할 수 있을 만큼 선진국 방역 체계에 회의를 갖게 되었으며 G7이 주도하는 글로벌 거버넌스의 신뢰도도 점차 하향 조정되었다. 코로나19 발발로 시작된 새로운 글로벌 수준의 위험은 선진국보다 저개발도상국, 특히 취약국에 치명적인 영향을 미치고 있으며 현재의 감염병 팬데믹이 저개발도상국에서는 식량 위기, 기후변화 위기, 더 나아가 발전의 위기로 확장될 가능성이 높아지고 있다.

신종 감염병에 대응하는 글로벌 거버넌스의 중심에는 세계보건기구World Health Organization: WHO가 있다. 이번 코로나19로 인하여 WHO의 역할에 대한 회의적인 시각이 팽배해졌고, 이에 따라 글로벌 거버넌스의 개혁을 요구하는 목소리가 커지고 있다. WHO의 중국 편향적인 정책 결정, 미국의 WHO 탈퇴, 팬데믹에 WHO가 대처할 수 있는 재정 구조의 한계 등 WHO를 개선하고 WHO 이외의 글로벌 거버넌스 장치를 구축하고 유기적으로 상보적인 관계를 체계적으로 재구성하는 국제사회의 노력이 필요하다. 글로벌 거버넌스가 제대로 작동하지 않아 코로나19가 팬데믹으로 확산되었지만 글로벌 위험을 보수적인 국가 중심으로 대응하는 것은 근본적인 해법이 될 수 없으며 역설적으로 신종 감염병을 위한 새로운 방식의 글로벌 거버넌스 구성이 필요한 것이다.

글로벌 위험사회에서 주목해야 할 또 하나의 이슈는 글로벌 남반구와 글로벌 북반구 간 또는 선진국과 저개발도상국 간 디지털 격차digital divide 문제이다. 한국에서는 코로나19로 인하여 IT(정보기술) 등의 4차 산업혁명이 앞당겨질 수 있다는 희망적인 진단이 여러 곳에서 나오고 있다. 확진자 동선 파악으로 지역사회 감염을 미연에 차단하고 원격 온라인 수업, 재택근무 등의 IT 관련 서비스가 확산됨에 따라 이와 관련한 산업이 특수를 누릴 것으로 전망되고 있다. 그러나 아프리카와 같은 저개발도상국 지역에서는 IT 수준이 절대적으로 낙후되어 있기 때문에 앞으로 비대면 기술이 빅데이터를 통해 전문화되는 과정에서 계속 뒤처질 것이며 디지털 격차로 인해 저개발도상국은 더욱 선진국의 기술에 종속될 것이다.

이러한 새로운 위험의 세계화에서 발생하는 글로벌 거버넌스의 변화 과정을 코로나19로 인한 새로운 문명의 표준이 형성될 가능성, 현재 글로벌 거버넌스의 주요 내재적 한계, 그리고 새로운 글로벌 거버넌스의 재구성으로 나누어 분석하고 이른바 포스트 코로나 시대의 국제 협력의 방향성을 타진하고자 한다.


## 코로나19와 새로운 문명의 표준

영국의 국제사회론international society은 국제사회를 단일 국가가 사회의 구성원으로 상호 관계를 맺고 협력과 갈등이 공존하지만 협력의 길을 타진하는 일종의 '사회'로 정의하고, 일개 국가 내 사회보다 느슨하고 국익에 의해 행동하지만 최소한의 사회적 요소를 준수하는 네트워크로 상정한다(Bull, 1977). 이러한 국제사회는 중요한 국제 환경 조건이 전환될 때마다 사회의 규범과 규칙을 정하기 위하여 이른바 '문명의 표준standardization of civilization'을 설정하고 이에 부합하지 않는 국가는 아직 문명화되지 않은 후진국으로 배제하고 이를 통해 문명의 표준이 글로벌 거버넌스의 중요한 기준이 되도록 국제 관계를 관리해 왔다(Linklater, 2016). 2020년의 코로나 팬데믹이 새로운 문명의 표준을 재설정할 정도로 국제 관계와 글로벌 거버넌스 운영에 큰 파급효과를 주고 있어서 포스트 코로나 시대에 있어 새로운 문명의 표준에 관한 논의가 필수적이다.

### 국제사회의 문명 표준화 역사

1648년 베스트팔렌 조약Peace of Westphalia에 따라 근대국가의 개념과 구성 요소가 주권국가로 표준화되었고 이 표준이 실제로 지금까지 모든 국가의 행동 규약 기초로 작동하고 있다(전재성, 2019). 주권국가는 동등하게 국제사회에서 활동하게 되지만 현실주의적 국제 질서에서 같은 주권국가이더라도 군사력과 경제력에 따라 국제 수준에서의 관계성이 차등화되기 마련이다.

이러한 당대 국제 질서의 표준으로 작동하는 규칙 및 규범이 국제 환경의 변화에 따라 지속적으로 적응해 왔으며 문명에 대한 정의와 문명을 표준화하기 위한 기준도 이에 따라 변화해 왔다. 18세기 중반부터 19세기 초반까지 영국을 중심으로 발생한 산업혁명, 산업혁명 이후 자본주의 유럽 서구 열강의 제국주의와 식민주의, 제2차 세계대전 이후의 탈식민주의와 냉전의 도래, 탈냉전과 신자유주의 이데올로기 등 전 세계는 역사적으로 특정 국제 질서의 외부 환경 변화에 따른 문명의 표준이 계속 진화해 왔다. 시대마다 문명의 표준에 기반한 규칙과 기준에 따라 국가의 외교정책과 국가 간 관계가 정립되고 국제사회에서 도태되는 국가와 국제사회를 인도하고 장악하는 강대국 그룹으로 국제사회의 질서가 정립되었다. 이와 유사한 방식으로, 새로운 국제 환경의 변화인 코로나19 팬데믹의 발발로 기존 방식의 국제 관계에서 모종의 변화와 새로운 문명의 표준을 정하는 움직임이 형성될 것이며, 이에 따라 글로벌 거버넌스의 유형과 방향이 결정될 것이다.

### 포스트 코로나 시대 문명의 표준

포스트 코로나 시대라는 문명의 새로운 기준은 무엇보다 코로나 팬데믹을 종식시키기 위한 국가의 노력과 국제사회의 협력에 그 토대를 둘 가능성이 높다. 실제로 코로나19에 성공적인 대응 체계를 구축하고 확진자 발생률을 적극적으로 통제한 국가의 사례를 보면, 전통적인 선진국, OECD 회원국은 대단히 소수이다. 흔히, 민주주의 국가가 이러한 정부의 투명하고 책임 있는 방역체계와 사회적 자본을 통한 시민의 자발적 참여 간의 시너지 효과를 발현시키는 최적의 정치 체제라고 간주하기 쉬우나, 코로나 사태로 인해 이러한 고정관념이 완전히 깨졌다. 세계의 가장 모범적인 민주주의 국가라 할 수 있는 미국·영국·프랑스·독일·이탈리아·스웨덴 등 미주와 유럽의 핵심 선진국이 코로나19 때문에 깊은 전흔을 입게 된 반면, 권위주의 체제인 싱가포르와 중국은 상대적으로 코로나 사태에 성공적으로 방역체계를 구축했다. 유독 민주주의 국가 중 코로나 대응에 성공적으로 평가되는 국가는 한국과 뉴질랜드 정도로 민주주의와 권위주의의 이분법적 구분이 포스트 코로나 시대에 문명의 표준으로 강조되기는 어려울 가능성이 있다.

포스트 코로나 시대에는 정치적 변수 대신 비전통적 안보 이슈가 안보화securitization 과정을 거쳐 국제 안보의 핵심 이슈로 질적 전환하는 문명의 표준 방식이 주류화될 가능성을 배제할 수 없다(Buzan, Wæver and Wilde,

1997). 우선, 코로나19의 백신을 발명하고 이를 생산하는 기술과 자본을 장악하는 국가가 앞으로 글로벌 거버넌스의 주인공이 될 가능성이 아주 크다. 이른바 '백신 전쟁'으로 표현할 수도 있는, 군사력을 투입하지 않는 새로운 방식의 전쟁이 국제 질서의 핵심 규칙으로 등장하면서 백신과 같은 보건의료 기술을 통해 타국을 통제하고 국제 협력 방식을 조정하는 문명의 표준이 정립될 수 있다. 또한 신종 감염병에 대응하는 데 절대적으로 필요한 IT 기술과 빅데이터 그리고 인공지능 등 디지털 기술의 장악도에 따라 포스트 코로나 시대의 국제 관계에서 문명의 표준을 지배하는 그룹에 포함되는가가 결정될 것이다.

한국도 이러한 새로운 문명의 표준이 결정되는 과정에서 어떠한 입지를 구축하는 것이 바람직한지에 대한 진지한 논의가 필요하다. 백신 전쟁에 국익 확장의 자국 중심적 이익을 위해 적극적으로 개입할지, IT 기술을 개도국과 공유하지 않고 국제사회의 한국 위치를 제고하기 위한 수단으로 활용할지에 대한 성찰적 고민이 필요하다. 반대로, 백신의 글로벌 공공재화와 글로벌 북반구와 남반구 사이의 데이터 격차 해소를 위해 노력하는 중견 국가로서의 역할이 한국의 주요 글로벌 거버넌스 전략으로 정착될 수 있는 계기로 코로나 팬데믹을 활용할 수 있다.


## 글로벌 거버넌스의 구조적 한계

지금까지 국제 관계에 있어, 특히 재난재해 등 초국경적 이슈를 관리하는 데 UN을 비롯한 국제기구의 글로벌 거버넌스 역할이 큰 기여를 했다는 사실을 부인하기 어렵다. 다만, 앞서 논의한 문명의 표준에 맞게 글로벌 거버넌스를 이행하기에 현재의 글로벌 거버넌스 체계와 구조가 내재적인 한계를 갖고 있다는 면에서 포스트 코로나 시대의 거버넌스가 이러한 문제를 해결하지 않는 한 실제로 코로나 팬데믹에서 국제사회를 해방시키려는 목표는 사상누각이 될 것이 자명하다. 작금의 글로벌 거버넌스가 당면하고 있는 구조적 결함은 다양하게 거론될 수 있지만 크게 세 가지—정치적, 경제적, 제도적— 면에서 구조적 한계를 지적하고자 한다.

### 정치적 한계: 글로벌 책무성 결핍

먼저 글로벌 거버넌스의 구조적인 한계는 정치적으로 어느 누구도 국제 관계에서 발생한 이슈에 대한 책임을 지려 하지 않는다는 점이다. 국제 정치 이론 중 주류 이론인 현실주의realism 시각에서 볼 때, 특정 국가의 이익이 증대될 때 다른 국가의 이익은 감소된다는 제로섬zero-sum 게임의 원칙이 글로벌 거버넌스에도 중요한 규칙으로 적용된다. 또한 국제사회는 국내 사회와 달리 중앙집권적인 정부government가 존재할 수 없으며 국제사회에서 중앙정부를 선택할 수 있는 민주적인 제도조차도 현실적으로 불가능하다. 따라서 정부가 아닌 협치라고 불리는, 느슨한 형태의 국제 주체 간 네트워크로 대표되는 거버넌스governance가 무정부 상태인 국제정치에서 가장 현실적인 대안 장치로 작동하는 것이다. 이렇게 법적으로 국가의 행위를 규율할 수 있는 방법이 없는 상태에서는 정치적으로 글로벌 거버넌스의 규칙을 국가들이 협의하고, 국제기구와 국제법을 국제사회가 존립할 수 있는 기본 원칙으로 상정하는 것이다. 그러나 이러한 기본 원칙이 법적으로 국가를 구속하지 못하기 때문에 코로나19와 같은 초국가적 재난이 발생했을 때 WHO는 중국 등 회원국에게 코로나 관련 의무를 부과할 수 없으며 어느 국가도 자국에서 발생한 질병이 타국으로 옮겨졌을 때 책임을 지지 않는다. 다시 말해, 이러한 책임 회피 현상은 글로벌 수준에서 흔히 목도할 수 있는 책무성 결핍accountability deficits과 직결되며 이는 글로벌 거버넌스가 효과적으로 작동할 수 없는 원천적인 구조적 한계로 해석할 수 있다(김태균, 2018).

### 경제적 한계: 국제기구의 재정 종속성

정치적인 책무성 결핍과 더불어 현재 글로벌 거버넌스가 맞닥뜨리고 있는 경제적인 당면 과제는 UN 기구를 비롯한 대부분의 국제기구가 재정적으로 회원국에 종속되어 있다는 구조적 문제이다. 주지하다시피, UN 산하 전문기구의 재정 구조는 회원국이 꼬리표earmark를 달아 UN 기구가 자율적으로 사용할 수 없는 논코어non-core 기금과 꼬리표 없이 기구가 자율적으로 사용할 수 있는 코어core 기금으로 구성되어 있는데, 실제 코어 기금의 규모가 대단히 작게 조달되고 있어 UN 기구가 스스로의 기획으로 본연의 목표에 맞게 프로젝트를 추진할 자금이 턱없이 부족한 상태이다. WHO의 경우도 전체 재정 중 80% 이상이 논코어 기금으로 구성되어 있어 이번 코로나19가 발발했을 때에도 WHO 스스로 적극적으로 대응하고 백신 개발에 투자할 수 있는 재정적 역량을 기대할 수 없었으며 앞으로도 기대하기 어려운 상황이다. 아직도 회원국들이 국익을 위하여 다자주의에 양자주의를 접목하여 UN 기구를 전략적으로 활용하고 있다는 점에서 UN이 현실주의 중심의 회원국들에게 재정적으로 종속되어 있다는 구조적 한계를 확인할 수 있다.

### 제도적 한계: 자기제한적 클럽 거버넌스

마지막으로 글로벌 거버넌스의 전체 구조를 조망해 보면 확인할 수 있는 클럽 거버넌스의 자기제한성을 작금의 글로벌 거버넌스의 구조적 문제로 거론할 수 있다. 글로벌 거버넌스의 제도적 구성을 분석하면 크게 UN 중심의 국제기구, 개별 주권국가, 국제 NGO와 다국적기업 등의 비정부기구와 특정 국가들이 조직하는 클럽 거버넌스로 구성된다. 클럽 거버넌스는 G7, G20, G77 등의 국제사회 전체 국가를 포함하는 것이 아닌 특정 수의 국가들이 그룹을 만들어 글로벌 거버넌스를 조정하고 그룹의 정체성에 따라 해석하고 정책을 제안하는 클럽 중심의 글로벌 거버넌스 구성 요소이다. 클럽마다 장점이 있고 국제사회의 문제를 해결하기 위해 다양한 역할을 수행해 왔지만, 궁극적으로는 클럽을 구성하는 국가들의 공동 이익을 위해 클럽이 움직이기 때문에 본질적으로 클럽마다 자기제한적인 약점이 내재되어 있다. 특히 코로나19의 경우는 G7 선진국 클럽이 허망하게 코로나바이러스에 무너지는 위험한 상황을 전 세계가 목격하고 G20 등의 다른 클럽도 코로나19를 책임지고 저지할 수 있는 역량을 보유하지 못하고 있다는 사실을 확인하는 기회가 되었다. 따라서 포스트 코로나 시대의 글로벌 거버넌스가 지금까지의 클럽 거버넌스를 중심으로 재편성된다면 사실상 성공을 기대하기는 대단히 어렵다고 진단할 수밖에 없다. 제도적으로 다양한 클럽들을 새롭게 통폐합하거나 새로운 거대 클럽을 전략적으로 배치하거나 아니면 현존하는 클럽을 연결하여 스마트한 네트워킹을 추진하는 새로운 움직임이 절실히 필요하다.

## 글로벌 거버넌스의 새 판 짜기

아직 코로나 국면이 종결되지 않았지만 수많은 논객들이 포스트 코로나 시대의 국제 질서와 글로벌 거버넌스에 관한 전망을 내놓고 있다. 대표적으로 헨리 키신저Henry Kissinger가 코로나19로 인해 자유 국제 질서가 가고 국가 중심의 성곽 시대가 도래할 수 있다고 경고하고 있다. 무수히 많은 암울한 전망과 경고성 해석이 난무한 가운데, 코로나 이후의 국제 질서와 글로벌 거버넌스 재구성에 대한 구체적인 제언을 아직 코로나바이러스 자체가 종식되지 않은 단계에서 공론화하기 어려운 부분이 있다. 그럼에도 불구하고, 국제사회의 인류 공동 차원과 한국이라는 국가 차원에서 포스트 코로나 시대의 글로벌 거버넌스와 국제 협력에 대한 대안적인 논의와 정책을 끊임없이 교환하고 공론화해야지만 글로벌 거버넌스의 새 판이 짜일 때 한국이 글로벌 리더로서 국제 협력을 인도하고 코로나19와 같은 신종 감염병을 적극적으로 치료할 수 있는 공공재 제공의 선도적인 역할을 할 수 있다. 이에 따라 포스트 코로나 시대의 국제 협력 복원을 위한 시나리오가 작성될 수 있다.

## 미중 갈등과 새로운 리더십의 필요

이러한 글로벌 거버넌스의 새 질서 구축에 고려해야 하는 몇 가지 위험 변수가 있는데, 거시적인 측면에서는 미국과 중국의 갈등이 코로나 위기로 더욱 심화되고 있다는 위험이 있다. 미국과 중국의 갈등 구조가 가시화되면서 G2라는 클럽이 사라지고 대결 구도의 G0로 전환되어 새로운 냉전 구조가 형성될 가능성이 있는 동시에, 미국과 중국이 아닌 포스트 코로나 시대의 국제 협력을 위한 새로운 리더십이 필요하다는 전망이 나오고 있다. 현재로서는 WHO의 글로벌 리더십을 신뢰할 수 없으며, 미국과 EU 같은 전통적인 선진국 그룹도 더 이상 글로벌 위험사회를 대비하는 글로벌 거버넌스의 주체가 되기에 역부족이다. 중국은 코로나19의 진원지이지만 빠른 시간 내에 방역에 성공했다는 점에서 정부의 역량은 인정될 수 있으나, 중국 자체의 비민주성, 권위주의적 개입 등으로 아직까지 글로벌 리더로서의 역량에 회의적인 시각이 팽배하다.

이러한 상황에서 코로나 방역에 성공한 중견국 그룹이 새로운 글로벌 리더로 부상할 시나리오를 제안할 수 있다. 민주주의 국가이자 도시 봉쇄가 아닌 개방성을 유지하면서 다른 선진국보다 코로나 방역에 성공한 한국, 대만, 뉴질랜드, 호주 등의 경험과, 민주주의 국가는 아니지만 코로나 방역에 성공 사례로 언급되는 싱가포르 등의 경험을 하나의 모델로 취합하여 아시아 태평양 지역의 코로나 방역 모델로 확장할 수 있다. 이러한 중견국의 리더십은 선진국과 저개발도상국의 실패 사례 간의 가교 역할을 수행할 수 있으며 중국과 미국의 갈등 국면에서 국제사회의 거버넌스 기능이 원활하게 작동할 수 있는 윤활유 역할을 제공할 수 있을 것이다. 한국의 K-방역을 한국의 특수한 성공 모델로 그 영향력을 제한하지 않고 유사한 중견국의 방역 시스템과 결합하여 중견국 그룹의 글로벌 리더십을 강화하는 확장성에 무게중심을 옮길 것을 제안한다. 혹자는 한국, 대만, 싱가포르 등의 성공 사례의 이유를 유교 전통을 비롯한 아시아의 특유한 문화에서 찾으려고 하나, 아시아적 가치Asian value와 같은 문화의 특수성으로 아시아의 방역 성공 원인을 수렴하는 시도는 과거의 오리엔탈리즘과 같은 문화적 차별성의 위험이 배태되어 있다. 따라서 아시아 중견국과 함께 뉴질랜드, 호주가 같은 중견국 그룹을 형성하는 것이 중요하며, 유럽의 독일과 같이 이 그룹을 지지하는 선진국 그룹 내 동조 국가를 찾아 적극 연대하는 것이 관건이다.

### 백신의 글로벌 공공재화

앞서 이미 강조했지만, 차후 국제정치는 코로나19의 백신과 치료제를 어느 국가가 지배하고 통제하는가에 따라 글로벌 거버넌스와 국제 협력의 방향성이 결정될 것이다. 예를 들어, 백신이 미국과 중국의 헤게모니 갈등의 주요 무기로 사용될 경우 백신을 보유한 강대국이 백신 시장을 통제하여 이를 정치화하고 안보화하는 글로벌 위험의 원천이 될 것이다. 이를 방지하기 위해서는 코로나19 백신을 글로벌 공공재로 전환해야 하며, 이를 위한 글로벌 거버넌스가 구축되고 이를 토대로 국제사회가 상호 협력하는 구조가 구성되어야 한다. 백신을 개발하고 이를 생산하기 위한 글로벌 공급망global supply chain management이 공공재로서 관리되지 않으면, 백신을 개발한 국가가 백신 생산 국가에게 하청을 주는 독점적인 공급망이 형성될 가능성을 배제할 수 없다. 포스트 코로나 시대에 보건 안보의 핵심은 백신을 글로벌 공공재로 관리하기 위한 국제 협력이 글로벌 거버넌스의 주요 임무로 공인되는 작업일 것이다. 이를 위하여 한국을 비롯한 중견국 그룹의 리더십이 코로나 백신의 글로벌 공공재화를 핵심 목표로 인식해야 할 것이다.

### 새로운 프레임워크의 주창

코로나19 등 신종 감염병에 WHO를 중심으로 대응해 온 글로벌 거버넌스 방식을 이제 더 이상 신뢰할 수 없다는 회의론에 이의를 제기하기 어려울 것이다. WHO의 재정적 종속은 실제로 코로나바이러스와 같은 신종 감염병에 WHO가 적절하게 대응할 수 없는 구조적 문제이다. 또한 중국 편향적인 자세를 보였다고 미국이 결국 WHO 회원국 지위에서 탈퇴를 결정하는 등 미중 갈등의 여파가 WHO의 활동에도 부정적인 영향을 미치고 있다. 이에 따라 국제 수준에서 WHO를 대체하거나 지원할 수 있는 대안적인 국제 협력의 플랫폼이 국제규범 또는 글로벌 프레임워크로 제도화될 필요가 있다.

WHO의 2005년 '국제보건규칙International Health Regulations: IHR' 이외에 신종 감염병을 전문적으로 다룰 수 있는 국제규범이나 프레임워크로 '센다이 프레임워크Sendai Framework'가 강조될 수 있다면, 센다이 프레임워크의 코로나 팬데믹에 대한 대응 가능성의 분석이 중요할 것이다. 센다이 프레임워크는 2015년 일본의 리더십하에 채택된 재난재해와 회복력resilience을 위한 글로벌 규약으로, 태풍, 지진, 쓰나미와 같은 자연재해에 프레임워크의 내용이 집중되어 있다. 이는 1994년 요코하마 전략Yokohama Strategy에서 2005년 효고 프레임워크Hyogo Framework를 통해 센다이 프레임워크까지 일본의 재난재해와 복원력에 대한 경험과 지식을 토대로 일본 정부가 리더십을 발휘한 작품이라고 평가할 수 있다. 그러나 센다이 프레임워크는 신종 감염병을 명확한 구분 없이 재난재해로 포함하여 구체적으로 코로나 위기에 어떻게 대응해야 하는지를 제시하고 있지 않다. 결론적으로 현재 글로벌 거버넌스가 코로나19와 같은 신종 감염병에 적극 대응하기 위한 제도적 장치가 부족한 상황이며, 포스트 코로나 시대에는 신종 감염병을 전문적으로 다루는 글로벌 거버넌스의 국제 협력 플랫폼이 구축되어야 하는 숙제가 있다.

이에 한국의 K-방역을 비롯한 코로나 대응 체계의 우수성을 토대로 새로운 글로벌 프레임워크를 주창할 것을 제안한다. 일본의 사례와 같이, 한국에서 코로나 사태로 가장 심한 피해를 입었던 대구가 상대적으로 빠른 기간 내에 정상 상태로 회복했던 경험을 이른바 '대구 프레임워크Daegu Framework'로 제도화하여 센다이 프레임워크와 연계하여 상보적complementary 관계를 구축하는 것을 제안할 수 있다. 대구라는 도시명은 중요한 요소가 아니고 한국의 경험을 글로벌화하는 도구로서 필요한 것이기 때문에 대구 외에 질병관리청이 있는 오송을 프레임워크의 이름으로 사용해도 좋을 것이다. 여기에서 핵심은 WHO와 센다이 프레임워크를 보완하고 제도적으로 지원하기 위한 새로운 신종 감염병 전문 글로벌 프레임워크를 코로나 사태를 성공적으로 대처한 한국 등 중견국 그룹이 선도하는 것을 새로운 국제 협력의 방안으로 제안하는 것이다.

### 보건 안보에서 디지털 안보까지: 위험사회의 연쇄반응

코로나19로 인한 글로벌 거버넌스의 도태와 역기능은 현재 감염병이라는 보건의료적 측면의 국제 안보, 즉 보건 안보에 국한되어 있다고 평가할 수 있다. 이로써 보건 안보라는 새로운 안보의 개념이 확산되고, WHO의 IHR, 센다이 프레임워크 등의 글로벌 규칙을 새롭게 재구축하는 노력들이 지속되고 있다. 그러나 이번 코로나 사태는 보건 안보에 그치는 수준이 아니라, 보건 안보 이후에 대대적인 식량 부족 현상이 발생하는 이른바 '식량 안보food security'로 이어질 가능성이 농후하다. 더 나아가 식량 안보는 기후 변화와 연결되어 환경 파괴로 인한 또 다른 안보의 문제가 발생할 것이며, 최종적으로 국제사회에서 강조하고 있는 지속가능발전목표Sustainable Development Goals: SDGs의 다차원적인 개발 협력의 국제 레짐이 붕괴될 수 있는 총체적인 위기가 닥쳐올 수 있다.

이 모든 글로벌 위험은 근본적으로 디지털 격차로 인해 발생하는 글로벌 남반구의 저발전과 불평등 현상을 가속화하는 디지털 안보digital security로 수렴될 것이다. 인공지능과 빅데이터를 공격적으로 활용하여 우수한 IT 산업이 코로나19가 던진 수많은 과제를 분석해 해결책을 내놓고 있는 주요 선진국 그룹과 IT 기술에서 현격한 차이를 보이는 저개발도상국은 디지털 안보의 희생양이 될 가능성이 높다. 디지털 안보를 무기로 IT 강국들은 보건 안보, 식량 안보, 기후 환경 안보 등으로 순환되는 글로벌 위험사회를 제어하고 선도하는 선진그룹이 될 것이다. IT 중심의 4차 산업이 인 공지능, 증강현실, 핀테크, 자율주행차, 드론 기술 등을 선도하면서, 이러 한 기술을 보유하지 못한 글로벌 남반구는 포스트 코로나 시대에는 자본에 종속되는 것이 아니라 IT 기술에 종속되는 현상이 나타날 것이다. 그러므 로 보건 안보에서 디지털 안보까지 연쇄반응으로 이어지는 글로벌 위험사 회를 대처할 만한 글로벌 거버넌스의 재구성이 절실히 필요하다. 특히 IT 기술을 저개발도상국에 전수하거나 선진국과 저개발도상국이 공동 개발 하는 등 디지털 안보를 글로벌 남반구와 북반구가 공동으로 관리할 수 있 는 제도적 장치가 구축되어야 할 것이다.

## 나가며: 국제 협력 복원하기?

코로나 팬데믹은 개인의 삶뿐만 아니라 국제사회의 질서를 원천적으로 흔들어놓는 글로벌 위험사회를 현실에서 재현했다. 물론, 코로나 팬데믹 은 인류 전체에게 위험으로 다가오지만, 반면에 새로운 글로벌 거버넌스 와 국제 협력을 재구축할 수 있는 중요한 계기를 제공했다는 점에서 긍정 적인 평가를 받을 수 있다. 보건 안보부터 디지털 안보까지 기존 글로벌 거 버넌스가 적극적으로 수용하지 않은 이슈 영역이 이제는 포스트 코로나 시 대의 핵심 안보 주제로 다루어져야 할 것이다.

새로운 시대에 글로벌 거버넌스와 국제 협력을 복원하는 데 있어 한국 의 역할은 대단히 중요하다. 무엇보다, 코로나 팬데믹을 성공적으로 대처 했다는 경험을 토대로 국제 협력의 리더십을 발휘해야 하며, 한국과 유사 한 경험이 있는 중견국과의 연대를 통해 중견국 그룹의 글로벌 리더십을 확장하고 견고하게 연대체의 내실을 다져나가야 한다. 이러한 국제 협력의 복원 방안으로, IHR와 센다이 프레임워크를 보완한 새로운 신종 감염병 전문 글로벌 프레임워크를 한국 또는 한국을 포함한 중견국 그룹이 선도하는 것을 제안할 수 있다. 또한 코로나 백신이 개별 국가의 이익 때문에 사유화되는 것을 막기 위한 글로벌 연대에 한국이 적극적으로 동참하고 리더십을 발휘해야 한다. 백신의 글로벌 공공재화를 실현하기 위한 글로벌 협력이 앞으로 포스트 코로나 시대에 가장 중요한 어젠다로 부상할 것이기 때문에 한국을 비롯한 중견국 그룹은 이에 대한 전략적 접근을 준비해야 할 것이다.

포스트 코로나 시대에 새로운 문명의 표준이 경쟁적으로 경합하는 시기가 오면, 한국과 중견국 그룹이 제안한 문명의 표준이 다른 그룹의 표준과 경쟁하는 과정을 반드시 겪게 될 것이다. 문명의 표준이 결정되는 과정에서 한국이 글로벌 리더십을 적극적으로 강조하지 않으면, 한국은 결국 밀려나 도태될 것이다. 그리고 새롭게 구성된 글로벌 거버넌스 체제에서 한국은 글로벌 규범을 결정하기보다 수동적으로 수용하는 위치에 배치될 것이다. 미중이 갈등하고 EU가 쇠락하고 있으며 일본이 코로나19에 자신 있게 글로벌 리더십을 내세울 수 없을 때, 한국이 코로나 위험사회라는 무주공산에 글로벌 거버넌스의 재편성을 선도하고 글로벌 북반구와 남반구를 연결 짓는 가교로서 중견국 그룹을 구성하여 코로나 위기를 국제 협력의 기회로 전환하는 리더십을 발휘하기를 제언한다.

**참고문헌**

김태균. 2018. 『대항적 공존: 글로벌 책무성의 아시아적 재생산』. 서울: 서울대학교출판문
　　화원.

_____. 2020. 「K-방역, 이제 새로운 글로벌 리더십으로 전환할 때」. ≪열린정책≫, 통권
　　6호, 180~189쪽.

전재성. 2019. 『주권과 국제정치: 근대 주권국가체제의 제국적 성격』. 서울: 서울대학교출
　　판문화원.

Beck, U. 1992. *Risk Society: Towards a New Modernity*. London: Sage.

_____. 1999. *World Risk Society*. Malden, MA: Polity Press.

Bull, H. 1977. *The Anarchical Society: A Study of Order in World Politics*. New York:
　　Columbia University Press.

Buzan, B., O. Wæver and J. Wilde. 1997. *Security: A New Framework for Analysis*.
　　Boulder, CO: Lynne Rienner.

Linklater, A. 2016. *Violence and Civilization in the Western States-Systems*. Cambridge:
　　Cambridge University Press.

# 포스트 코로나 시대에는 국제 협력이 필요해

김정호 ┃ KAIST 글로벌전략연구소장 및 전기 및 전자공학과 교수

대륙과 대양을 넘어 국제간의 정치·사회·경제적 교류는 1000년을 넘는다. 그 증거는 먼저 얇은 금으로 만든 나뭇잎사귀나 출出 자 모양의 장식이 달려 있는 신라 금관의 뿌리에서 찾을 수 있다. 금관金冠은 황금으로 만든 관모를 의미한다. 좁은 의미로는 순금 금관을 말하지만, 편의상 금동관, 은관 등 다른 금속으로 만든 유사한 관도 같이 금관으로 통칭하기도 한다. 흔히 왕관으로 알려졌지만, 실제로는 왕뿐만 아니라 귀족층도 사용한 것으로 본다. 그리고 2020년 9월에는 경주 황남동 고분군 무덤에서 고분의 주인으로 추정되는 시신에 금동관이 얼굴을 가리는 형태로 발견되었다. 금관이 데드마스크dead mask라는 설이 힘을 받기도 한다. 전 세계에서 출토된 금관 총 14개 중 10개가 한국에서 출토되었다. 통상 금관이라 하면 신라 금관을 떠올리는데, 동 시기 가야 지역에서도 금관이 발견되었다.

그런데 바다 건너 먼 나라 중동의 아프가니스탄에서도 신라 금관과 유

사한 금관이 발견된다. 이렇게 세계에서 발견되는 금관은 그리스의 진보된 야금술과 중앙아시아 특유의 금세공 기술이 동방으로 전해져 융합되면서 만들어진 것으로 추정된다. 마찬가지로 한반도의 금관에 필요한 금세공 기술도 비슷한 경로로, 스키타이, 사르마티아로 대표되는 중앙아시아 유목민족에 의해 실크로드를 통해 신라에 전파된 것으로 추정된다. 특히 스키타이 유물 중에는 신라의 금관이나 가야 왕관, 고구려 불꽃무늬 금관, 백제의 왕관 장식과 유사한 양식이 있다. 스키타이 황금 문화는 그리스 문화에 영향을 받았다. 황금을 숭상하는 문화를 가졌던 것으로 보인다. 1500여 년 전 그 시대에 유럽과 아시아의 끝 사이에 국제 교류가 있었고, 지배층의 문화는 그 영향을 받았다. 그 시대 그 경로는 실크로드이고, 수단은 말 달리기였다. 그래서 본인 이름의 성姓이 김숲씨인 근원도 스키타이 문명으로 생각한다. 매일 부르는 이름에 천 년이 넘은 국제 교류의 흔적이 남아 있다. 그런데 2020년 지금 코로나가 휩쓸고 지나가는 4차 산업혁명 시대에도 마찬가지이다.

600년 전 조선시대의 임진왜란에도 국제 정치·사회·경제의 교류 흔적이 짙게 남아 있다. 임진왜란은 1592년부터 1598년까지 약 7년간 조선과 명나라, 일본 사이에 일어난 국제 전쟁이다. 동아시아 한중일 모두가 참전한 전쟁이며, 전쟁 이후 조선뿐만 아니라 일본과 명나라의 운명에도 큰 영향을 미쳤다. 16~17세기 동아시아를 뒤흔든 국제적 사건이다. 전쟁의 배경과 과정 그리고 결과에서도 국제적인 물적·인적·종교적 교류가 큰 영향을 미쳤다.

임진왜란 당시 일본의 대표 무장인 고니시 유키나가小西行長는 가톨릭 신자였다. 그는 조선에 최초로 상륙한 일본군 선봉장이다. 동시에 그는 독실한 가톨릭 신자로, 배에 붉은 비단 장막에 하얀 십자가를 그린 것을 사용했고, 고니시 휘하의 병사들 다수도 가톨릭 신자였다. 고니시가 조선을 침략했을 당시 진중에는 교황청에서 파견한 포르투갈 출신의 예수회 신부가 사목했고, 밤마다 미사를 드렸다고 한다. 임진왜란이 로마 가톨릭과도 이렇게 연결된다. 한편, 임진왜란 중에 조선인 전쟁 포로들이 노예로 서양 상인들에 의해 유럽에 팔리기도 했다. 그 대가로 화약과 조총을 사오곤 했다. 이들 노예무역을 주도하던 사람들이 포르투갈 상인들이었다. 당시 노예들은 최고의 해상 네트워크인 포르투갈 상인들에 의해 유럽으로 팔려나갔다고 한다. 세계사적으로 보았을 때 포르투갈 상인에 의해 노예무역이 빈번하게 일어나기 시작했던 때가 바로 임진왜란을 전후한 시기였다. 이 당시 조선인들은 아프리카인들보다 헐값에 판매되었다. 이렇게 임진왜란도 국제적인 무기·기술·인력·경제 전쟁이었다. 국가 간 협력과 적대적 전쟁이 공존했다. 하물며 인터넷이 극도로 발달한 4차 산업혁명 시대는 더 말할 나위가 없다.

4차 산업혁명은 'ABC'로 상징된다. ABC는 인공지능AI, 빅데이터big data, 컴퓨팅computing을 대표한다. 그 세 가지가 기술적으로 가장 중요한 요소이기도 하다. 쉽게 이야기해서, 인터넷으로 빅데이터를 모아서 인공지능 학습과 판단에 사용한다. 그런데 이 인공지능 학습과 판단에 컴퓨터의 성능이 관건이다. 인간이 해오던 정신노동 대부분, 즉 설계, 생산, 유통, 판매, 예술, 법률, 교육, 의료 등이 인공지능으로 대체된다. 인공지능은 속도와 정확성으로 인간을 대체한다. 더 나아가 앞으로는 데이터 없이도 인공지능 학습이 가능하다. 고난이도의 공학 설계조차도 인공지능이 담당할 것으로 예상한다. 이 ABC를 갖춘 사업 구조를 플랫폼이라 하고, 이 플랫폼을 확보한 대표 기업인 구글, 아마존, 애플, 마이크로소프트의 주가가 하늘을 찌른다. 테슬라는 미래 자율주행자동차 분야의 플랫폼을 확보해 가고 있는 중이다.

이 과정에서 바로 빅데이터가 인공지능이 만드는 음식의 재료이자 쌀이 된다. 혹은 음식 조리에 필요한 에너지를 생산하는 원유이기도 하다. 이 재료로 음식을 만드는 레시피가 인공지능 알고리즘이다. 그리고 요리하는 오븐이 컴퓨터이다. 그런데 특히 데이터를 빛의 속도로 실시간으로 모을 수 있는 것은 인터넷 덕분이다. 우리가 지금 사용하고 있는 스마트폰의 위치 정보는 실시간으로 애플과 구글의 클라우드 서버에 저장되고 있다. 데이터를 생산·유통, 저장, 사용하는 각 역할 자체가 국제 협력 관계에서 분업 형태로 설정된다.

과거, 국가 간의 인적·기술적·경제적 교류는 '말'이나 '배' 혹은 '비행기'를 이용해야 가능했다. 하지만 인터넷으로 연결된 세계에서는 데이터는 유무선 네트워크를 타고 돌아다니면서 국제적 분업 형태로 생산과 전송, 저장, 서비스가 실현된다. 그러니 국경의 의미가 거의 사라져간다. 그리고 인공지능 계산에 사용하는 컴퓨터의 위치가 내 스마트폰에 내장되기도 하고, 자율주행자동차에 있기도 하고, 바다와 대륙을 건너 클라우드 데이터센터에 설치되기도 한다. 4차 산업혁명 시대에는 데이터 입장에서, 그리고 컴퓨터 장치에서 인공지능 알고리즘을 개발하는 인간의 분포와 역할 배분은 이미 국제적이다. 이러한 분업은 원하든 원하지 않든 국제 관계 속에서 일어난다. 혼자만 잘한다고 뛰어나다고, 발전할 수 없다. 이미 지정학적으로 관계가 얽혀 있다. 그러니 국가 간 경쟁과 협력이 없는 4차 산업혁명은 없다.

인공지능 컴퓨터의 성능은 GPUgraphic processing unit로 대표되는 프로세서와 반도체 메모리의 대표인 디램DRAM의 성능이 좌우한다. 그래서 미래 인공지능 컴퓨터는 프로세서와 반도체 메모리가 병렬 구조화로 극대화되고 3차원으로 집적된다. 특히 실시간으로 스마트폰에서 인공지능 서비스를 받기 위해서는 반도체의 성능이 향상되고 전력 소모도 줄어야 한다. 그것을 가능하게 하는 반도체의 혁신이 인공지능을 가능하게 한다. 그런데 이 반도체의 혁신을 구현하는 반도체 설계, 제작 그리고 사용이 국제 분업으로 완성되고 있다. 예를 들어 프로세서의 설계는 엔비디아, 인텔, 구글, 마이크로소프트가 주도한다. 이제는 아마존도 테슬라도 애플도 직접 프로세서를 설계한다. 반도체가 인공지능의 성능을 좌우한다는 것을 잘 알기 때문이다. 인공지능 반도체가 자율주행자동차에도 들어가고, 데이터센터의 서버에도 들어간다. 이들 회사들은 미국 실리콘밸리에 있다.

그런데 이 프로세서의 공정은 대만의 TSMC와 삼성전자의 파운더리Foundry 기업에서 제공한다. 설계는 미국에서, 생산은 아시아의 대만과 한국에서 하는 셈이다. 반면 반도체 메모리 분야에서는 한국의 삼성전자와 SK하이닉스가 1, 2위 생산 기업으로 자리매김하고 있다. 이렇게 보면 인공지능 반도체를 설계하고 생산하고 사용하는 기업들이 태평양을 빙 둘러싸고 있다. 다르게 보면 중국을 해상 봉쇄하는 지리적인 배치로 볼 수도 있다. 4차 산업혁명을 가능하게 하는 핵심 부품의 설계와 생산, 수요처도 환태평양 구도로, 지리적으로 국제적으로 분업 체계를 가지고 있다. 우리나라의 4차 산업혁명도 이러한 국제적인 지리적 구도를 벗어날 수 없다. 신라 금관의 전파와 임진왜란에서 보이던 모습을 지금 이 순간에도 다시 보고 있는 것이다. 이러한 국제 관계와 협력의 필요성은 코로나19로 더욱 심화된다.

최근 코로나19 사태가 멈출 줄을 모른다. 항공교통 수단과 인터넷의 발전으로 이 재난이 전 세계로 퍼져 있다. 한 지역이나 국가만의 문제가 아닌 전 지구적인 문제이다. 변이가 빨리 일어나는 코로나바이러스로 인해서 영원히 백신이 개발되지 않을 수 있다. 이러한 상황에서 유일한 대책은 사회적 거리 유지이다. 다행히 코로나바이러스는 와이파이WiFi나 5G 네트워크로 전파되지 않는다. 공기 중으로 2미터 안팎의 거리에서 다른 사람에게 전염된다. 그 결과로 사회·경제적인 활동은 대부분 온라인 중심으로 바뀔 수밖에 없다. 비대면 사회로 빠르게 진화한다. 이렇게 모든 경제·사회 활동이 온라인 공간에서 발생한다. 교육, 의료, 문화, 유통을 넘어서 생산도 온라인상에서 일어난다. 이제 서로 얼굴을 직접 볼 일이 없고 인터넷 온라인에서 만난다.

그러나 인터넷 환경이나 컴퓨터, 모바일 기기가 없는 국가나 지역 혹은 개인은 완전히 사회와 격리된다. 국가와 사회가 제공하는 종래의 지원이 완전히 박탈된다. 기초적인 교육과 의료 혜택이 사라지게 된다. 인류가 지난 100여 년간 현대적이며 공평하고 민주적인 교육과 의료 환경을 제공하기 위해 노력했지만 하루아침에 무너질 위기에 왔다. 첨단 컴퓨터 기기에서뿐만 아니라 소프트웨어, 콘텐츠에서도 국가 간, 사회 간, 개인 간 격차가 깊어질 위험이 다가왔다. 코로나19 백신 개발과 보급에도 국가주의의 등장이 우려된다. 이제 디지털 격차digital divide, 인공지능 격차AI divide, 온라인 격차on-line divide, 백신 격차vaccine divide가 우리가 새롭게 해결해야 할 과제이다. 이 코로나 시대의 위기는 한 개인이나 국가만의 노력으로 해결할 수 없다. 국제적인 협력이 필요하다.

우리는 지정학적으로, 문화적으로 그리고 역사적으로, 이미 국제적으로 그물처럼 엮여 있다. 그 관계는 태평양과 인도양뿐만 아니라 북극과 남극을 넘어선다. 달나라와 우주 개발에서도 마찬가지이다. 특히 4차 산업혁명과 포스트 코로나 시대에도 그 조건은 변하지 않는다. 코로나19로 맞이한 전 지구적 인류의 위기를 다 같이 국제적으로 머리를 맞대고 같이 풀어야 한다. 그 노력은 개인 차원, 기업 차원, 국가 차원에서 동시에 일어나야 한다. 지구는 하나다. 인류는 하나다.

# 찾아보기

## [사]

## 엮은이 소개

**김소영**
KAIST 한국4차산업혁명정책센터장 및 과학기술정책대학원 교수

**김기배**
KAIST 한국4차산업혁명정책센터 책임연구원

**임문정**
KAIST 한국4차산업혁명정책센터 연수연구원

**백단비**
KAIST 한국4차산업혁명정책센터 연구원


## 지은이 소개

**이상엽**
KAIST 연구원장 및 생명화학공학과 특훈교수
세계경제포럼 바이오텍 글로벌퓨처카운슬 의장
미국국립학술원·미국공학한림원 외국회원

**김정호**
KAIST 글로벌전략연구소장 및 전기 및 전자공학과 교수
미국전자공학회(IEEE) 석학회원
KAIST 연구처장 역임

**김경민**
아주대학교 의과대학 미생물학교실 교수

**류왕식**
연세대학교 생화학과 교수
한국파스퇴르연구소 소장
LG 생명과학 책임연구원

**김범준**
성균관대학교 물리학과 교수
변화를 꿈꾸는 과학기술인 네트워크(ESC) 대표
한국복잡계학회장 역임

**김학민**
경희대학교 정경대학 무역학과 교수 및 미래혁신원 원장
(사)한국무역학회 회장
*International Trade, Politics and Development* 편집위원장
한국통상정보학회 회장, 한국엔터프라이즈아키텍처학회 회장 역임

**김대륜**
대구경북과학기술원(DGIST) 기초학부 부교수 및 학생처장
한국과학기술원 인문사회과학부 초빙교수

**서중해**
한국개발연구원 경제정보센터 소장
국가과학기술자문회의 위원, 한국개발연구원 산업서비스경제연구부장, OECD Senior Economist, 기획예산처 자문관 및 전략기획관 역임

**주 원**
현대경제연구원 경제연구실장 이사대우
대통령직속 국가과학기술자문회의 자문위원
한국은행 통화정책자문회의 위원
과학기술정보통신부 기초원천연구분야 정책발굴자문위원회 위원
산업통상자원부 자체평가위원회 무역투자분과 위원

**김문조**
고려대학교 명예교수
한국과학기술학회, 한국사회학회, 동아시아사회학회 회장 역임

**오계택**
한국노동연구원 선임연구위원, 기획조정실장 및 임금직무혁신센터 소장
한국직업능력개발원 부연구위원, 중앙대학교 경영대학 조교수 역임

**이원홍**

한국과학기술기획평가원 인재정책센터 연구위원

국가 인력수급전망포럼 자문위원

대통령비서실 과학기술비서관실 민간전문가, 한국과학기술기획평가원 인재정책팀장 역임

**박가열**

한국고용정보원 미래직업연구팀 연구위원

한국직업자격학회 직업자격의 미래 학술정책포럼 위원장

한국고용복지학회 상임이사

충청남도 일자리위원회 및 정책자문위원회 위원

**김경일**

아주대학교 심리학과 교수 및 심리과학센터 센터장

게임문화재단 이사장

인지과학회 부회장

**류태호**

버지니아대학교 교육공학 교수

한국역량중심교육연구원 원장

*Online Learning* 저널 편집위원

미주한인여성경제인협회 이사

한국교육정보미디어학회 국제협력위원회 부위원장 역임

**김범수**

서울대학교 자유전공학부 교수 및 통일평화연구원 부원장, 기초교육위원회 위원

서울대학교 자유전공학부 부학부장, 교육부 대학구조개혁 컨설팅 위원 역임

**임철일**

서울대학교 교육학과 교수, 교육행정연수원장 및 사범대학 미래교육혁신센터 소장

한국 창의성학회 수석 부회장

4차산업혁명위원회 에듀테크 활성화 TF 단장

서울대학교 교수학습개발센터 소장 역임

**배상훈**

성균관대학교 교육학과 교수, 학생처장 및 학생성공센터 센터장, 교육과미래연구소 소장

한국교양기초교육원 운영위원

≪한국대학신문≫ 논설위원

*International Journal for Research on Extended Education* 편집위원장

**임 현**

한국과학기술기획평가원 기술예측센터 센터장 및 선임연구위원

미국 RAND연구소 방문연구원, 미국 샌디아국립연구소 연구원 역임

**양희태**

한동대학교 경영경제학부 조교수

과학기술정책연구원 신산업전략연구단 부연구위원, 삼성경제연구소 산업전략실 수석연구원, LG CNS 엔트루컨설팅부문 책임 컨설턴트 역임

**김승현**

과학기술정책연구원 혁신기업연구단장 및 연구위원

중소벤처기업부 기술혁신포럼운영위 운영위원

일자리위원회 산업단지대개조 중앙자문단 자문위원

**강준모**

정보통신정책연구원 디지털혁신산업연구실 연구위원

부산 규제자유특구 혁신네트워크 위원

정보통신정책연구원 디지털사회제도그룹장 역임

**신각수**

법무법인 세종 고문

외교부 차관, 주일본 대사 역임

**최병일**

한국고등교육재단 사무총장

이화여자대학교 국제대학원 교수

한국경제연구원 원장, 한국국제경제학회 회장, 한국국제통상학회 회장, 한국협상학회 회장, WTO 기본통신협상 한국협상단 수석대표 역임

**홍윤철**
서울대학교 의과대학 예방의학교실 교수 및 휴먼시스템의학과장
서울대병원 공공보건의료진흥원장
서울시 환경보건위원회 위원장
보건복지부 국민건강 스마트관리 사업단장

**김태균**
서울대학교 국제대학원 교수 및 부원장
한국국제협력단(KOICA) 민간 비상임이사
국제개발협력연구, *Asian Journal of Peacebuilding* 편집장
서울대학교 통일평화연구원 통일학센터장

한울아카데미 2266

**미래의 귀환**

코로나19와 4차 산업혁명 대전환

ⓒ KAIST 한국4차산업혁명정책센터, 2020

**엮은이** 김소영·김기배·임문정·백단비
**지은이** 이상엽·김정호·김경민·류왕식·김범준·김학민·김대륜·서중해·주 원·김문조·오계택·이원홍·
　　　　 박가열·김경일·류태호·김범수·임철일·배상훈·임 현·양희태·김승현·강준모·신각수·최병일·
　　　　 홍윤철·김태균
**펴낸이** 김종수
**펴낸곳** 한울엠플러스(주)
**편　집** 이진경

**초판 1쇄 인쇄** 2020년 12월　1일
**초판 1쇄 발행** 2020년 12월 15일

**주소** 10881 경기도 파주시 광인사길 153 한울시소빌딩 3층
**전화** 031-955-0655
**팩스** 031-955-0656
**홈페이지** www.hanulmplus.kr
**등록번호** 제406-2015-000143호

Printed in Korea.
ISBN 978-89-460-7266-4 93300 (양장)
　　　978-89-460-6993-0 93300 (무선)

* 책값은 겉표지에 표시되어 있습니다.
* 이 도서는 강의를 위한 학생판 교재를 따로 준비했습니다.
　강의 교재로 사용하실 때는 본사로 연락해 주십시오.

이 저서는 'WEF 4차 산업혁명 글로벌 공동연구'(2020년)의 일환으로 추진되었습니다.